Geoil Bok

Under the Shadow of China

- Possible Finlandization of the Korean Peninsula

Translated by Park Yoonbeen

Korean-English Parallel Edition

한반도에 드리운 중국의 그림자

한영문 병렬판

복거일 지음 | 박윤빈 옮김

북앤피플

Under the Shadow of China

- Possible Finlandization of the Korean Peninsula

by Geoil Bok

Translated by Park Yoonbeen

Printed in the Republic of Korea

ISBN 978-89-97871-28-5(03300)

Korean-English Parallel Edition

그 새는 노래를 멈추고 다른 새들처럼 될 것이다
그가 노래하면서 노래하지 않을 줄 안다는 것 말고는.
그가 거의 말로 꾸민 물음은
줄어든 처지에 어떻게 대응하느냐이다.

—로버트 프로스트(Robert Frost), 〈솥새(The Oven Bird)〉에서

The bird would cease and be as other birds
But that he knows in singing not to sing.
The question that he frames in all but words
Is what to make of a diminished thing.

From 〈The Oven Bird〉 by Robert Frost

차례

Table of Contents

한영문 병렬판 서문

일곱 해 전 이 책이 출간되었을 때만 하더라도, 중국의 빠른 경제 성장을 바라보는 한국 사람들의 눈길엔 걱정과 함께 희망이 어렸었다. 경제가 성장하면, 사회 전체가 원숙해지고, 중국 정부의 행태도 따라서 바뀌리라는 막연한 기대를 누구나 조금씩은 품고 있었다. 그러나 요즈음 중국은 그런 기대가 헛되었음을 매일 보기 괴로운 모습으로 확인해준다.

중국이 보이는 그런 모습을 이루는 특질들 하나하나가 실은 중국 사회를 다듬어낸 문화적 유전자들이 구현된 것들임을 깨달아야, 우리는 비로소 중국을 이해할 수 있고 적절한 대응의 첫걸음을 떼어 놓을 수 있다. 그런 발생적 관점에서 살피는 데는 이 책을 고쳐 쓰는 것보다 출간 이후에 일어난 일들을 살피는 것이 나으리라는 생각에서 이 서문을 준비했다. 프랑스 속담대로, "변할수록, 같아진다."

이 서문은 중국의 공격적 태도가 폭발적 반응을 낳은 남중국해 문

Preface to the Korean-English Parallel Edition

When this book was published seven years ago, China's rapid economic growth was viewed in Korea with hope as well as trepidation. Everyone held vague expectations that with economic growth there would evolve a more mature society in China, and along with it a corresponding change in the government's behavior. However, China has consistently demonstrated in excruciating fashion that such hopes have largely been in vain.

Only when we realize that every characteristic of recent Chinese behavior is actually the development of cultural genes that have long shaped Chinese society can we understand China and take the first step towards finding an appropriate response. I put forth this new introduction, in which I examine events that have occurred since the book's initial publication, instead of revising the previous work because I believe it better serves examination from this embryological point of view. As the French saying goes, "plus ça change, plus c'est la même chose."

제와 최종단계 고고도 지역방어(THAAD) 문제를 중심으로 서술된다. 남중국해 문제는 국제법을 어기고 국제 질서를 흔드는 정책을 펴게 된 중국의 사정을 살피는 데 좋고, 그렇게 공격적인 중국의 정책에 대한 국제적 대응책을 모색하는 계기가 된다. 후자는 한국에 대한 중국의 고압적 자세가 더할 나위 없이 잘 드러난 사례여서, 중국의 위협적 태도에 합리적으로 대응하는 길을 모색하는 계기가 된다.

I. 남중국해 문제

중국의 시장경제 도입

이 책의 기본 논지는 중국 공산당이 1970년대 말엽 시장경제를 도입하기로 결정한 데서 중국의 지금 모습이 나왔다는 것이다. 제1장에 기술된 것처럼, 그런 결정은 집단농장 체제를 몰래 허물기로 한 농민들의 움직임을 용인하는 수준이었다. 그러나 그 뒤의 역사는 그런 소극적 반응이 얼마나 혁명적 조치였는가 보여주었다. 공산주의 이론의 핵심이 경제 이론이므로, 시장경제의 도입은 공산주의의 실질적 폐기를 뜻했다. 명령경제를 갖춘 소련과 그 위성국가들이 건재하고 냉전이 한창이었던 시절이었음을 고려하면, 이 조치의 혁명적 성격이 도드라진다.

명령경제의 포기와 시장경제의 도입이 그렇게도 혁명적 사건이었

In this introduction, I focus on the South China Sea issue and the Terminal High Altitude Area Defense (THAAD) issue, both of which have respectively elicited a violent response from China. The South China Sea territorial dispute is a good case to examine how China has come to practice policies that infringe international law and upset the international order, as well as consider a possible global response to such aggressive Chinese policies. The latter issue is a perfect example showing China's high-handed stance against South Korea, and is thus an opportunity to seek a reasonable response towards China's threatening attitude.

I. The South China Sea issue

China's Adoption of the Market Economy

The basic argument made by this book is that the China of today can be traced back to the Chinese Communist Party's decision to adopt the market economy in the late 1970s. As described in Chapter 1, that decision amounted to tacit approval of the actions of farmers who had surreptitiously gone about undermining the collective farming system. But history since then has proved the revolutionary nature of that seemingly passive response. Because the core of communist ideology lies in its economic theory, the adoption of the market economy meant the de facto abandonment of communism. The radical nature of such measures becomes more evident when we take into consideration the fact that, at the time, the Cold War

으므로, 중국의 정치 체제도 걸맞게 바뀌어야 했다. 명령경제에 바탕을 둔 전체주의 구조 대신 시장경제에 바탕을 둔 자유주의적 정치 제도를 세워야 했다. 놀랍지 않게도, 중국 공산당은 자신이 독점한 권력에 집착했고 정치 분야의 개혁을 외면했다. 오히려 '천안문 사건'에서 극명하게 드러났듯, 개혁을 요구하는 인민들의 목소리를 무력으로 틀어막았다.

경제 분야와 정치 분야의 이런 본질적 상위는 갖가지 모순들을 낳았고 중국 사회의 정상적 발전을 방해했다. 지금 중국 사회의 부자연스러운 모습들은 거의 다 그런 사정에서 나왔다. 사회가 발전하면서 생기는 갖가지 문제들은 시장과 정치를 통해서 바로 풀려야 한다. 중국의 시대착오적 정치 체제는 사회적 문제들을 풀기보다는 억누르게 마련이어서, 어렵지 않게 풀릴 수 있는 문제들을 키우는 경향이 있다.

궁극적으로, 자유민주주의의 채택을 통해서 경제와 정치가 서로 걸맞게 되었을 때, 중국 사회는 안정되고 정의로운 사회가 될 것이다. '천안문 사건'이 일어났을 때 자유민주주의로 이행하자는 자오쯔양(趙紫陽)의 주장을 공산당 정권이 받아들였을 경우에 전개되었을 역사를 상상해 보라. 그런 사고실험에서 나온 어떤 대체역사(alternate history)도 실재 역사보다 중국 사회를 보다 자유롭고 정의롭게 만들었을 것이고 중국 인민들의 자유와 복지를 향상시켰을 것이다. 나아가서 세계의 안전과 평화에 기여했을 것이다.

문제는 물론 중국을 줄곧 다스려온 공산당 정권이 추구하는 것은

was in full swing and the Soviet Russia and its satellites with their command economies were still alive and well.

In tune with the revolutionary changes made by the replacement of the command economy with the market economy, China's political system also needed to undergo corresponding changes. In place of totalitarian structure based on the command economy, democratic political institutions based on the market economy should have been erected. Unsurprisingly, however, the Chinese Communist Party was preoccupied with maintaining its monopoly on power and rejected reform in the political sphere. In fact, it crushed the people's aspirations for reform with force, as was made painfully clear during the Tiananmen Square Protest of 1989.

This fundamental disparity between the political and economic spheres has produced numerous contradictions that have disrupted the normal development of Chinese society. The current anomalies that plague Chinese society almost all stem from this disparity. The problems that arise from social development must be addressed quickly through political processes and the market mechanism. China's anachronistic political structure represses rather than resolves social problems, and so tends to exacerbate what would otherwise be simple issues.

Ultimately, Chinese society will become just and stable when China adopts liberal democracy that creates a political environment befitting its economy. Imagine how history would have unfolded, had the arguments for a transition to liberal democracy made by Zhao Ziyang during the Tiananmen Square Protest been accepted by the Communist Party. Compared to how history played out

중국 인민 전체의 자유와 복지가 아니라 자신의 영속이라는 사실이다. 통치 집단의 이익과 인민들의 이익 사이의 이런 괴리는 지금 중국이 안은 가장 근본적 문제다. 생각해보면, 경제 분야에서만 개혁이 이루어져 시장경제가 도입되고 정치 분야에선 압제적 체제가 그대로 남았다는 사실도 그런 괴리에서 나왔다.

시장경제를 통한 경제 발전

시장경제를 채택한 덕분에, 중국은 인류 역사상 가장 빠르게 경제를 발전시켰고 수억 인민들이 가난에서 벗어났다. 중국의 체제에서 바뀐 것은 경제 체제가 명령경제에서 시장경제로 이행한 것뿐이었으므로, 그것은 두 경제 체제를 비교하는 이상적 대조실험이 되었다. 그리고 시장경제 도입 뒤에 중국이 보인 경이적 성취는 시장경제의 우수성을 이론의 여지 없이 증명했다. 실은 그것은 시장경제의 우수성에 대해 이미 나온 수많은 증명들에 더해진 또 하나의 증명이었다. 동아시아에서만도 일본, 한국, 타이완, 싱가포르 및 홍콩이 시장경제를 통해서 빠르게 발전했다. 근년에 가장 빠른 경제 성장을 이룬 나라들이 시장경제의 원리를 충실히 따른 아프리카 국가들이었다는 사실은 이 점을 다시 일깨워준다.

그러나 시장경제에 적대적인 사람들은 그런 성취를 '시장에 대한 정권의 자의적 개입'의 성공으로 둔갑시켰다. 그들은 '베이징 합의(Beijing Consensus)'니 '국가 자본주의(state capitalism)'니 하는 말들

in reality, any alternate history branching from that decision in a thought experiment would have led to a more free and just Chinese society and greater freedom and welfare for the Chinese people. Furthermore, such a scenario would also have contributed to global peace and security.

The problem obviously lies with the fact that the long-reigning Communist Party does not pursue the freedom and welfare of the entire Chinese people, but rather its own perpetuity. The separation between the interests of the ruling group and those of the people is the most fundamental problem China currently faces. Even the fact that the oppressive political system remains while economy has been freed also stems from this separation.

Economic Development through the Market Economy

Thanks to the adoption of the market economy, China has achieved the most rapid economic development in human history and lifted hundreds of millions of people from poverty. Since the only change in the Chinese system was of economic nature from the command economy to the market economy, this became an ideal controlled experiment between the two economic systems. And China's unprecedented achievement since its adoption of the market economy demonstrated beyond a doubt the superiority of the market system. In fact, this was yet another item in the long list of proofs for the superiority of the market system. In East Asia alone, Japan, South Korea, Taiwan, Singapore, and Hong Kong had achieved rapid economic growth by adopting the market economy long before

을 만들어내어 자유주의와 시장경제를 폄하하는 데 썼다. 세계 경제가 크게 침체하고 중국 경제가 비교적 덜 흔들리자, 이런 비합리적 주장이 득세했다. 경제 개혁 이후만 다루고 그 이전의 상황은 살피지 않았다는 점에서, 그것은 방법론에서 원초적 오류를 범했다. 그것은 같은 정권 아래서 중국이 가난했던 사정을 설명하지 않았으니, 그것의 방정식들엔 명령경제의 극치인 집단농장 제도 아래서 굶어 죽은 3천만 명이 넘는 중국 인민들이 들어가지 않았다. 중국 공산당 정권이 들어서는 과정에서 그들이 잔인하게 죽인 몇 백만 명의 중국 인민들의 비참한 운명도 물론 들어가지 않았다. 근년에 중국 사회가 안은 거대한 문제들이 차츰 드러나면서, '베이징 합의'가 '워싱턴 합의(Washington Consensus)'보다 낫다는 주장은 슬그머니 사라졌다.

어쨌든, 경이적 경제 성장은 세계 무대에서 중국이 차지하는 위치와 역할을 근본적으로 바꾸었다. 이제 중국은 인구가 가장 많을 뿐 아니라 주요 국가들 가운데 가장 빠르게 성장하며 경제 규모도 가장 큰 대국이 되었다. 군사력에서도 초강대국 미국과의 격차를 점점 줄인다. 중국이 강대국으로 부상하면서, 중국의 행태도 당연히 바뀌었으니, 제5장에서 기술된 것처럼, 중국은 드러내놓고 제국주의를 추구하고 다른 나라들은 그런 변화에 적응하기 바쁘다. 실제로 지금 중국과 관련된 일들은, 중국 안이든 밖이든, 모두 중국의 제국주의를 고려해야 설명될 수 있다.

China did. The fact that the fastest growing economies in recent years are the African nations faithfully implementing the market economy reiterates this point.

But people hostile to market systems disguised such achievements as successes of "arbitrary intervention in the market by government". They created terms like "the Beijing Consensus" and "state capitalism" to disparage liberalism and market economies. As the global economy suffered a severe recession while the Chinese economy was affected relatively less, such irrational claims gained prominence. These claims made a basic methodological error by turning a blind eye to the history prior to the economic reform and focusing solely on the time following it. Their equations did not take into account the poor China that had existed under the same regime and ignored more than 30 million Chinese that had starved to death under agricultural collectivization - the epitome of the command economy. Also left out were the tragic fates of the millions of people brutally murdered by the Communist Party during its rise to power. In recent years, as the widespread problems plaguing Chinese society as a whole have become evident, the argument that the "Beijing Consensus" was superior to the "Washington Consensus" has quietly receded.

Anyhow, China's unprecedented economic growth has fundamentally altered its position and role on the global stage. Now, China not only is the most populous nation, but also has become the largest economy thanks to its unrivaled growth rate among major countries. Even militarily, it has steadily reduced the gap with the United States, the traditional hegemon. The rise of China was

중국의 제국주의

강대국은 다소간 제국주의적 행태를 보이게 마련이다. 크기는 근본적 수준에서 구조와 모습을 결정한다. 식민 제국을 적극적으로 추구한 적이 없고 오히려 고립주의 때문에 비판을 받은 미국까지도 줄곧 제국주의적 행태를 보인다고 비난 받았다. 그런 사정을 고려하더라도, 중국의 제국주의는 유난히 공격적이고 음산하게 다가온다. 중국의 영향을 직접 받는 동아시아 국가들만 그런 것이 아니다. 중국의 영향이 주로 경제적이거나 문화적인 다른 대륙의 국가들도 중국의 제국주의에 대해선 경계한다. 실제로 중국의 대외 정책은, 자본 투자, 철도와 항로의 개설, 심지어 유교의 전파와 같은 문화적 활동들까지도, 식민주의의 빛깔을 짙게 띤다. 왜 그런가?

제5장에서 언급된 것처럼, 중국은 고대부터 제국주의의 전통을 지녀온 나라다. '세계의 중심 국가'라는 이름부터 그 점을 말해준다. 그러나 그런 역사적 요소는 지금 중국이 보이는 공격적 제국주의를 다 설명할 수는 없다. 청(淸) 왕조의 멸망부터 국민당 정권의 패퇴까지, 중국은 제국주의를 추구한 것이 아니라 강대국들의 제국주의에 큰 괴로움과 치욕을 겪었다. 중국인들 스스로 '백년국치(百年國恥)'라 일컫지 않는가?

거듭 강조된 것처럼, 중국은 아직도 공산당이 절대적 권력을 장악한 사회다. 시장경제가 도입되었지만, 정치 분야에선 공산당이 압제적으로 통치한다. 공산주의는 세계 혁명을 추구하는 이념이어서, 본

evidently accompanied by changes in its behavior. As elaborated in Chapter 5, China overtly pursues imperialism and other nations are busy adjusting to this change. In fact, any contemporary affairs related to China, either foreign or domestic, can only be properly explained when taking into account its imperialism.

Chinese Imperialism

A powerful nation is bound to display an imperialistic pattern of behavior. A nation's size affects its structure and operation on a fundamental level. Even the United States, which has never actively pursued a colonial empire and was often denounced for its isolationism, has been accused of displaying imperialistic tendencies. Even with such considerations, China's imperialism comes across as particularly aggressive and sinister. This is not just for East Asian countries under China's direct influence. Even nations in other continents, for whom Chinese influence mostly takes the form of economic or cultural influence, are wary of China's imperialism. In fact, China's foreign policy is highly reminiscent of colonialism, involving capital investment, rail and port construction, and even propagation of Confucianism and various other cultural activities. Why is this?

As mentioned in Chapter 5, China has a long tradition of imperialism. Its name itself, "Central Nation" speaks to that fact. Historical factors, however, cannot fully explain the aggressive imperialism demonstrated by China today. From the fall of the Qing Empire to the defeat of the Nationalist regime, China did not pursue

질적으로 공격적이다. 특히 중국은 냉전 기간에 세계 곳곳에 공산주의 혁명을 수출했었고 한국전쟁에 북한군을 도우려 참전해서 국제연합에 의해 침략자로 규정되었다.

공산주의의 이런 본질적 공격성은 중국 공산당 자신의 이익에 의해 강화된다. 자신의 영속을 궁극적 가치로 삼으므로, 그들은 줄곧 누려온 절대적 권력을 계속 장악하려고 애쓰며 압제적 체제를 오히려 강화하려고 시도한다. 오랫동안 집권하면서 내세웠던 공산주의를 핵심적 경제 분야에서 버렸으니, 공산당 자신이 실패했다고 인정한 셈이어서, 권력을 내놓는 것이 사리에 맞다. 그러나 공산당은 권력을 내놓는 대신 공격적 민족주의를 내놓았다. 중국을 세계에서 가장 강성한 국가로 만들겠다는 약속으로 정권의 정통성을 얻으려는 것이다.

중국의 행태에 대해 모든 나라들이 경계하는 것도 바로 이것이다. 미국의 제국주의는 강대국의 지위에 자연스럽게 따르는 종류지만, 중국의 제국주의는 본질적으로 공격적 민족주의에 바탕을 두어서 자신들을 직접적으로 위협한다고 다른 나라들이 느끼는 것이다.

압제적 정권의 삼난(三難)

공격적 민족주의는 압제적 정권들이 자신을 정당화하기 위해 늘 이용한다. 대중이 정치에 참여하는 현대 사회들에서 민족주의는 더할 나위 없이 강력하다. 압제적 정권들은 인민들의 압제적 정치에 대

imperialism but instead suffered great humiliation at the hands of imperialistic great powers. The Chinese themselves refer to a 'Century of Humiliation', don't they?

As has been repeatedly emphasized, China is still a society where the Communist Party holds absolute power. Though the market economy has been adopted, in the political sphere the Party rules in an oppressive manner. Because communism is an ideology that pursues world revolution, it is inherently aggressive. In particular, China exported communist revolution around the world during the Cold War and was ruled an aggressor by the United Nations for aiding North Korean forces in the Korean War.

This inherent aggressiveness of communism is further reinforced by the Chinese Communist Party's own interest. Since its ultimate goal is its own perpetuation, it tries to retain the absolute power it has long enjoyed and attempts to strengthen the oppressive system. Since the Communist Party has abandoned communism in the all-important economic sphere, thereby admitting its failure, it stands to reason that it should yield its political power. However, instead of stepping down politically, it has put forth aggressive nationalism. It now seeks legitimacy by promising to make China the most powerful nation in the world.

Here lies the reason countries are wary of China's behavior. American imperialism is the sort that naturally accompanies the status of great power, but Chinese imperialism is fundamentally grounded on aggressive nationalism, making other nations feel directly threatened.

한 불만을 그들의 고양된 애국심을 이용해서 밖으로 돌리려 한다. 민족주의의 속성이 그러하므로, 그것은 거의 필연적으로 다른 나라들과 민족들에 공격적인 모습으로 진화한다. 한 나라의 공격적 민족주의는 물론 그것의 대상이 된 나라들의 저항에 부딪친다. 그래서 공격적 민족주의를 정치 수단으로 이용하는 정권은 압제적 국내 정치, 공격적 민족주의 그리고 마찰적 국제 관계라는 삼난에 부대끼게 된다.

일반적으로 삼난은 최적화가 어렵다. 양난(兩難)은 두 요소들의 어느 쪽에 무게를 두더라도 괴로운 상황을 가리키지만 그것의 최적화 자체는 그리 어렵지 않다. 삼난은 세 요소들이 서로 영향을 미치므로, 엄격히 따지면, 풀 수 없는 문제다. 잘 알려진 경제학의 '먼델-플레밍 삼난(Mundell-Fleming trilemma)'은 이 점을 잘 보여준다. 로버트 먼델과 마커스 플레밍은 작은 개방경제 체제에서 명목 환율, 이자율, 그리고 생산액 사이의 단기적 관계를 다룬 경제 모형을 만들었다. 그리고 거기서 "한 경제 체제는 고정 환율, 자유로운 자본 이동, 그리고 독립적 통화 정책을 동시에 유지할 수 없다"는 원리를 이끌어냈다.

경제 모형에선 모든 요소들이 계량화되어 상호 움직임이 명확하다. 현실에서도 발전된 경제학 지식을 이용할 수 있으므로, 정부는 경제의 움직임을 상당히 정확하게 예측하고 대응할 수 있다. 그러나 삼난은 작은 경제 체제의 단기적 경제 운영에서도 이처럼 어렵다. 하물며 거대한 국가의 거대한 요소들인 압제적 국내 정치와 공격적 민족주의, 그리고 더욱 복잡한 마찰적 국제 관계로 이루어진 삼난을 조정해서 최적화하는 것이 얼마나 어렵겠는가? 압제적 국내 정치와 공

The Trilemma of Oppressive Regimes

Oppressive regimes often use aggressive nationalism to justify themselves. Nationalism is extremely powerful in modern societies, where the people participate in the political process. Oppressive regimes seek to externalize the dissatisfaction the masses feel towards oppressive politics by way of their heightened sense of nationalism. Such being the nature of nationalism, it inevitably produces belligerence towards other nations and ethnicities. One nation's aggressive nationalism, of course, meets resistance from the nations against whom it is directed. Regimes that use aggressive nationalism as a political tool are thereby confronted with the trilemma of oppressive domestic politics, aggressive nationalism, and frictional international relations.

In general, it is difficult to optimize a trilemma. A dilemma is a situation in which emphasizing one of either two choices is difficult, but in fact optimization itself is not that difficult. Since a trilemma's three components affect mutually, it is, strictly speaking, unsolvable. The well-known 'Mundell-Fleming trilemma' clearly illustrates this point. Robert Mundell and Marcus Fleming created an economic model that described the short-term relationship between nominal exchange rate, interest rate, and output within a small open economy. From it they derived the principle that "an economy cannot simultaneously maintain a fixed exchange rate, free capital movement, and an independent monetary policy."

In economic models, all components are quantified and thus have clear interactions. With the help of advanced economic theories that

격적 민족주의를 조절하기도 어렵지만, 다른 나라들의 반응은 공격적 민족주의를 추구하는 나라가 통제할 수 있는 요소가 아니다.

중국의 권력 구조

'압제적 정권의 삼난'에서 원천적 요소가 압제적 국내 정치이므로, 그것을 최적화하려면, 압제적 정권은 무엇보다도 인민들에게 허여하는 정치적 자유를 정교하게 조절할 수 있어야 한다. 다른 나라들과의 마찰이 심해져서 공격적 민족주의를 누그러뜨리려면, 인민들에 대한 억압을 줄여서 공격적 민족주의에 대한 의존을 줄여야 한다.

그러나 인민들에 대한 억압은 강화하는 것도 줄이는 것도 무척 어렵다. 억압을 강화하는 것도 쉽지 않지만, 억압을 푸는 것도 생각보다 어렵고 위험하다. 억압을 풀다가 민중 혁명으로 폭발한 사례들이 얼마나 많은가.

중국 공산당 정권의 경우, 인민들에게 자유를 허용하는 데는 구조적 한계가 있다. 공산주의 사회에선 무산계급을 대표하는 공산당이 최고 기구다. 국가는 공산당에 복속한다. 공산당 자체는 중앙위원회에 의해 운영되는데, 이 기구는 다시 소수 당원들로 이루어진 정치국이 관장한다. 그리고 정치국은 거의 언제나 최고 지도자의 지도를 따른다.

이런 제도는 원래 레닌이 고안해서 "민주집중제"라 불렀다. 러시아 혁명이 일어나기 전인 1906년 트로츠키는 레닌의 고안이 궁극적

can be applied to the real world, the government can to a remarkable degree predict and respond to economic circumstances. However, a trilemma is difficult to deal with even in a small economy in the short run. How difficult must it be to adjust and optimize a trilemma composed of a huge nation's huge national issues such as oppressive domestic politics, aggressive nationalism, and frictional international relations? Oppressive domestic politics and aggressive nationalism are difficult enough to control, but other countries' responses are outside the control of a nation pursuing aggressive nationalism.

China's Power Structure

Because the Trilemma of Oppressive Regimes ultimately stems from their oppressive domestic politics, in order to optimize the trilemma the regimes, more than anything else, must be able to finely tune the amount of political freedom they allow the people. In order to moderate aggressive nationalism to decrease friction with other countries, a regime must lower its dependence on aggressive nationalism by easing the oppression of its people.

However, both increasing and decreasing the level of oppression against the masses are tasks fraught with danger. While it is certainly difficult to strengthen oppressive measures, easing restrictions is trickier and more dangerous than it seems at first glance. Just think of all the cases in which the easing of restrictions led to explosive popular revolutions.

In the case of the Chinese Communist Party, there are structural limitations to the extent of freedom it can allow its people. In a

으로 독재자를 만들어내리라 예언했다, "레닌의 방식은 이것으로 이끈다: 당 조직은 처음엔 당 전체를 자신으로 대치한다. 다음엔 중앙위원회가 당 조직을 자신으로 대치하고, 마지막으로 한 독재자가 중앙위원회를 자신으로 대치한다."

러시아 혁명이 일어나기 훨씬 전에 나온 트로츠키의 예지적 지적대로, 레닌의 방식을 따른 소련은 공산당의 위계의 정점에 오른 독재자가 지배하는 사회가 되었다. 이어 공산당이 통치하는 사회들에서 이 방식이 예외 없이 채택되었고, 공산주의가 내건 이상과는 달리, 궁극적으로 독재자가 다스리는 사회들이 되었다. 모든 공산주의 사회들에서 최고 권력자를 숭배하는 풍조가 자리잡았고 살아있는 독재자의 동상들이 곳곳에 선 풍경이 그런 풍조를 상징했다.

중국에선 마오쩌뚱(毛澤東)에 대한 숭배가 사회적 풍토의 가장 중요한 요소가 되었다. 마오가 죽고 궐위기(闕位期)를 거친 뒤 덩샤오핑(鄧小平)이 권력을 장악해서 절대적 독재자가 되었다. 집단 지도 체제인 중국의 현재 권력 구조는 그런 상황을 막기 위해서 고안되었다. 그러나 공산주의 국가의 체제적 논리는 권력의 집중을 부른다. 근년에 시진핑(習近平) 주석으로 권력이 집중되는 현상에 이런 사정이 작용했을 가능성이 작지 않다.

공산당이 최고의 권력 기구고 국가는 공산당에 복속하는 체제에선 구조적으로 자유주의나 민주주의가 실현될 수 없다. 정상적 국가에선 모든 인민들이 법 앞에 평등하고 그들의 신체와 재산은 법의 보호를 받는다. 그러나 국가가 공산당에 복속하면, 법의 지배라는 국가

communist society, the supreme authority is the party representing the proletariat. The state is subservient to the party. The party itself is run by the central committee, and this committee in its turn is controlled by the politburo, which is composed of a select few party members. This politburo is almost always led by a supreme leader.

This system was first devised and dubbed "Democratic Centralism" by Lenin. In 1906, years before the Russian Revolution, Trotsky predicted that Lenin's design would ultimately produce a dictator, saying "Lenin's method leads to this: the party organization at first substitutes itself for the party as a whole. Then the central committee substitutes itself for the party organization, and finally a single dictator substitutes himself for the central committee."

As Trotsky's prescient observation made years before the Russian Revolution, the Leninist Soviet Union was ruled by a dictator who stood atop the ranks of the communist party. Other communist societies adopted this model without exception and, unlike the promise of communist ideals, became societies ruled by dictators. Personality cult, in which the supreme leader were worshipped, took hold in all communist societies, and the sight of statues erected in honor of living dictators symbolized such personality cult.

In China, veneration of Mao Zedong became the central feature of its social customs. After the interregnum following Mao's death, Deng Xiaoping took power to become the absolute dictator. The current Chinese power structure of collective rule was intended to prevent such a situation. But the systemic logic of the communist society leads to the concentration of power. These circumstances have likely played a part in the recent concentration of power around

의 기능이 정지되고 공산당의 이념과 정책이 대신하게 된다. 아울러, 공산당원들은 일반 인민들보다 우대를 받는다. 이런 권력 구조는 정치의 점진적 자유화를 무척 어렵게 한다. 실제로 지금까지 공산당 정권이 스스로 정치적 자유화의 길을 걸은 적은 없었다. 러시아와 동유럽의 나라들처럼, 공산당이 붕괴나 혁명으로 권력을 잃은 뒤에야 인민들은 자유를 얻었다.

자연히, 공산당이 통치하는 한, 중국 인민들이 누리는 자유엔 근본적 제약이 있을 수밖에 없다. 경제가 발전하고 삶이 풍요로워지면, 인민들의 자유에 대한 욕망도 빠르게 커진다. 특히 시장경제에선 모든 경제 주체들이 많은 정확한 정보들을 얻어서 효율적으로 처리하려 애쓴다. 앞으로 중국 사회가 발전하면, 인민들은 공산당 정권의 압제에 대해 점점 불만이 커질 것이다. 이런 불만은 공산당 정권으로 하여금 공격적 민족주의에 점점 더 크게 의존하도록 만들 것이다.

민족주의의 비가역성

압제적 정권의 삼난을 풀기 어렵게 만드는 가장 큰 요인은 민족주의가 비가역적이라는 사실이다. 한번 고양된 민족주의는 강력한 집권 세력이나 독재적 지도자도 누를 수 없다. 지금 중국 공산당이 맞은 어려움이 본질적으로 이것이다. 외교는 타협의 연속인데, 작은 양보도 낭만적 애국심으로 충만한 인민들의 비난에 직면한다. 따라서 중국 공산당 정권은 무슨 일에서나 일단 강경한 태도를 보이고 보다

President Xi Jin Ping.

In a system where the communist party is the supreme political authority and the state is subservient to it, the power structure does not allow liberalism and democracy to flourish. In normal countries, all citizens are equal before the law and are afforded legal protections to their life and property. When the state is subservient to the communist party, however, rule of law as a state function ceases to operate and is replaced by the ideology and policies of the party. Additionally, party members are privileged above common people. Such a power structure renders gradual political liberalization very difficult. In fact, to this day no communist regime has ever willingly walked the path of political liberalization on its own. Like in Russia and Eastern Europe, did the people gain their freedoms only after the communist party lost power through collapse or revolution.

Naturally, as long as the Communist Party monopolizes power, there will be fundamental limitations to the freedoms the Chinese people can enjoy. As the economy grows and standards of living rise, the people's desire for freedom will grow exponentially. Especially in market economies, all economic agents seek to gather information as much and accurate as possible and to process it efficiently. If Chinese society advances, the people will grow increasingly dissatisfied with the Communist Party's oppressive measures that hinder their information processing. This growing dissatisfaction will in turn steadily increase the regime's reliance on aggressive nationalism.

The Irreversibility of Nationalism

큰 이익을 위해서 타협할 여유를 갖지 못한다.

지금 동아시아의 평화를 위협하는 남중국해의 영유권 분쟁에서 이 점이 음산하게 드러난다. 남중국해의 영유권에 관해서 중국의 주장은 어떤 기준으로 보더라도 지나치다. 여러 나라들로 둘러싸인 바다에 있는 모든 섬들과 바위들이 모두 자기 것들이라 전제하고 그것을 근거로 다른 나라들의 연해까지 차지하겠다고 나섰다. 그런 주장의 근거로 제시된 것이 국민당 정권 시절의 지도에 그려진 9개의 선분들이다. (원래는 11개 선분이 있었는데, 베트남과의 관계를 고려해서, 둘이 줄었다는 얘기다.)

중국의 이런 "논쟁의 여지가 없는 역사적 주장"에 대해 영국 시사주간지 '이코노미스트'는 간명한 평가를 내렸다.

> '이코노미스트'에 보낸 근자의 서한에서 [중국] 외교부는 중국이 남중국해 섬들을 처음 발견하고, 이름을 붙이고, 개발하고 지속적이고 효과적인 관할권을 행사한 나라라는 것을 보여주는 "충분한 역사적 문서들과 문헌"이 있다고 주장한다. 흰소리. 빌 헤이튼이 그의 책 《남중국해》에서 지적하듯, 스프래틀리 군도의 섬 하나에 발을 디딘 첫 중국인 관리는 일본이 패배해서 그 바다의 통제권을 잃은 이듬해인 1945년의 국부군 해군 장교였다; 그는 마이애미에서 훈련 받은 중국인 수병들로 충원된 미국 선박에서 그렇게 한 것이었다. 9단선 얘기를 하자면, 그것은 그보다 겨우 십 년 전 중국 정부의 한 '명명(命名) 위원회'로부터 비롯한 것이다. 중국은 그 섬들에 이름을 붙인 첫 나라가 아니었다; 그 위원회는 영국

The most important among the factors that make the Trilemma of Oppressive Regimes so difficult to optimize is the fact that nationalism is irreversible. Once lit, the flames of nationalism cannot be easily tamed even by a powerful regime or a dictatorial leader. This is essentially the predicament the Chinese Communist Party faces. While diplomacy is supposed to be a series of compromises, even small concessions face the criticism of the people intoxicated with romantic patriotism. Consequently, the Chinese Communist Party cannot afford to make compromises for the greater good, and react to every situation initially by taking a hard-line stance.

This fact is painfully clear in regards to the South China Sea territorial dispute that threatens the peace of East Asia. The territorial demands made by China in the South China Sea are excessive by any measure. China claims that all the rocks and islands in a sea bordered by numerous countries are its own, and even seeks to own the coastal waters of said nations based on such claims. As evidence for these claims, China points to the so-called 'Nine-Dash Lines' drawn on Chinese maps during the Nationalist regime era. (Allegedly there were originally eleven lines, but two were reduced in consideration of the relationship with Vietnam.)

'The Economist' succinctly described China's "indisputable historical claim" as follows:

> A recent letter to The Economist from the [Chinese] foreign ministry asserts that there are "ample historical documents and literature" to show that China was "the country to discover, name, develop and exercise continuous and effective jurisdiction over the South China Sea islands."

해도들과 도선사(導船士)들로부터 무더기로 빌려서 번역했다.

['전속력으로', 2016년 8월 20일]

이처럼 근거가 박약한 9개 선분을 내세워, 중국군은 남중국해에서 다른 나라들의 국제법으로 보장된 권리들을 인정하지 않았다. 그리고 우세한 무력과 경제 보복으로 다른 약한 나라들의 군함들과 어선들을 공격하고 몰아냈다. 그리고 산호초들에 갖가지 시설들을 설치하고 심지어 군용 비행장들을 건설했다. 이런 행태는 전함 외교(gunboat diplomacy)라는 비난을 얻었다.

상설중재재판소의 남중국해 판결

2014년 3월 30일 필리핀은 '해양법에 관한 국제연합협정(United Nations Convention on the Law of the Sea; UNCLOS)'의 '분쟁 강제조정 조항(compulsory settlement of disputes clause)'에 의거하여 헤이그의 상설중재재판소(Permanent Court of Arbitration)에 중국의 남중국해 관련 주장들에 대해 제소했다. 2016년 7월 12일 상설주재재판소는 이 사건의 5개 주요 쟁점들에 대해 판결했다.

1) 중국의 '역사적 권리들'과 '9단선'

남중국해의 해양 자원들에 대한 중국의 역사적 권리들은 UNCLOS에 규정된 배타적 경제 수역들과 양립할 수 없는 한도까지

Bunkum. As Bill Hayton points out in his book, *The South China Sea*, the first Chinese official ever to set foot on one of the Spratlys was a Nationalist naval officer in 1946, the year after Japan's defeat and loss of the control of the sea; he did so from an American ship crewed by Chinese sailors trained in Miami. As for the story of the nine-dash line, it begins only a decade earlier with a Chinese government naming commission. China was not the first to name the islands; the commission borrowed and translated wholesale from British charts and pilots.

['Full Steam', Aug. 20, 2016]

On the basis of such feeble claims as the nine-dash lines, China has refused to acknowledge the rights of other countries around the South China Sea which are guaranteed by international law. And with its greater capacity for military action and economic reprisal, China has attacked and driven out the naval and fishing vessels of other countries. On reefs it has constructed various installations, including military airstrips. These actions have been criticized as gunboat diplomacy.

The Permanent Court of Arbitration's Ruling on the South China Sea

On March 30th, 2014, the Philippines filed for arbitration against China's claims in the South China Sea in accordance with 'the compulsory settlement of disputes' clause of the United Nations Convention on the Law of the Sea (UNCLOS) to the Permanent Court of Arbitration (PCA) in the Hague. On July 12th, 2016, the PCA ruled

소멸되었다. 중국과 다른 나라들의 항해자들과 어부들이 역사적으로 남중국해의 섬들을 이용했지만, 중국이 그 바다와 그 자원들을 배타적으로 통제했다는 증거는 없다. '9단선' 안의 해양의 자원들에 대한 역사적 권리를 중국이 주장할 법적 근거는 없다.

2) 지형 상태

산호초들은 간척과 건설로 심중하게 변형되었는데, UNCLOS가 자연적 상태에 따라 지형을 분류한다는 점을 고려하여, 재판정은 지형을 판단하는 데는 역사적 자료들에 의존했다. 스프래틀리 군도는 역사적으로 어부들의 작은 집단들에 의해 이용되었고 일본 기업들이 어업과 분화석 채취를 시도했었지만, 그런 일시적 사용은 안정적 공동체의 거주를 이루지 않았고 모든 역사적 경제 활동은 추출적이었다. 따라서 스프래틀리 군도의 어느 섬이나 군도 전체도 연장된 해양 지역을 발생시킬 수 없다. 중국이 주장한 지형의 어느 것도 배타적 경제 수역을 발생시킬 수 없고 중국의 배타적 경제 수역은 이 지역에 미치지 못하므로, 분쟁의 대상이 된 해역은 필리핀의 배타적 경제 수역에 속한다.

3) 중국의 행위들의 합법성

필리핀의 배타적 경제 수역에서 필리핀 어업과 석유 탐사를 방해하고 인공 섬들을 건설하고 그 지역에서 중국 어부들이 조업하는 것을 막지 못했다는 점에서, 중국은 필리핀의 주권을 침범했다. 필리핀

on the five main issues of the arbitration.

1) China's 'Historic Rights' and the 'Nine-Dash Line'

To the extent China had historic rights to resources in the waters of the South China Sea, such rights were extinguished to the extent they were incompatible with the Exclusive Economic Zones(EEZs) provided for in the Convention. Although Chinese navigators and fishermen, as well as those of other States, had historically made use of the islands in the South China Sea, there was no evidence that China had historically exercised exclusive control over the waters or their resources. There was no legal basis for China to claim historic rights to resources within the sea areas falling within the 'nine-dash line'.

2) Status of Features

The tribunal noted that the reefs have been heavily modified by land reclamation and construction, recalled that the Convention classifies features on their natural condition, and relied on historical materials in evaluating the features. While the Spratly Islands were historically used by small groups of fishermen and several Japanese enterprises attempted fishing and guano mining there, such transient use does not constitute inhabitation by a stable community and all of the historical economic activity had been extractive. Accordingly, none of the Spratly Islands or the Spratly Islands as a whole is capable of generating extended maritime zones. Having found that none of the features claimed by China was capable of generating an exclusive economic zone, the Tribunal found that it could—without

어선들의 조업을 방해하는 과정에서 중국 정부 당국의 선박들은 불법적으로 심각한 충돌의 위험을 초래했다.

4) 해양 환경의 훼손

중국은 근년의 대규모 간척과 인공 섬들의 건설로 산호초 환경을 심각하게 훼손했고 연약한 생태계와 고갈되거나 멸종의 위협을 받거나 위기에 처한 종들의 서식지를 유지하고 보호할 책무를 저버렸다. 중국 정부 당국은 중국 어부들이 산호초 환경에 심각한 피해를 끼치는 방식으로 멸종의 위기에 처한 바다 거북, 산호 및 대합을 상당한 규모로 획득했다는 것을 알면서도 그런 행위들을 막을 책무를 저버렸다.

5) 분쟁의 조장

필리핀과 중국의 사법 및 군용 선박들이 세컨드 토머스 사주에서 대치한 일이 품은 함의들은, 그것이 군사적 행위들을 포함하고 군사적 행위들은 강제조정에서 제외되므로, 본 재판정의 관할에서 벗어난다. 그러나 중국의 최근의 대규모 간척과 인공 섬들의 건설은 분쟁해결 과정 중에 당사국이 지는 책무들과 양립할 수 없다.

상설중재재판소는 1899에 설립되어 줄곧 기능해온 국제기구로 그 판결은 모든 나라들에 의해 이런 문제에 대한 최종적 판결로 받아들여진다. 남중국해의 영유권에 관한 상설중재재판소의 판결은 이

delimiting a boundary—declare that certain sea areas are within the exclusive economic zone of the Philippines, because those areas are not overlapped by any possible entitlement of China.

3) Lawfulness of Chinese Actions

China had violated the Philippines' sovereign rights in its exclusive economic zone by interfering with Philippine fishing and petroleum exploration, constructing artificial islands and failing to prevent Chinese fishermen from fishing in the zone. Chinese law enforcement vessels had unlawfully created a serious risk of collision when they physically obstructed Philippine vessels.

4) Harm to Marine Environment

China's recent large-scale land reclamation and construction of artificial islands had caused severe harm to the coral reef environment and violated its obligation to preserve and protect fragile ecosystems and the habitat of depleted, threatened, or endangered species. Chinese authorities were aware that Chinese fishermen have harvested endangered sea turtles, coral, and giant clams on a substantial scale in the South China Sea, using methods that inflict severe damage on the coral reef environment, and had not fulfilled their obligations to stop such activities.

5) Aggravation of Dispute

The Tribunal found that it lacked jurisdiction to consider the implications of a stand-off between Philippine marines and Chinese naval and law enforcement vessels at Second Thomas Shoal, holding

제 우리를 인도하는 원칙이 될 것이다. 그것의 권위와 효과는 당사국들인 중국과 필리핀의 태도에 영향을 받지 않는다. 중국이 그것을 무시해도, 심지어 필리핀이 제소를 철회해도, 그것은 의연히 원칙으로 기능할 것이다.

중국의 선택

상설중재재판소의 판결이 예상 밖으로 근본적 논점들까지 철저하게 짚었고 간명한 판결을 내렸으므로, 중국으로선 판결에 선뜻 승복하고 우아하게 물러날 수 있었다. 그런 선택은 남중국해에 드리운 검은 구름을 걷어내고 중국은 모든 다른 나라들의 감사와 평가를 받았을 것이다. 그러나 중국은 국제적 분쟁을 최종적으로 해결하는 국제기구의 판결을 무시하는 길을 골랐다. 실은 자신의 주장이 무리여서 받아들여지지 않으라는 것을 인식하고서, 판결이 나기 전부터 판결을 무시하겠다고 선언했다.

이제 중국의 주장이 국제법적 근거를 완전히 잃었고 다른 나라들로선 중국의 주장을 결코 받아들일 수 없을 터이므로, 남중국해는 예측가능한 미래엔 분쟁 지역으로 남을 것이다. 어떤 지역을 두 나라가 자기 영토라고 다투기 시작하면, 해결된 적이 없다. 남중국해의 영유권도 그런 운명을 따라갈 것이다.

실제로, 그 동안 중국의 위세에 눌렸던 나라들이 중국에 맞서기 시작했다. 베트남의 경우, 1956년에 당시 북베트남 정권이 '파라셀

that this dispute involved military activities and was therefore excluded from compulsory settlement. The Tribunal found, however, that China's recent large-scale land reclamation and construction of artificial islands was incompatible with the obligations on a State during dispute resolution proceedings.

China's Decision

Established in 1899 and having operated as an international institution since, the PCA is considered by all nations the final arbiter of questions such as this. As the PCA ruling turned out to be surprisingly concise and delved into the fundamental points of the issue, China could have readily accepted the ruling and gracefully retreated. Such a move could have eliminated the dark clouds brewing over the South China Sea and would have received high praise and thanks from other members of the international community. However, China chose the path of ignoring the arbitration laid down by the final court of international disputes. In fact, it declared it would ignore the arbitration even before the ruling, aware that its claims were excessive and stood little chance of acceptance.

Now that China's claims have lost all basis of international law and no other country will accept such claims, the South China Sea will remain a disputed area for the foreseeable future. Any two nations' bickering over territory, once begun, has never been resolved peacefully. Territorial claims in the South China Sea will follow the same fated path.

군도와 스프래틀리 군도는 역사적으로 중국령이다'라는 중국의 주장을 받아들였다. 그러나 북베트남은 1975년에 입장을 바꾸어 파라셀 군도와 스프래틀리 군도에 대한 영유권을 주장했고, 남베트남을 병합한 뒤엔 남베트남의 영유권 주장을 이어받았다. 말레이시아는 2011년부터 다른 동남아시아국가연합(ASEAN) 국가들의 대열에서 벗어나 남중국해에서 중국과의 우호적 관계를 유지하겠다고 선언했다. 그러나 2015년에는 중국과 베팅 파팅기 알리 섬에 대한 영유권을 다투기 시작했다. 특히 2014년부터는 동남아시아국가연합이 의견의 통일을 보고서 중국의 태도에 대해 우려하는 태도를 보이기 시작했다. 남중국해는 세계에서 가장 많은 화물들이 오가고 전략적으로 중요한 바다라서, 이처럼 분쟁이 점점 심각해지는 상황은 참으로 불행하다.

이런 상황에서 가장 큰 손해를 볼 나라는 아마도 중국일 터이다. 이제 중국은 이웃의 작은 나라들만이 아니라 상설재판소의 판결과도 싸워야 한다. 그리고 그 판결은 설득도 위협도 타협도 통하지 않는 상대다. 그 판결은 어지러운 현실 정치 위에 우뚝 솟아 중국만이 아니라 중국과 타협하려는 나라들의 비겁하고 어리석은 행태에 대해서 준엄한 눈길을 보낼 것이다. 이런 상황은 '압제적 정권의 삼난'에서도 최악의 경우다.

자연히, 풀릴 길 없는 남중국해 문제는 세계 모든 나라들에게 중국에 대한 경계심을 계속 일깨워서 중국의 외교를 극도로 어렵게 만들 것이다. 남중국해엔 방대한 유전을 비롯해서 풍부한 자원이 있다

Indeed, countries that were once cowed by China have begun to fight back. In the case of Vietnam, in 1956 the then North Vietnamese regime readily accepted China's claim that "the Paracel Islands and the Spratly Islands are historically Chinese territory." However, North Vietnam reversed its stance in 1975 to claim sovereignty over the Paracel Islands and the Spratly Islands, and when it annexed South Vietnam it also inherited the South Vietnamese claims on the issue. In 2011, Malaysia drifted from the ranks of the rest of ASEAN to declare that it would maintain friendly relations with China. But in 2015, it began quarreling with China over ownership of Beting Patinggi Island. Notably, since 2014 ASEAN members have come together to express concerns over Chinese behavior. Considering that the South China Sea has the highest volume of cargo traffic in the world, such escalation of tensions is most unfortunate.

In this situation, the country with the most to lose is probably China. Now China must fight not only small neighboring nations, but also the PCA's ruling. And that ruling cannot be persuaded, threatened, or negotiated with. It will tower over the realpolitik and cast a stern gaze not only over China but also at the foolishness and cowardice of any country that would seek to appease China. This situation also spells the worst case scenario for the Trilemma of Oppressive Regimes.

The unsolvable South China Sea issue will continue to arouse suspicion of China in the eyes of the world, making Chinese diplomacy extremely difficult. It is said that the South China Sea hosts vast reserves of natural resources like oil fields, but the value of such resources are often exaggerated. In comparison with the

고 하지만, 그런 자원의 가치는 흔히 과장된다. 아무리 그런 경제적 가치가 크더라도, 당사자들인 필리핀, 인도네시아, 말레이시아 및 베트남과의 관계 악화와 다른 나라들의 경계에 따를 무형적 손실에 비기면, 무시해도 좋을 만큼 작다.

이처럼 결과가 뻔히 보이는 외교적 구덩이로 중국 정권이 성큼 들어간 것은 중국 인민들이 품은 공격적 민족주의를 고려해야 설명이 된다. 중재재판소의 판결에 승복한다고 선언하면, 중국 공산당 정권은 '영토를 지키지 못한 정권'이라는 비난을 받을 것이고 그런 비난은 인민들의 지지를 받지 못하는 중국 공산당 정권의 붕괴를 부를 수도 있다. 중국 공산당 정권이 자신의 압제적 통치에 대한 인민들의 불만을 밖으로 돌리려고 고취한 공격적 민족주의가 이제는 공산당 정권도 거스르기를 두려워할 만큼 커진 것이다.

이런 사정은 1930년대 만주에서 공격적 정책을 펼친 일본의 경우를 떠올리게 한다. 당시 궁극적 원동력은 민족주의적 여론이었다.

> 이 시기에, 타치바나 시라키(橘樸; 1881-1945)는 일본에서 만주사변 내내 정부가 군부에 끌려가는 것처럼 보였다고 언명했다. 이것은 진정한 여론이 정부보다 군부를 더 지지했다는 간단한 이유 때문이었다. 군부가 정부를 이끌었다기보다, 여론이 정부를 떠밀었던 것이다.
>
> - 야마무로 신이치(山室信一), 《일본 지배 아래의 만주》에서

시진핑 주석 자신이 중국의 공격적 민족주의를 강화했다는 사정

intangible damage that would be caused by the worsening of relations with the countries involved - the Philippines, Indonesia, Malaysia, and Vietnam - and the deep apprehensions of other nations, such economic value, however great, would pale.

To explain why China has stepped so unhesitatingly into such an easily predictable diplomatic quagmire, we should consider the aggressive nationalism harbored by the Chinese people. If it announces that it will submit to the PCA's arbitration, the communist regime will be criticized as "the regime that failed to protect our territory" and might lead to its collapse in the absence of popular support. The flames of aggressive nationalism that the communist regime stoked to redirect the people's dissatisfaction of the oppressive rule outwards has grown to such a feverish pitch that even the communists now fear defying it.

This reminds us of the parallel case of Japan's aggressive policy in Manchuria in 1930s. At that time the ultimate driving force was the nationalistic public opinion.

> During this period, Tachibana Shiraki(1881-1945) observed in Japan that "it seems as though the government was being dragged along by the military during the Manchurian Incident. This was for the simple reason that genuine public opinion supported the military more than the government. It was not so much that the military pulled the government along, but that public opinion was spurring the government on.
>
> - from Yamamuro Shinich, *Manchuria under Japanese Dominion*

There is also the fact that President Xi himself has strengthened

도 있다. 확고하게 자리잡은 집단지도체제를 허물고 권력을 독차지하면서, 시 주석은 다른 지도자들의 반발을 억누르고 군부의 충성심을 확보하기 위해 공격적 민족주의를 앞에 내세웠다. 주석에 취임하자, 그는 바로 '중화민족의 위대한 부흥'을 궁극적 목표로 내세웠고 '중국의 꿈'이란 구호를 외쳤다.

덩샤오핑이 세운 '온건한 대외 정책으로 힘을 기르면서 때를 기다린다'는 정책에 어긋나는 이런 행태는 당연히 군부의 역량과 역할을 한껏 늘렸다. 실제로 남중국해 분쟁에서 중국의 무지막지한 행태를 주도한 것은 군부였다. 중국 군부는 암초들에 군용 비행장을 건설하고 전투기들을 배치했다. 중재재판소의 판결을 전후해선 해군 지휘관들이 앞장서서 중국의 강경한 입장을 대변했다. 일차적으로 외교 문제인 남중국해 영유권 분쟁에 외교 부서를 제치고 군부가 전면에 나서서 중국을 외교적 막다른 골목으로 이끄는 것이다. 중국 외교 부서는 군부의 선제적 행위들을 추인하는 것에 그친다. 원래 공산주의 사회들에서 외교 부서는 실권이 없긴 하지만, 지금 중국 외교부가 세계화 시대에 맞지 않는 초라한 모습을 보이는 것은 세계적으로 좋은 징조가 아니다. 이 문제는 깊이 살펴볼 가치가 있다.

일본군이 일으킨 만주사변

중국 군부의 공격적 행태는 1930년대 초엽 일본의 군국주의와 해외 팽창을 선도한 일본 관동군의 행태와 놀랄 만큼 비슷하다. 그리고

aggressive nationalism. In the process of tearing down the collective rule system to take greater power for himself, President Xi used aggressive nationalism to suppress dissent from other leaders and to ensure the loyalty of the military. Once he took office as president, he quickly announced "the glorious rise of the Chinese people" as his ultimate goal and made the "Chinese Dream" a new slogan.

Departure from Deng Xiaoping's moderate foreign policy designed to bide time until China would be strong enough has naturally led to a strengthening of the military's role and capability. In fact, the Chinese military was the driving force behind China's outrageous behavior in the South China Sea. They set about constructing military airstrips on rocks and deployed aircraft. Both before and after the PCA's ruling, it was Chinese naval commanders who most vocally expressed China's hard-line stance. The military pushed aside the foreign ministry to stand at the forefront of the South China Sea territorial dispute - a primarily a diplomatic issue - thus leading China into a diplomatic dead end. The foreign ministry merely approves the preemptive actions taken by the armed forces. Although in communist societies diplomats commonly have no real power, the shabby status of the Chinese foreign ministry so incongruous to this age of globalization bodes ill for the whole world. This issue merits more careful examination.

The Imperial Japanese Army's Manchurian Incident

The aggressive behavior of the Chinese armed forces is strikingly similar to that of the Kwantung Army of the prewar Imperial

남중국해와 관련된 중국군의 행태에 대한 중국 정부의 태도는 만주 사변을 일으킨 관동군에 대한 일본 정부의 태도와 실질적으로 같다.

1904년 러일전쟁에서 이긴 일본은 러시아가 만주에서 지녔던 이권들을 거의 다 물려받았다. 창춘(長春)과 뤼순(旅順) 사이의 남만주철도는 이런 이권의 핵심이었다. 랴오뚱(遼東) 반도의 조차지 관동주(關東州)에 본부를 둔 관동군은 이런 이권을 지킨다는 명목으로 강력한 군대를 유지했다.

당시 관동군 본부에선 한 무리의 군국주의 장교들이 권한을 장악했다. 이타가키 세이시로(板垣征四郎) 대좌, 이시와라 간지(石原莞爾) 중좌 및 도이하라 겐지(土肥原賢二) 대좌를 중심으로 한 이 집단은 만주에서 중국군과 충돌을 일으켜 만주를 점령하는 계획을 추진했다. 이들은 도쿄 일본군 본부의 고급 장교들과 연결되었고 지휘부의 통제에서 실질적으로 벗어난 상태였다.

1931년 9월 18일 밤 이들의 지령을 받은 관동군 29연대 독립수비대는 선양(瀋陽) 근처 류자오코우(柳條溝)의 남만주 철도를 폭파하고 중국군의 소행으로 돌렸다. 일본군이 폭파한 것은 겨우 1.5미터짜리 레일이었고 그나마 피해가 가벼워서 열차가 그대로 지나갔다.

이튿날 아침 일본군은 선양의 중국군 기지를 공격했다. 만주의 중국군은 장샤오량(張學良) 장군이 지휘하는 동북군(東北軍)이었는데, 장제스(蔣介石) 장군이 지휘하는 중국 정부군과 우호적 관계를 맺고 있었다. 그러나 동북군이 공격을 받았어도, 중국 정부군은 아무런 도움을 주지 못했다. 가까스로 '북벌(北伐)'을 완수한 정부군은 바로 이어

Japanese Army, which spearheaded the Japanese militarism and overseas expansion in 1930s. And the Chinese government's response to its army's behavior in the South China Sea is essentially the same as the Japanese government's response to the Kwantung Army's behavior in Manchuria that was responsible for the fateful Manchurian Incident.

In 1904, in the wake of their victory in the Russo-Japanese War Japan inherited nearly all Russian interests in Manchuria. Integral to these rights was the railroad between Changchun and Lushun. The Kwantung Army, stationed in the Kwantung Leased Territory on the Liaodong Peninsula, maintained a powerful presence under the pretense of protecting such interests.

At the time, a group of militarist officers had gained control of affairs in the Kwantung Army headquarters. This group, centered round Colonel Seishiro Itagaki, Lieutenant Colonel Kanji Ishiwara, and Colonel Kenji Doihara, drove forth a plan to engineer a clash with Chinese forces to take control of Manchuria. They were well-connected with high-ranking officers in the Imperial General Headquarters in Tokyo and were practically outside the control of the command structure.

On the night of September 18th, 1931, the Kwantung Army's Independent Garrison Unit of the 29th Infantry Regiment, under the orders of the conspirators, detonated explosives on a segment of the South Manchuria Railway in Liutiaogou near Shenyang and then blamed the incident on Chinese forces. The rail segment the Japanese exploded was 1.5 meters long and the damage was so slight that a train was able to pass on.

진 군벌 반군과의 싸움으로 기진맥진한 상태였고 장제스는 일본군보다 중국 공산군이 훨씬 위험하다고 판단해서 공산군을 격멸하는 데 힘을 쏟았다. 이런 사정을 고려해서, 장샤오량은 동북군에게 일본군이 공격하면 싸우지 말고 병력을 아껴서 중국 본토로 남하하라는 지침을 내린 터였다. 일본군의 기습을 받자, 동북군은 큰 손실을 입고 바로 선양에서 물러났다.

관동군 사령관 혼조 시게루(本庄繁) 중장은 자신의 명령 없이 일어난 류자오코우 사건에 경악했다. 그러나 그 사건을 전적으로 지지하는 본부의 분위기를 깨닫자, 혼조는 그 작전을 곧바로 추인했다. 실은 그 자신도 열렬한 군국주의자였다. 그는 만주의 중심 도시 선양으로 관동군 본부를 옮기고 조선군 사령관 하야시 센주로(林銑十郎) 중장에게 증원군을 요청했다.

하야시는 혼성 여단을 편성해서 일본군 본부나 내각에 보고도 하지 않은 채 만주로 보냈다. 엄격히 따지면, 이것은 천황의 권위에 대한 도전이어서 중형을 받아야 했다. 그러나 그는 가벼운 문책을 받아 자리에서 물러났고, 일본 사회에선 오히려 영웅 대접을 받아, 끝내 육군대신을 거쳐 수상까지 지냈다.

보다 중요하게, 원래 일을 꾸민 자들은 그들의 방종에 대해 보답을 받았다.

원래, 사령관이 군형법을 엄격히 적용해서 "병력의 자의적 이동에 대해 처형을 했다면, 만주사변을 일으킨 관동군 사령관 혼조 시게루와

The next morning, Japanese forces attacked the Chinese garrison in Shenyang. The Chinese forces stationed in Manchuria were the Northeast Army commanded by General Zhang Xueliang, who had friendly relations with the Nationalist Army under General Chiang Kai Shek. Although the Northeast Army was attacked, the Nationalist Army was unable to render any aid. It just completed their Northern Expedition and was exhausted from the large-scale struggle that immediately broke out between them and rebellious warlords. Also, Chiang considered the Chinese communists to be much more dangerous than the Japanese army and focused his energy on fighting the communist forces. Given these considerations, Zhang Xueliang had already ordered the Northeast Army to avoid confronting the Japanese in order to conserve forces and to march southward to the mainland. When the Japanese army suddenly struck, the Northeast Army sustained heavy losses and retreated from Shenyang.

Lieutenant General Shigeru Honjo, Commander-in-Chief of the Kwantung Army, was at first appalled by the 'Liutiaogou Incident' that had occurred without his orders. After he learned of the headquarters' overwhelming approval of the incident, however, he gave the operation his approval. In truth, he himself was an ardent militarist. He moved the Kwantung Army headquarters to the central Manchurian city of Shenyang and requested Lieutenant General Senjuro Hayashi, Commander of the Korean Army, for reinforcements.

Hayashi formed a mixed brigade and sent them off to Manchuria without informing either the Imperial Headquarters or the Cabinet.

그의 참모들은 군법회의에 회부되었을 것이다. 이런 사정에도 불구하고, 혼조는 승진되어 남작 작위를 받았고 천황의 수석 부관이라는 중요한 자리에 임명되었다. 이시와라 간지와 다른 사람들에게도 승진과 서훈의 보답이 따랐다. 이리하여, 군관료들 사이엔, 결과가 좋은 한, 군기와 지휘 계통을 무시해도 존중 받는다는 추세가 확산되었다.

- 야마무로 신이치, 《일본 지배 아래의 만주》에서

9월 19일 관동군은 선양을 완전히 장악했다고 발표했다. 이어 관동군의 본격적 만주 침공이 시작되었다. 일본의 만주 전역 점령을 낳고 끝내 태평양 전쟁으로 이어진 만주사변은 이렇게 일어났다.

관동군의 공격적 행태가 일본 군부의 지지를 받았다는 점은 강조되어야 한다. 군부는 군사력을 바탕으로 한 해외 팽창이 일본이 처한 어려운 상황에서 벗어나는 길이라고 굳게 믿었다.

비록 야전군 장교들의 허가 받지 않은 행동들이 만주의 점령을 불렀지만, 군부의 최고 지도자들은 아시아에서의 이런 일방적 제국주의로의 이행을 지지했다. 예컨대, 우가키 카즈시게(宇垣一成) 장군은 상당히 온건한 군부 지도자로 잘 알려졌다. 그는 1927년부터 1931년까지 정우회(政友會) 내각과 민정당(民政黨) 내각에서 육군대신을 지냈다. 1930-31년에 불황이 깊어지자, 우가키는 일본이 체계적 위기를 맞았다고 믿게 되었다. 그는 좌우익 급진파들의 폭력을 비난했지만, 그들처럼 그도 일본의 허약과 혼란을 폭주하는 자본주의와 민주주의 탓으

Strictly speaking, this was a challenge against the authority of the Emperor and deserved a heavy sentence. But he was only reprimanded lightly and resigned from his position. In fact, the Japanese public treated him as a hero and he eventually served as army minister and later on even became prime minister.

More importantly, the original schemers were rewarded for their wanton behaviors.

> Originally, if the commanding officers strictly applied the army's criminal code and "carried out executions for the arbitrary movement of troops," then Commander Honjo Shigeru and his staff officers in the Gwandong Army who had brought about the Manchurian Incident should have been court-marshalled. In spite of this, though, Honjo was promoted and received a baronage and he was given the important post of chief aide-de-camp of the emperor. There was as well a granting of awards to Ishiwara Kanji and others who received promotions and decorations. Thus, a trend spread among the military bureaucrats that one would be honored even if one ignored discipline and the chain of command, as long as the results were positive.
>
> -from Yamamuro Shinichi, *Manchuria Under Japanese Dominion*

On September 19, the Kwantung Army declared that Shenyang was secured and immediately followed up with a full-scale invasion of Manchuria. Thus began the Manchurian Incident, which resulted in the occupation of the whole Manchuria by Japan and eventually led to the Pacific War.

It should be stressed that the aggressive behavior of the Kwantung

로 돌렸다… 해외를 살피면서, 그는 "[일본] 영토에 국한된 방어"만으로는 충분치 못하다고 걱정했다. 세계 무역 체계는 무너지고 있어서 범지구적 시장들에서의 공개 경쟁은 가능하지 않다고 그는 1930년에 썼다. 보다 공격적인 외교 정책만이 일본이 시장을 찾도록 해서 일본이 생산성을 높이고, 실업을 줄이고, "사회적 비극"을 피하도록 할 터였다.

-앤드루 고든, 《일본 현대사》

전체주의 사회의 군부 통제

1930년대의 일본 관동군의 행태와 2010년대의 중국 해군의 행태는, 비록 나라가 다르고 시대가 바뀌었음에도 불구하고, 들여다볼수록 점점 더 비슷해진다. 이런 비슷함은 물론 많은 요인들의 복잡한 상호작용들에서 나왔다. 그러나 이내 눈에 들어오는 것은 두 군대가 속한 권력 구조가 상당히 동질적이라는 사실이다.

자유주의 사회들에서 군대는 국가의 한 부분이며 정부에 예속된다. 그리고 폭력을 독점한 공권력의 마지막 수단으로 기능한다.

전체주의 사회들에선 국가는 보다 큰 가치를 구현하는 존재들에 복속한다. 제2차 세계대전 이전의 일본에선 천황이 가장 높은 존재였고 국가는 천황에 복속했다. 일본제국헌법이 천황의 하사품이었다는 사실에서 이 점이 또렷이 드러난다. 위에서 살핀 것처럼, 공산주의 사회들에선 무산계급을 대변하는 공산당이 가장 높은 기구고 국가는 공산당에 복속한다. 전전의 이탈리아나 독일과 같은 민족사

Army enjoyed the full support of the entire Imperial Japanese Army. The military leaders believed that the overseas expansion was the only way for Japan to escape from the economic crisis.

> Although unauthorized actions of field officers sparked the takeover of Manchuria, top leaders of the military establishment supported the shift toward unilateral imperialism in Asia. General Ugaki Kazushige, for example, was well known as a fairly moderate military figure. He had served as army minister in both Seiyukai and Minseito cabinets from 1927 to 1931. As the depression deepened in 1930-31, Ugaki came to believe that Japan faced a systemic crisis. He condemned the violence of left-wing and right-wing radicals, but like them he blamed Japan's weakness and disorder on capitalism and democracy run amok... Looking overseas, he feared that "defense limited to [Japanese] territory" was not enough. The world trading system was breaking down, he wrote in 1930, so that open competition in global markets was not possible. Only a more aggressive foreign policy would allow Japan to find markets so that it could raise productivity, diminish unemployment, and avoid "Social Tragedy."
>
> - from *A Modern History of Japan* by Andrew Gordon

Control of the Military in Totalitarian Societies

When we examine the behavior of the Japanese Kwantung Army in the 1930s and that of the Chinese Navy during the 2010s, we find that, despite their difference in time and place, they are quite similar in many ways. This similarity is of course the result of many

회주의 사회들에선 '인종적 우수성'을 구현한 민족사회주의 정당에 국가가 복속했다. 전체주의 사회들의 이런 권력 구조는 군대를 최고 권력 기구인 천황이나 당에 직접 예속되도록 하고 국가 기구로부터는 다소간 독립적으로 행동하도록 만든다. 전체주의 사회가 본질적으로 인민들의 억압에 바탕을 두었으므로, 궁극적 폭력을 행사하는 군대를 권력을 독점한 당이나 최고 지도자가 직접 관장하는 것은 필연적이다.

그러나 당이나 최고 지도자는 군대를 제대로 장악하고 통제할 자원이 없다. 군대가 국가에 복속하고 문민 통제 속에 놓여야, 비로소 군대는 자신의 이익과 판단이 아니라 국가의 이익과 판단에 봉사하게 된다. 즉 전체주의의 권력 구조는 군대에 대한 통제가 충분치 못해서 군대가 독자적으로 행동할 위험을 키우는 경향이 있다.

제2차 세계대전 이전 일본의 경험에서 이 점이 극명하게 드러났다. 천황에게 직접 책임을 진 일본 군부는 점차 내각보다 우위에 서게 되었다. 현역 장성만이 육군대신과 해군대신에 임명될 수 있도록 한 조치는 군부에 내각보다 우월한 지위를 부여했다. 육군대신과 해군대신의 사퇴를 유도하고 후임자들의 추천을 거부할 수 있었으므로, 군부는 내각의 조직과 유지를 실질적으로 결정할 수 있었다.

1936년에 일어난 군부 정변의 시도는 이런 경향에 결정적 운동량을 주었다. 2월 26일 도쿄 주둔 제1사단의 초급 장교가 부하들을 이끌고 반란을 일으켜서 군부독재 정권을 세우려 했다. 그들은 정부와 군부의 우두머리들을 많이 죽였지만, 오카다 게이스케(岡田啓介) 수상

complexly interacting factors. However, what catches the eye is the similarity of the power structures these two forces are parts of.

In liberal societies, the armed forces are part of the state and subordinate to the government. And it acts as the last resort of the legitimate monopoly on violence.

In totalitarian societies, the state is subordinate to entities that assume higher values. In prewar Japan, the Emperor was the highest entity in the nation and the state was subordinate to him. The fact that the Meiji Constitution was an imperial gift clearly illustrates this. As mentioned above, in communist societies the communist party, as the representative of the proletariat, is the supreme authority and the state is subordinate to it. In the National Socialist societies of prewar Italy and Germany, the state was subordinate to the National Socialist Party that strove for 'racial superiority'. The power structure of totalitarian societies thereby places the military directly under the control of the supreme authority - be it the emperor or the party - and causes the armed forces to operate somewhat independently of national institutions. Since totalitarian societies are inherently based on the oppression of the people, it is necessary for the supreme leader or the party that has monopolized power to directly wield the armed forces as the ultimate manifestation of legitimate violence.

However, the party or the supreme leader has no resources with which to properly control the activities of the military. Only when the armed forces are subordinate to state and placed under civilian control, they would put the interests and decisions of the state above their own interests and decisions. Thus, totalitarian power structures that lack the ability to control the military's behavior have

을 암살하는 데는 실패했다. 비록 반란군은 천황숭배자들이었지만, 히로히토(裕仁) 천황은 반란이 궁극적으로 자신의 권위에 대한 도전이라 판단했다. 그는 계엄령을 내리고 해군 연합함대를 도쿄만에 집결시켰다. 그리고 군부에 반란을 진압하라는 명령을 내렸다. 천황의 과감한 결단에 힘입어 '2.26사건'은 바로 진압되었으나, 군부의 절대적 우위는 공식적이 되었고 해외 팽창정책이 구체화되었다.

군부가 일본의 실질적 독재자가 되자, 직업 군인들은 제복을 입은 관료들이 되었고 관료적 세계관과 행태를 지니고 자기 이익을 추구하기 시작했다. 그들은 자신들의 존재를, 특히 군대가 쓰는 막대한 자원을, 정당화하는 일에 마음을 쓰게 되었다. 그래서 그들은 끊임없이 이웃 나라들을 침공해서 자신들의 존재를 정당화하려 시도했다. 군부의 국수주의적 세계관과 해외 팽창 정책을 막을 세력은 일본에 없었다. 합리적이고 온건한 정책을 추진하려는 정치가들이나 군부 지도자들은 젊은 장교들에 의한 암살을 걱정해야 했다. 절대적 권위를 지닌 히로히토 천황은 비교적 합리적이고 온건해서 외교적 해결을 강조했지만, 그도 권력을 장악한 군부에 끌려갈 수밖에 없었다.

공산주의 사회들에선 최고 지도자들이 공산당을 통해서 군대를 통제했다. 부대 지휘관보다 큰 권한을 지니고 부대를 감시하는 정치 장교인 통제위원(commissar)을 각급 부대들에 파견함으로써, 공산당은 군대를 감시하고 통제했다. 이론적으로는 그럴 듯하지만, 이런 제도에도 나름의 한계가 있었으니, 통제위원들도 대체로 군인들로 충원되어서 조만간 군부의 논리와 이익에 봉사하게 된다.

a dangerous tendency to allow them to decide and act independently.

The experiences of prewar Japan make obvious this fact. The military, which reported directly to the Emperor, steadily overshadowed the cabinet. The practice of appointing only active duty general officers to the army minister and the navy minister conferred the armed forces an ascendancy over the cabinet, in that the armed forces could make the cabinet fall by withdrawing the military ministers and then refusing to recommend the successors.

The abortive military revolt in 1936 gave decisive impetus to this trend. On February 26th, a junior officer of the 1st Infantry Division stationed in Tokyo led his men to stage a coup with a view to establishing a military dictatorship. They killed many civilian and military leaders, but failed to assassinate Prime Minister Keisuke Okada. Although the rebels were supporters of imperial authority, Emperor Hirohito regarded the revolt a challenge to his authority. He declared martial law and ordered the Combined Fleet to the Tokyo Bay. Then he ordered the armed forces to suppress the revolt. Although the 'February 26 Incident' was quickly quelled thanks to the emperor's decisiveness, the military's dominance became official and expansionary policies began to take more definite shape.

As the military effectively became the dictator of Japan, career officers became bureaucrats and began to work for their own interests with bureaucratic world view and behavior. They began to focus on justifying their own existence, particularly the immense resources appropriated by the armed forces. So they tried to justify their own existence by continuously provoking wars against neighboring nations. There was no power in Japan that could

이 제도를 완성한 스탈린은 워낙 의심이 많아서 주기적 숙청을 통해 군부의 반란 가능성을 없앴다. 그의 정적 트로츠키가 러시아 내전 중에 적군(赤軍)을 조직하고 이끌었으므로, 스탈린은 군부의 숙청에서 특히 무자비했다. 1937년에서 1938년까지 이어진 악명 높은 숙청으로 소련군 고급 장교들의 과반이 반역죄로 처형되었다. 원수 5명 가운데 3명이 죽었고 군사령관 15명 가운데 13명이 죽었고 사단장 195명 가운데 110명이 죽었으며 여단장 406명 가운데 186명이 죽었다. 주목할 점은 이들 지휘관들이 공산당의 지시들을 충실히 이행하도록 감시하고 통제하는 임무를 지닌 행정직 장교들과 통제위원들이 지휘관들보다 오히려 더 많이 처형되었다는 사실이다.

스탈린이 맞은 문제를 히틀러도 맞았다. 프로이센 왕국 군대에서 연유한 독일 군부는 빛나는 전통을 의식하고 자신의 실력을 믿는 자부심 가득한 조직이었다. 제1차 세계대전에서 병사로 복무한 오스트리아 출신 독일인인 히틀러가 장악하기엔 너무 버거웠다. 소련을 침공한 '바바로사 작전'이 그의 잦은 간섭으로 실패하자, 그는 오히려 그것을 독일 군부를 장악하는 기회로 삼았다. 그는 자신의 잘못을 야전 지휘관들에게 떠넘기고서 유능한 지휘관들을 무더기로 해임하고 자신에게 충성하는 장군들을 대신 임명했다. 1941년 12월 그는 총사령관 발터 폰 브라우히치 원수를 해임하면서 아예 후임을 임명하지 않고 자신이 직접 독일군을 이끌겠다고 선언했다. 어쨌든, 히틀러 자신이 외국 침공을 선도했으므로, 군부의 통제되지 않은 작전을 걱정할 필요는 없었다.

oppose the military's jingoistic world view and expansionary policy. Politicians and military leaders advocating reasonable and moderate policies came to fear assassination by junior officers. Emperor Hirohito, who held the supreme authority, was relatively reasonable and moderate and emphasized diplomatic solutions, but even he was swayed by the military that had assumed power.

In communist societies, supreme leaders controlled the armed forces through the communist party. The party would keep an eye on and control the military through commissars appointed as political officers that outranked unit commanders to each unit. In theory, this system looks sound, but it had its limitations in that commissars were generally recruited amongst soldiers and eventually worked for the military's logic and interests.

Stalin, the man behind this system,, was a very suspicious man and eliminated the threat of military coup through regular purges. As his archenemy Trotsky had organized and led the Red Army during the Russian Civil War, his purge of the armed forces was particularly vicious. During the infamous purges from 1937 to 1938, over half of high-ranking Soviet officers were executed for treason. Three out of five field marshals, 13 out of 15 army commanders, 110 out of 195 division commanders, and 186 out of 406 brigadiers were executed. One point of interest is that the execution of administrative officers and commissars appointed to spy on and control the commanders to ensure compliance with party orders were even more severely executed than the commanders.

Hitler also encountered the problems Stalin faced. The German military command, descended from the army of the Prussian

다른 공산당 정권들과 마찬가지로, 중국 공산당 정권은 소련의 권력 구조를 충실히 본받았다. 자연히, 중국 공산당은 각급 부대들에 파견된 통제위원들을 통해서 군대를 통제해 왔다.

중국 공산당이 국민당 정부와 긴 내전을 치르고 중국을 차지했으므로, 오랫동안 중국 공산당 정권과 공산군은 실질적으로 하나였다. 마오쩌둥은 공산당 정권의 최고 지도자였고 동시에 공산군 최고사령관이었다. 공산당 정권이 세워진 뒤에도, 그는 군대를 실제로 지휘했다. 그는 군부의 반대를 무릅쓰고 한국전쟁에 참전하기로 결정했고 베이징에서 한반도 전선의 펑떠화이(彭德懷) 사령관에게 세밀한 작전 계획을 내렸다. 중공군의 비효율적 운용엔 현지 실정을 파악하기 어려운 마오쩌뚱이 작전을 구체적으로 지휘했다는 사정도 작용했다. 따라서 마오쩌뚱은 군부에 대한 절대적 권한과 권위를 지녔었고 덕분에 스탈린처럼 주기적으로 고위 간부들을 숙청해야 한다는 강박관념에서 자유로울 수 있었다. 그래도 그와 군부 사이의 관계가 늘 좋았던 것은 아니었으니, 그는 한국전쟁 참전 과정에서 그를 지지했던 펑떠화이와 문화혁명 과정에서 연합했던 린빠오(林彪)를 제거해야 했다.

덩샤오핑도 공산군의 원로였고 그런 경력 덕분에 문화혁명에서 살아남았고 집권했다. 그러나 그의 뒤를 이은 장쩌민(江澤民), 후진타오(胡錦濤), 그리고 시진핑은 관료 출신으로 군부에 뿌리가 없다. 자연히, 이들은 군부를 완전히 장악하기보다는 공존의 길을 골라야 했다. 시장경제 채택 이후 중국의 빠른 발전으로 축적된 자원을 많이 쓰면

kingdom, was a proud organization keenly aware of its glorious history and full of confidence of its capabilities. For Hitler, an Austrian German who had fought in the First World War as an enlisted man in the German army, it was a formidable task to control the German army. When the Operation Barbarossa for the invasion of the Soviet Union went awry due to his frequent meddling, he used the failure as an opportunity to take control of the German military. Hitler blamed field commanders for his own mistakes and dismissed many able commanders, replacing them with generals loyal to him. In December of 1941, as he dismissed Field Marshall Walter von Brauchitsch, the Commander-in-chief, he did not appoint a successor and instead declared that he would personally lead the German army. At any rate, since Hitler himself was pushing for foreign invasions, he did not have to worry about unsanctioned operations by the military.

As with other communist regimes, the Chinese communist regime has faithfully adopted the Soviet Union's power structure. Naturally, it has controlled the military though commissars it sends to various units.

Because the Chinese Communist Party took China after a prolonged civil war against the Nationalist Army, for a long time the communist party and the communist armed forces were one and the same. Mao Zedong was both the supreme leader of the party and the supreme commander of the armed forces. After the proclamation of the People's Republic of China, he continued to lead the army. He decided to enter the Korean War against the objections of military leaders and sent detailed operational plans from Beijing

서, 중국군은 빠르게 현대화를 수행했고 이제는 미국이나 러시아의 군대에 크게 뒤지지 않는 강력한 군대로 자라났다. 자연히, 공산당의 군부에 대한 통제는 느슨해질 수밖에 없었다. 지금 시진핑 주석은 부패 청산 운동을 통해 군부의 반대파를 제거하고 자신의 인맥을 강화하려 한다. 이런 조치는 군부의 전체 이익을 건드리지 않는 정책 아래서만 가능하며, 궁극적으로 군부의 힘을 늘릴 것이다. 시진핑의 집권 이후 더욱 빨라진 중국군의 전력 강화는 이런 추세를 보여준다.

위에서 살핀 것처럼, 국가가 다른 조직에 복속하면, 군부에 대한 통제는 약할 수밖에 없다. 일본의 천황제, 소련을 비롯한 공산주의 사회들의 계급 차별에 바탕을 둔 공산당 체제, 나치 독일의 인종 차별에 바탕을 둔 체제는 나름으로 군부의 장악에 실패했다. 앞으로 중국군에 대한 중국 공산당 정권의 통제는 점점 느슨해질 터이고 이번 남중국해 사건에서처럼 중국군이 공격적 민족주의를 주도적으로 추구할 가능성은 커질 터이다.

만주사변의 교훈

압제적 정권들이 맞는 삼난에서 결정적으로 중요한 요소는 마찰적 국제 관계다. 압제적 국내 정치를 덜 압제적으로 만드는 것은 정권의 생존을 바로 위협한다. 민족주의적 열정은 불가역적이므로, 압제적 국내 정치에 대한 인민들의 불만을 밖으로 돌리기 위해 북돋운 공격적 민주주의는 조정하기 힘들고 흔히 점점 더 공격적이 된다. 따

to General Peng Dehuai on the Korean front. The inefficient use of Chinese Communist forces during the war was in part due to the fact that Mao, who could not accurately assess local conditions, was micromanaging operations. As a result Mao had absolute authority and control over the military and, unlike Stalin, did not feel the need to regularly purging high-ranking officers. Nonetheless, he and the army did not always see eye to eye and he had to eliminate Peng who loyally supported him during the Korean War, and Lin Biao with whom he had closely worked during the Cultural Revolution.

Deng Xiaoping was also a veteran of the communist forces and such credentials kept him alive through the Cultural Revolution to later take power. But his successors, Jiang Zemin, Hu Jintao, and Xi Jinping, are career bureaucrats with no roots in the armed forces. Naturally, they opted for coexistence with the military instead of pursuing for domination over it. Using the resources accrued by China's adoption of the market economy and its subsequent rapid growth, the Chinese army have modernized itself into a powerful force comparable to that of the US or Russia. Unsurprisingly, the party's grasp over the military has slackened. Currently, President Xi is attempting to eliminate opponents in the military and expand his influence with his anti-corruption campaign. This measure is only possible under a policy of not running counter to the interests of the armed forces as a whole, and it will in due course lead to an expansion in the armed forces' influence. The accelerated strengthening of the Chinese military under Xi's tenure demonstrates this trend.

As explored above, when the state is subordinate to another

라서 공격적 민족주의를 추구하는 국가는 다른 나라들의 거센 저항을 만나기 전까지는 계속 공격적 팽창 정책을 추구한다.

당연히, 국제 사회는 중국이 남중국해의 영유권에 관한 상설재판소의 판결을 무시한 행태에 대해 책임을 물어야 한다. 소송 당사국인 필리핀을 비롯해서 여러 나라들이 판결을 따르라고 요구했고 중국이 그런 요구를 거부했으므로, 중국에 대한 응징이 따라야 한다. 법을 어기고 질서를 깨뜨린 행위를 응징하지 않으면, 법도 질서도 유지될 수 없다.

그러나 강대국이 법을 어기고 질서를 깨뜨리면, 응징할 길이 마땅치 않다. 사람이 거주하는 육지도 아니고 금을 긋기 힘든 바다의 영유권에 대한 분쟁이어서, 전쟁까지 각오하면서 응징할 만한 일도 아니다. 이처럼 곤혹스러운 처지에서 국제 사회가 법과 정의를 옹호할 수 있는 길은 무엇인가? 역사는 무슨 교훈을 주는가?

위에서 살핀 것처럼, 2010년대 중국 해군의 행태는 1930년대 일본 육군의 행태와 여러 모로 비슷하다. 국제 질서를 무력으로 깨뜨리는 행위이었으므로, 만주사변을 일으킨 일본군의 행태는 국제 사회에 큰 충격을 주었고 이후의 역사 전개에 결정적 영향을 미쳤다. 1930년대의 역사에서 우리는 이번 남중국해 사건에 당장 적용될 수 있는 교훈들을 얻을 수 있다.

만주사변이 일어나자, 중국 정부는 일본 정부에 강력히 항의하고 일본군의 침공을 중지시키라고 요구했다. 이어 국제연맹에 호소했다. 10월 24일 국제연맹은 일본군이 11월 26일까지 점령지에서 철

authority, control over the military can only weaken. Japan's Imperial system, the communist system based on class stratification, and the racial discrimination system of Nazi Germany all to various degrees failed to exert effective control over the military. The Chinese Communist Party's control over the Chinese armed forces will weaken in the future and the possibility that the Chinese armed forces may actively pursue aggressive nationalism as it did recently in the South China Sea will increase.

The Lessons of the Manchurian Incident

In any Trilemma of Oppressive Regimes, the decisive factor is the frictional international relations. Making oppressive domestic politics less oppressive directly threatens the survival of the regime. Since nationalistic passions are not readily reversible, aggressive nationalism promoted for the sake of redirecting the people's dissatisfaction of domestic oppression is difficult to adjust and often becomes increasingly inflammatory. Therefore, aggressively nationalistic countries continue to pursue their expansionary policy to the point where they meet the stiff resistance from the victims.

Obviously, the international community must hold China responsible for ignoring the arbitration of the PCA on the South China Sea issue. Since many nations, including the Philippines that filed the petition, have called on China to submit to the arbitration but China has refused, reprisal against China must follow. If breaking the law and disturbing the peace goes unpunished, law and order cannot be maintained.

수해야 한다는 결의를 통과시켰다. 그러나 일본은 국제연맹의 결의를 거부했다.

1932년 1월 빅터 불워 리튼이 이끄는 조사단이 중국에 도착해서 진상을 파악하기 시작했고 10월엔 보고서를 발표했다. '리튼 보고서'는 일본군의 출동이 자위적 조치였다는 일본의 주장을 일축하고 만주국은 일본군의 침공의 산물이라고 확인했다. 이 보고서에 따라, 국제연맹은 일본군이 철도연변으로 철수할 것과 일본이 만주국의 승인을 취소할 것을 의결했다. 이런 의결은 공격적 전쟁이 피해 국가만이 아니라 인류 공동체에 대한 범죄라는 국제연맹의 기본 원칙에서 나왔다. 그러나 일본은 국제연맹의 결의를 받아들이지 않았다. 오히려 1933년 3월 아예 국제연맹을 탈퇴했다.

일본의 국제 질서에 대한 공식적 도전에 대해 국제연맹은 무력했다. 국제연맹은 집단 안보에 의존했는데, 그것은 공격적 전쟁을 막는 것은 모든 나라들의 권리와 의무라는 인식에 바탕을 두었다. 그러나 강대국들은 일본이 시작한 공격적 전쟁에 대해 적극적으로 반응하지 않았다. 애초에 미국의 불참으로 힘이 약했던 국제연맹으로선 일본의 도전에 효과적으로 대응할 길이 없었다.

일본군을 무력으로 점령지로부터 몰아내는 것은 물론 불가능했다. 그러나 일본에 대한 경제 제재는 비현실적이 아니었다. 국제연맹의 규약은 경제 제재를 규정했고 중국은 규약의 15조와 16조를 들어 경제 제재를 발동하라고 요구했다. 국제 여론도 일본에 대한 경제 제재에 찬성했지만, 극심한 경제 불황에 시달린 강대국들은 경제 제

However, when a great power like China violates law and disturbs order, there are no good ways to enforce punishment. Because the dispute is not about land where people reside but over territorial waters where lines are hard to draw, war is an unwarranted response. In this uncertain situation, how can the international community uphold law and justice? What lessons does history offer?

As mentioned above, the Chinese navy's behavior in the 2010s is similar to the Japanese Kwantung army's in the 1930s in many ways. As an armed challenge to international order, the Kwantung Army's actions shocked the international community and proved a decisive turning point for later events. So we can gain historical insights from the events in the 1930s directly applicable to the present South China Sea dispute.

At the outbreak of the Manchurian Incident, the Chinese government strongly protested against the Japanese government and demanded that the invasion be halted. Shortly afterwards they appealed to the League of Nations. On October 24, 1931 the League passed a resolution urging that Japanese troops withdraw from the occupied areas by November 26th. However, Japan rejected the League's resolution.

By January 1932, the inspectors led by Victor Bulwer Lytton arrived in China to clarify events and submitted a report in October. The 'Lytton Report' dismissed the Japanese claim that Japanese mobilization had been an act of self-defense and confirmed that Manchukuo was a product of the Japanese invasion. Based on this report, the League of Nations passed resolutions urging that Japanese forces turn back to their original positions around the rails and that

재에 소극적이었다.

1932년 1월 7일 헨리 스팀슨 미국 국무장관은 '미국의 조약상의 권리들이나 파리 협약에 어긋나는 방식으로 이루어진 어떤 상황, 조약, 또는 협약을 미국은 법적으로 유효하다고 인정할 의도가 없다'는 내용의 문서를 중국과 일본에 동시에 보냈다. 미국이 한 일은 그것뿐이었다. 미국은 태평양 건너편 동아시아에서 일어난 일에 적극적으로 개입할 뜻이 없었다. 1922년의 워싱턴 군축회의에서 일본에 불리한 해군 군비 조약을 맺은 터라, 미국으로선 일본과의 관계에서 현상 유지를 바랐다. 무엇보다도, 미국 기업들의 이익을 중요하게 여긴 허버트 후버 대통령이 일본에 대한 경제 제재에 반대했다.

전통적 강대국으로 국제 질서의 유지에 큰 역할을 해왔고 홍콩을 영유해서 중국에 큰 이익을 지닌 영국도 나서지 않았다. 경제 위기를 맞아 금본위제를 포기할 만큼 어려운 처지로 몰린 터라, 영국은 동아시아 사태에 적극적으로 나설 정치적 의지가 없었다. 결국 국제 사회는 일본의 중국 침략에 대해 '도덕적 비난'을 퍼붓고 손을 놓았다.

이처럼 국제 사회가 손은 놓자, 일본군은 단숨에 만주를 점령했다. 전력이 일본군보다 훨씬 약한데다 지휘부가 애초에 일본군과 맞서려 하지 않았으므로, 동북군은 거의 싸우지 않고 만주를 내주었다. 1932년 3월 일본군은 점령지에 만주국(滿洲國)을 세웠다. 창춘을 수도로 삼아 청의 마지막 황제였던 푸이(溥儀)를 '집정(執政)'으로 옹립했다가 이듬해에 황제로 추대했다. 그리고 만주국의 수립으로 일본군의 만주 철수 문제는 해결되었다고 선언했다. 그러나 승세를 타자,

Japan withdraw its recognition of Manchukuo. This decision came from the principle that aggressive war was a crime not only against the victimized nation, but against the whole humanity. But Japan did not accept the League's resolution. Instead, in March 1933 it peremptorily left the League of Nations.

The League of Nations was powerless in the face of Japan's direct and open challenge against international order. The League relied on collective security, which is based on the idea that stopping aggressive war is the right and obligation of every nation. However, the great powers did not intervene actively against Japan's war of aggression. The League whose capabilities were limited from the inception due to the non-participation of the United States had no way to effectively counteract Japan's challenge.

So pushing the Japanese army back to its original position by force was out of the question. But economic sanctions against Japan were not impracticable. The covenant of the League provided for economic sanctions and China demanded them, invoking articles xv and xvi of the covenant. International opinion also supported economic sanctions against Japan, but the great powers, suffering from severe economic downturn, were less than enthusiastic about sanctions.

On January 7th, 1932, Henry Stimson, the US Secretary of State, sent a note stating, "the American Government cannot admit the legality of any situation de facto nor does it intend to recognize any treaty or agreement entered into ... which may impair the treaty rights of the United States or its citizens in China..." simultaneously to China and Japan. That was all the US did. The US had no

일본군은 만주 점령에 만족하지 않고 패주하는 중국군을 따라 만리장성 이남으로 진출했다. 텐진(天津)이 함락되자, 중국은 견디지 못하고 일본과 정전협정을 맺었다. 그래서 일본은 공식적으로 만주 전역을 차지하게 되었다.

만주에서의 성공으로 야심이 커지자, 1937년 일본군은 베이징(北京) 교외의 루꼬우차오(蘆溝橋)에서 사건을 꾸며 중국 정부군을 공격했다. 그리고 빠르게 중국 전역에 걸친 전쟁으로 확대시켰다. 군사력이 약하고 공산군과 사생결단으로 싸우던 터라, 중국 정부군은 우세한 일본군의 공격을 감당하지 못했고 경제적으로나 군사적으로나 중요한 동부 연안 지역에서 밀려났다. 만주국을 세워서 성공한 경험을 살려, 일본군은 점령 지역에 괴뢰 정권들을 세웠다.

이번에도 국제 사회의 반응은 무기력했다. 일본이 국제 질서를 명백하게 깨트려도, 적극적 제재에 나서려는 나라가 없었다. 중국에 실질적 도움을 주려는 나라도 없었다. 심지어 일본군의 공격으로 자국 선박들과 시민들이 해를 입어도, 서방 국가들은 외교적 항의를 하는 수준에 머물렀다.

중국 침략에 대해서도 국제적 대응이 미미하자, 일본은 1937년 독일과 이탈리아와 '반코민테른 협정'을 맺고 세계 정복에 나섰다. 마침내 1941년 12월 7일 일본 해군은 펄 하버의 미군 해군 기지를 기습했다. 일본군 몇 개 사단이 일으킨 만주사변은 꼭 10년 만에 동아시아, 미국, 오세아니아와 태평양 전체가 싸움터가 된 태평양전쟁으로 확대된 것이었다.

intention to actively involve itself in the affairs of the Far East across the Pacific. Having signed the Washington Naval Arms Limitations Treaty in 1922, which put Japan at a disadvantage, the US wished to maintain the status quo in regards to US-Japan relations. Most decisively, President Herbert Hoover, who championed the interests of US corporations, opposed sanctions against Japan.

Even Britain, despite its significant contributions to the international order as a traditional great power and its extensive interests in China, including those in Hong Kong, did not stand up to Japanese aggression. Deep in an economic crisis that resulted in the abandonment of the gold standard, it lacked the political will to actively engage in East Asian affairs. In the end, the international community heaped 'moral condemnation' upon the Japanese invasion of China and looked the other way.

When the irresolution of the international community was laid bare, Japan immediately conquered all of Manchuria. Because the Chinese forces in Manchuria were much weaker than the Japanese forces and their leaders from the very beginning did not want to fully confront Japanese army, the Northeast Army gave up Manchuria almost without a fight. In March 1932, the Japanese Army established Manchukuo in the occupied territory, with its capital in Changchun. Japan installed Puyi, the last Qing emperor, as chief executive and the next year crowned him emperor. Then Japan declared that the issue of Japanese withdrawal from Manchuria had been resolved with the establishment of Manchukuo. But heady from their continued victories, Japanese forces were not satisfied with merely occupying Manchuria and pursued the retreating

대한민국 임시정부 초대 대통령을 지낸 이승만은 일본 해군이 펄 하버를 공격하기 직전에 출간된 《일본내막기(Japan Inside Out)》에서 일본이 미국을 공격하리라 예언해서 명성을 얻었다. 그는 그의 저서에서 국제 사회가, 특히 미국이, 일본의 조선 병탄을 막지 못한 것이 그 모든 사건들의 시작이었다고 지적했다. 일본의 조선 병탄을 묵인해서 국제 질서의 근본 원칙이 손상된 것이 만주사변으로 이어졌다는 얘기다.

만주사변의 교훈은 간명하다: 일본군이 만주사변을 일으켰을 때, 국제 사회는 일본을 응징했어야 했다. 당시 미국이나 영국의 지도자들이 생각한 것처럼, 일본의 응징에는 너무 큰 비용이 따랐을까? 그래서 전쟁을 할 준비가 전혀 안 된 처지에선, 전쟁을 마다하지 않는 군국주의 일본을 응징할 길이 실질적으로 없었을까?

경제 제재의 효과

만주사변 당시 일본은 '대공황'의 영향을 유난히 크게 받았다. 경제 규모가 비교적 작고 미국에 대한 수출에 크게 의존했으므로, 각국이 보호무역 정책을 다투어 채택하자, 일본 경제는 심대한 타격을 받았다. 만주에 대한 공격적 진출도 1920년대 중엽 이후의 경제적 어려움에서 비롯한 면이 있다. 히틀러가 생활권(Lebensraum)이란 개념을 제시하면서 독일의 생활권은 독일 동쪽 슬라브족이 거주하는 광막한 땅이라고 선언한 것과 비슷하다. (원래 Lebensraum은 '집안의

Chinese forces south of the Great Wall. When Tianjin fell, China could persevere no longer and signed an armistice with Japan. So Japan came to officially occupy the whole of Manchuria.

With its ambition whetted by its success in Manchuria, in 1937 Japanese army incited the Marco Polo Bridge Incident to attack Chinese Nationalist forces and soon began a full-scale invasion across all of China. As it was militarily weak and engaged in a life-and-death struggle with the Chinese communists, the Chinese Nationalist Army could not effectively resist the superior Japanese forces and were pushed out of the eastern coastal region of China that was militarily and economically important. Following their successful experience with Manchukuo, Japan established puppet regimes in the occupied areas.

Again, the international community's response was feeble. Even as Japan clearly disturbed the international order, there was no country willing to actively sanction it. No country was willing to provide China with substantial assistance. Even when their own ships and citizens were harmed by the invading Japanese forces, the Western countries responded with diplomatic protests.

As the international response to the invasion of China proved weak, Japan set upon a course of world conquest with the signing of the 'Anti-Commintern Pact' alongside Germany and Italy. Eventually on December 7th, 1941, the Japanese Navy attacked the American naval base at Pearl Harbor. The Manchurian Incident almost exactly ten years earlier, perpetrated by a few divisions of the Japanese Army, had grown into the Pacific War that raged across East Asia, the United States, Oceania, and the Pacific.

생활 공간'을 뜻하는 말이었는데, 히틀러가 그것에 지정학적 뜻을 담았다.)

사정이 그러했으므로, 미국의 일본에 대해 경제 제재는 효과적이었을 것이다. 후버 대통령이 미국의 경제적 이익을 앞세우지 않고 훨씬 중요한 세계 질서를 위해 결단을 내렸다면, 일본은 오래 버티기 어려웠을 것이다. 1930년대 말엽 뒤늦게 프랭클린 루스벨트 대통령이 일본에 대한 항공유, 고철 및 강철의 수출을 금지하자, 일본군은 바로 어려움을 겪었다.

근년에 우크라이나를 침공하고 크리미아를 합병한 러시아에 대한 유럽과 미국의 대응은 경제 제재의 효과를 새삼 확인해주었다. '국가안보위원회(KGB)' 요원이었던 블라디미르 푸틴 대통령은 오래 집권하면서 점점 압제적 정치를 펴왔다. 그는 처음부터 정보기관을 통한 음습한 공작을 정책 수단으로 삼았다. 지금 러시아에서 정보기관의 손길이 미치지 않는 곳은 없다. 러시아 안에선 푸틴 대통령의 정적들이 잇달아 암살되거나 조작된 혐의로 감옥에 갔고 해외에선 밉보인 러시아 부호들과 전직 정보원들이 암살되었다. 한 전직 KGB 요원의 자랑대로, "공산주의 이념은 사라졌지만, 그 비밀경찰의 수법들과 심리는 남았다."

중국의 공산당 정권과 똑같이, 푸틴 정권도 압제적 국내 정치가 불러오는 인민들의 불만을 공격적 민족주의를 통해서 밖으로 돌리는 전략을 추구해 왔다. 지금까지 그런 정책은 나름으로 푸틴 정권의 안정에 기여했다. 그러나 그들도 '압제적 정권의 삼난'을 피할 수는

Syngman Rhee, the first president of the provisional government of Korea in the 1920s, gained renown for his prediction that Japan would soon attack the US in his Japan Inside Out published just before the Japanese Navy's attack on Pearl Harbor. In his prescient book Rhee asserted that the failure of the international community, especially of the US, in preventing Japan from annexing Korea, was the beginning of it all. His point was that the impairment of the basic principles of the international law and order through their acquiescence to Japan's annexation of Korea led inevitably to the Manchurian Incident and the other subsequent events.

The lesson is clear: when Japan incited the Manchurian Incident, the international community should have punished Japan for its misdeeds. Then, would the economic sanctions against Japan have brought forth too big a price, as the American and British leaders feared? Was there no practical way to curb the ambitions of war-ready militarist Japan when the other parties were completely unprepared to fight?

The Effects of Economic Sanctions

At the time of the Manchurian Incident, Japan was hit particularly hard by the Great Depression. Since its economy was relatively small and heavily reliant on exportation to the US, when nations began to adopt protectionist trade policies the Japanese economy was severely depressed. Japan's aggressive expansion into Manchuria partly had its roots in the economic difficulties Japan faced since the mid 1920s. It is comparable to how Hitler introduced the idea

없었다. 우크라이나 침공과 크리미아 합병은 국제법과 국제 질서에 대한 너무 거센 도전이어서 서방의 반발을 불렀다. 러시아의 군사적 행동에 대해 유럽과 미국은 경제 제재밖에 할 수 없었지만, 경제 제재는 예상보다 훨씬 효과적임이 드러났다. 러시아는 바로 경제적으로 타격을 입었고 작년에 경제 규모가 줄어들었다. 이런 사정은 푸틴 대통령의 공격적 행태에 영향을 미쳐서, 요즈음 그는 적어도 유럽에 관한 한 전보다 훨씬 덜 공격적이다.

그러나 중국에 대한 경제 제재는 훨씬 어렵다. 엄연히 존재하는 국경을 경멸적으로 무시하고 타국의 일부를 합병하며 분리 독립을 꾀하는 반란을 유도하고 군사적으로 지원하는 행위는 국제 질서에 엄청난 충격을 주는 사건이라서, 국제 사회가 그냥 넘어갈 수 없었다. 그러나 사람이 살지 않는 섬들을 먼저 점령하고 그것들에 군사 시설들을 설치하는 일은 충격이 훨씬 작다.

무엇보다도, 미국과 유럽은 러시아의 우크라이나 침공과 같은 상황에 대응하기 위해 만들어진 북대서양조약기구(NATO)를 갖추었다. 그런 군사적 실력의 바탕 위에서 경제 제재가 즉각적으로 시행될 수 있었다. 그러나 동아시아엔 중국의 위협에 대응하는 군사적 동맹이 없다. 중국에 대한 경제 제재를 전쟁으로 여기겠다고 중국이 선언하면, 경제 제재에 참가한 동아시아의 국가들은 개별적으로 막강한 중국의 군사력에 맞서야 한다. 미국과의 동맹에 의지할 수 있는 나라들은 그나마 사정이 낫지만, 다른 나라들은 감당할 수 없는 군사적 위협을 맞게 된다.

of Lebensraum and declared the vast lands to the east populated by the Slavs were as Germans' Lebensraum. (Originally, Lebensraum was a term meaning 'household living space', but Hitler assigned a geopolitical meaning to it.)

When such circumstances are taken into consideration, American economic sanctions against Japan would have been quite effective. If President Hoover did not put American interests ahead of the much more important international order, Japan's military ambitions would not have lasted long. When President Franklin Roosevelt belatedly banned the export of aviation fuel, scrap metal, and steel to Japan in the late 1930s, the Japanese armed forces immediately began to encounter difficulties.

More recently, the response by the United States and Europe against Russia's invasion into Ukraine and annexation of Crimea has reaffirmed the efficacy of economic sanctions. President Vladimir Putin, a former member of the Committee for State Security (KGB), has increasingly displayed authoritarian politics. Within Russia, his political rivals were assassinated or imprisoned on fabricated charges, while abroad wealthy Russians and former intelligence agents that had fallen out of favor with him were assassinated. As one former KGB agent boasted, "the communist ideology may be gone, but the methods and culture of the secret police persist".

Like the Chinese Communist Party, Putin's regime has also sought a strategy of redirecting the domestic discontent caused by oppressive rule outwards using aggressive nationalism. Until now, such policies have somewhat contributed to the regime's stability. But it too is not free from the Trilemma of Oppressive Regimes. The

중국과 러시아는 경제적으로 상당히 다르다는 점도 있다. 러시아는 경제적으로 그리 강대하지 않고 원유와 천연가스 같은 원자재의 수출에 크게 의존한다. 따라서 러시아에 대한 경제 제재는 러시아에 큰 압박이 되지만 유럽이나 미국엔 그리 큰 짐이 되지 않는다. 원유값이 가파르게 하락했다는 사정도 겹쳐서, 이번 경제 제재는 큰 효과를 냈다. 반면에, 세계에서 가장 크고 가장 빠르게 성장해왔고 모든 나라들과 긴밀한 경제 관계를 맺은 중국에 대한 경제 제재는 모두에게 큰 아픔을 줄 수밖에 없다. 지금 심각한 불황을 맞은 세계 경제가 건강을 되찾는 일에서 중국이 결정적 역할을 하는 판에 중국에 대한 경제 제재는 너무 비현실적이어서 생각할 수 없다. 설령 그런 경제 제재에 모든 나라들이 참가하더라도, 중국은 약한 고리들을 찾아 선별적으로 보복해서 경제적 포위망을 바로 무너뜨릴 수 있다.

스팀슨주의(Stimson Doctrine)

그러면 중국의 질서파괴적 행태에 대해 국제 사회는 아무런 대응도 할 수 없는가? 이 절망적 물음에 대해서도 만주사변은 실제적 교훈을 줄 수 있다.

후버 대통령의 유화 정책에 따라, 미국은 일본과 중국에 보낸 스팀슨 국무장관의 서한으로 자신의 입장을 밝히는 데 그쳤다. 만주를 단숨에 점령한 일본군의 흉흉한 기세에 비추어, 그것은 너무 미약한 반응이었다. 실제로 그것은 '상징적 선언'으로 여겨졌다.

invasion of Ukraine and the annexation of Crimea were such flagrant violations that they were met with the resistance from the West. Europe and the US could only apply economic sanctions against Russian military actions, but such sanctions proved to be much more effective than expected. The Russian economy was immediately affected and last year it shrunk in size. Such circumstances have affected President Putin's calculations and these days he is much less belligerent in Europe at least.

However, economic sanctions against China are much more difficult. Russia's disdainful disregard of firmly established borders, the invasion and annexation of another country's territory, and encouragement and military support for separatist movement constituted too serious violations of the international order for the international community to countenance. China's acts such as occupation of empty islands and building military installations there are much less conspicuous.

Most importantly, the US and Europe had the North Atlantic Treaty Organization (NATO), which had been established to respond to situations precisely like the Russian invasion of Ukraine. And the economic sanctions were immediately levied on the foundation of real military strength. But in East Asia, there is no corresponding military alliance that can respond to Chinese aggression. If China declares that it considers economic sanctions against it an act of war, East Asian nations participating in the sanctions must face China's great military might individually. The situation may be less dire for countries that can depend on their alliances with the US, but others will be faced with an overwhelming military threat.

그래도 그것은 미국의 외교를 인도하는 지침이 되어 '스팀슨주의'라는 이름을 얻었다. 그리고 루스벨트 정권이 들어선 뒤, 점점 포악해지는 일본의 군국주의적 행태에 보다 강력하게 대응하는 바탕이 되었다. 태평양전쟁이 일어나기 직전, 전쟁을 피하기 위한 협상에서 미국은 일본에게 모든 점령지에서 물러날 것을 강력히 요구했다. 그런 원상복구는 바로 '스팀슨주의'의 정신이었다.

위에서 살핀 것처럼, 미국은 1939년부터 단계적으로 일본에 대한 전략물자 수출을 금지했다. 석유를 거의 다 수입에 의존하고 특히 미국 석유를 많이 수입하는 일본으로서는 석유 금수는 치명적이었다. 그래서 일본군은 풀기 어려운 양난을 맞았다. 일본 해군의 처지는 특히 곤혹스러웠다.

일본 해군의 전략가들은 일본이 미국과 싸워 궁극적으로 이길 가능성은 없다고 보았다. 육군에선 병력의 크기가 근본적 중요성을 지녔지만, 해군에선 군함과 함재기 같은 무기들에 크게 의존했다. 그리고 그런 무기들은 높은 기술과 대규모 경제를 지닌 나라들만이 만들 수 있었다. 일본은 단 두 세대 동안에 서양을 따라잡았지만, 영토, 인구, 자원, 경제력 및 기술 수준에선 미국에 한참 뒤졌다. 일본 해군이 기습 작전으로 미국 해군에 심대한 손실을 주어 일시적 우위를 지니더라도, 미국의 막강한 국력 덕분에 조만간 미국 해군은 일본 해군을 압도할 터였다. 그래서 일본 해군의 기본 전략은 방어적이었다. 미국과의 전쟁이 일어나면, 일본 해군은 자기 영해를 지키면서 미국 해군이 진격해오기를 기다려 격파한다는 시나리오였다.

There is also the fact that China and Russia are economically quite different. Russia is not as economically powerful as China and relies largely on the export of natural resources such as crude oil and natural gas. Therefore, economic sanctions against Russia impose a great burden on Russia while they pose a lesser problem for Europe or the US. Combined with the steep fall in oil prices, these sanctions had great effect. On the other hand, sanctions against China, which has the world's largest and fastest growing economy and closer economic relations with all countries, would hurt everyone involved. In this difficult time for the world economy, China's pivotal role in achieving a healthy global economy makes economic sanctions against it impractical and unrealistic. Even if all nations participated in such sanctions, China could find the weaker links to selectively target for retaliation to break out of such encirclement.

The Stimson Doctrine

Then is there nothing for the international community to do about China's undermining of the international order? Even to this bleak question, the Manchurian Incident can offer practical lessons.

In accordance with President Hoover's appeasement policy, the US merely stated its position in Secretary Stimson's note to China and Japan. Considering the speed and ferocity with which Japanese forces had occupied Manchuria, this was obviously too weak a response. In fact, it was seen as a 'symbolic gesture'.

Nonetheless, it became a guiding principle for American foreign policy and was called the Stimson Doctrine. After the Roosevelt

문제는 가장 긴요한 전쟁 물자인 석유였다. 일본이 통치하는 지역에서 나오는 석유는 많지 않았고 인조 석유 생산도 독일처럼 활발하지 못했다. 이란과 페루에서도 석유를 수입했지만, 두 나라들에서 수입하는 양을 단숨에 늘릴 수는 없었다. 군함들은 석유를 많이 썼다. 평시에도 해군은 달마나 30만 톤을 썼다. 1940년대 초엽 일본 해군이 비축한 650만 톤으로는 두 해도 못 버틸 터였다. 이제 날마다 비축한 석유가 줄어드는 상황이라, 일본 해군은 기본 전략대로 가만히 앉아서 미국 해군이 쳐들어오기를 기다릴 수 없었다. 그것은 싸우지도 못하고 지는 길이었다.

현실적 대안은 개전 초기에 공세로 나아가서 석유가 많이 나오는 네덜란드령 동인도(지금의 인도네시아)를 확보하는 길이었다. 그곳엔 석유만이 아니라 일본이 탐내는 광물 자원들이 많았다. 그래서 일본이 내세운 대동아공영권(大東亞共榮圈)엔 네덜란드령 동인도가 꼭 들어가야 했다. 동인도를 점령하고 석유를 확보하려면, 일본 본토와 동인도 사이의 보급로를 안전하게 만들어야 했다. 그래서 동인도 점령 작전은 보급로 동쪽의 미국 보호령 필리핀과 서쪽의 영국령 말라야의 점령을 포함할 수밖에 없었다. 한꺼번에 네덜란드, 미국, 영국과 싸우게 되는 것이었다.

단숨에 이길 수 있으리라 예상했던 중국과의 싸움이 벌써 여러 해 이어지고 언제 끝날 지 모르는 판국에, 새로 강대국 셋과 전쟁에 들어간다는 것은 어리석기 짝이 없었다. 소련과의 관계도 불안해서, 전쟁이 일어나지 않더라도, 만주와 조선에 상당한 병력이 주둔해야 했

administration came to power, it became the basis for more forcefully standing up to Japan's increasingly ferocious militarism. During the talks seeking to avoid war immediately before the start of the Pacific War, the US strongly demanded that Japan withdraw from all occupied areas. Such calls for a return to status quo ante were based on the spirit of the Stimson Doctrine.

As mentioned above, the US gradually banned the export of strategic goods to Japan from 1939. Since Japan was almost entirely reliant on imported oil and particularly American oil, the oil embargo proved fatal to Japan. The Japanese forces were thus confronted with a difficult dilemma. The Imperial Japanese Navy was in a particularly tough position.

Japanese naval strategists correctly estimated that Japan had no chance of defeating the US through war. On land, the size of armies was of fundamental importance, but at sea forces relied heavily on advanced weapons like battle ships and aircraft carriers. And such weapons could only be manufactured by technologically advanced countries with large economies. Although Japan had caught up to the West in just two generations, it still trailed the US in terms of territory, population, natural resources, economic power, and technological development. Even if the Japanese navy managed to inflict heavy losses on the American fleets with a surprise attack to attain temporary superiority, the national might of the United States would ensure the eventual victory of the American Navy over the Japanese Navy. So the Japanese navy adopted a strategy that was basically defensive. It would lure the American Navy into the Western Pacific and defeat it in friendly waters.

다. 그렇다고 뻔한 패배를 앉아서 기다릴 수는 없었다. 전력이 약하기 때문에 승산이 없는 전쟁을 먼저 일으켜야 한다는 곤혹스러운 상황을 일본 해군은 맞은 것이었다. 이런 상황에서 일본 해군은 펄 하버의 미국 함대에 대한 기습 공격에 가느다란 희망을 걸었다.

이처럼 '상징적 선언'으로 치부되었던 '스팀슨주의'는 뜻밖으로 강인한 생명력을 지녀서 국제 정세의 혼란스러운 변화 속에 미국의 정책을 인도했고 끝내 일본의 군국주의적 팽창을 저지하는 데 기여했다. 국제질서는 그것을 깨뜨리는 국가들이 응징되어야 유지될 수 있다. 현실적으로 그런 응징이 어려울 때에도, 질서를 깨뜨려서 얻은 이익은 결코 인정될 수 없다는 원칙은 지켜져야 한다. 스팀슨주의는 이 점을 천명한 것이다.

제2차 세계대전 초기 소련이 리투아니아, 라트비아, 에스토니아의 발틱 3국을 병합했다. 1940년 7월 29일 섬너 웰즈 미국 국무차관은 스팀슨주의를 거론하면서 소련의 발틱 3국 병합을 인정하지 않는다고 선언했다. 미국의 이런 입장은 소련이 무너지고 발틱 3국이 독립한 1991년까지 견지되었다.

위에서 거듭 확인한 것처럼, 국제법을 어기고 국제 질서를 깨뜨리는 강대국에 대한 '불인정 선언'은 효과가 없지 않다. 그것은 불의가 저질러졌고 그 불의에서 얻은 이익을 다른 나라들은 인정하지 않으며 언젠가는 정상으로 돌아가야 한다는 원칙을 명확하게 세운다. 그것은 바로잡혀야 할 불의가 있다는 사실을 지속적으로 사람들에게 일깨워주면서 정의의 실현을 위한 노력들을 인도할 것이다.

The problem was oil, an essential war material. The territories Japan ruled over did not produce much oil nor did it actively manufacture synthetic oil as did Germany. Japan imported oil from Iran and Peru also, but it was not possible to increase the amount imported from them on short notice. Naval vessels consumed large quantities of fuel. Even in peacetime, the navy used 300,000 tons of oil per month. The 6.5 million tons the Japanese navy had reserved by the early 1940s would not last even two years. With oil reserves dwindling daily, the Japanese navy could not simply wait, in accordance with their basic strategy, for the American navy to sail in closer. That would mean losing the war without a fight.

The only practical alternative was to go on the offensive early in the war to secure the oil-rich Dutch East Indies (current day Indonesia). There lie not only oil but other mineral resources Japan wanted. So the Greater East Asia Co-Prosperity Sphere proffered by Japan had to include the Dutch East Indies. In order to occupy the East Indies and secure its oil, the supply lines between them and the Japanese mainland had to be made safe. So the plan for the acquisition of the East Indies entailed the occupation of the Philippines, then American protectorate, and British Malaya to the East and West of the supply lines, respectively. This meant simultaneously taking on the Netherlands, the US, and the UK as enemies.

It was foolhardy to go to war with these three great powers, even as the war against China predicted to be short dragged on for years with no end in sight. Though there was no war, Japan's relationship with the Soviet Union was also shaky, necessitating the stationing

신스팀슨주의(New Stimson Doctrine)의 필요성

이제 자유와 평화를 위해 국제법과 국제 질서를 지키려는 나라들은 만주사변의 교훈들을 새기고 스팀슨주의를 남중국해 사태에 적용할 길을 찾아야 한다. 상설중재재판소의 판결을 무시하는 중국에 대해 판결을 따르라고 요구하는 것은 당연하지만, 그것만으로는 불충분하다.

그들은 남중국해 영유권에 대한 상설재판소의 판결을 지지하고 그것을 어긴 중국의 행태를 비판하고 그런 불법적 행위로부터 얻은 중국의 모든 이익을 인정하지 않으며 남중국해는 공해이므로 모든 나라들과 개인들이 국제법에 따라 자유롭게 항해하고 이용할 수 있는 공간으로 남아야 한다는 원칙을 선언해야 한다. 중국에 '원상복구'를 요구하는 이런 선언은 장기적 점거로 '시간이 정당성을 부여한다'는 논리를 따라 남중국해의 암초들을 점유하려는 중국의 책략을 거부할 것이다. 그것은 만주사변을 맞아 미국 한 나라가 보인 대응인 '스팀슨주의'를 많은 자유주의 국가들이 계승해서 발전시킨 원칙이 될 것이다.

스팀슨주의의 정신을 이어 받되 미국만이 아니라 많은 나라들이 참여한다는 점에서, 이것은 '신스팀슨주의'라 불릴 만하다. 이 '신스팀슨주의'는 미국이 주도하겠지만 일본도 적극적으로 참여할 터이므로, 만주사변에서 피해자로 국제 사회에 도움을 요청했던 중국이 이제는 국제법을 어기고 국제 질서를 깨뜨리는 오만한 공격자가 되

of substantial troops in Korea and Manchuria. But neither could they wait for inevitable defeat. The Japanese navy found itself in the unenviable situation of having to preemptively start an unwinnable war because it lacked military strength. It was in these circumstances that the Japanese navy put its slim hopes in its surprise attack against the American fleet in the Pearl Harbor.

In this way, the Stimson Doctrine, which had been dismissed as a 'symbolic gesture' eventually took on an unexpectedly tenacious life of its own to guide American policy through chaotic changes on the international stage to ultimately contribute to stopping Japan's militaristic expansion. The international order can only survive when nations that violate it are punished. Even when punishment is practically infeasible, the principle of not recognizing gains made by violating the international order must be upheld. The Stimson Doctrine speaks very clearly to this fact.

In the early stages of the Second World War, the Soviet Union annexed the Baltic states of Lithuania, Latvia, and Estonia. On July 29th, 1940, Undersecretary of State Sumner Welles invoked the Stimson Doctrine as he declared the refusal to recognize the legitimacy of the Soviet takeover. This American position was maintained until the Baltic states gained independence after the fall of the Soviet Union in 1991.

As demonstrated repeatedly, a declaration of non-recognition against a great power violating international law and upsetting the international order is far from meaningless. It sets firm the principle that a wrong was committed, that other nations do not accept the unjust gains, and that things must return to normal in the end. It will

었고 당시의 공격자였던 일본이 국제 질서의 유지에 앞장선다는 반어(反語)를 품을 것이다. 이런 반어는 워낙 신랄해서, 신스틸슨주의를 더욱 매섭게 만들 것이다.

유화정책의 어리석음

이제 중국은 중재재판소 판결의 권위를 약화시키려 들 것이다. 중국은 실은 판결이 나오기 전에 그런 노력을 시작했다. 2016년 3월 중국은 '해양법에 관한 국제연합협정(UNCLOS)'과 비슷한 '국제해사재판소(International Maritime Judicial Center)'를 설치하겠다고 발표했다. 중국이 혼자서 그런 기구를 설립하려는 목적은 "모든 나라들의 해양 권리들을 보호하는 것을 돕기 위함"이다. 이 기구는 중국과 다른 나라들 사이의 영역 문제들을 중점적으로 다룰 것이라고 중국의 최고재판소장이 언명했다.

판결이 나오자, 중국은 동남아시아국가연합(ASEAN) 국가들과 "남중국해에서 우발적인 군사적 충돌들을 피하는 일에 도움을 줄 수 있는 새로운 단계로 전화 핫라인"을 개설하기로 합의했다. 중국이 일방적으로 무력으로 다른 나라들의 배들을 몰아내면서, "우발적인 군사적 충돌"을 언급하는 것은 위선적임을 모두 알지만, 이런 '거짓 조치'가 계속 나오면, 판결의 이행이라는 진정한 논점은 시야에서 사라지게 된다.

아울러, 중국은 자신에게 맞선 나라들의 연합을 무너뜨리려고 갖

constantly remind people that there is a wrong to be corrected and will guide efforts to achieve justice.

The Need for a New Stimson Doctrine

Now nations that strive to uphold the international law and order for the sake of peace and freedom must take to heart the lessons of the Manchurian Incident and find a way to apply the Stimson Doctrine to the South China Sea issue. It is only proper for all nations to demand China to comply with the PCA's ruling, but that is not enough.

They should declare that they support the PCA's arbitration in the matter of the South China Sea, criticize China's rejection of the ruling, will never recognize the gains China made through illegal actions, and uphold the principle that the South China Sea must remain a freely navigable and usable space for all countries and people as international waters. This declaration demanding 'return to the status quo ante' from China will, in the long term, deny it its current strategy of trying to occupy the rocks in the South China Sea by means of the logic that 'time ascribes legitimacy'. Such a declaration will not only lead to the reaffirmation of the Stimson Doctrine, the lone response of the US to the specific incident in Manchuria long ago, but also the succession and renewal of its principles by a number of liberal democracies.

In that it would involve many nations other than the US, while inheriting the spirit of the Stimson Doctrine, it might be called the New Stimson Doctrine. As this New Stimson Doctrine is likely

가지 이간책(離間策)들을 쓸 것이다. 남중국해에서 이미 확보한 자신의 이익을 근본적으로 해치지 않는 일들에서 약간의 양보들을 하면서 (예컨대, 자신의 영유권 주장을 훼손하지 않는 한도까지 다른 나라들의 어부들이 다시 그들의 전통적 어장에서 조업하는 것을 허용하거나 건설 공사들을 일시 멈출 수 있다). 남중국해의 점령을 기정사실로 삼고, 이해가 엇갈릴 수밖에 없는 여러 나라들을 개별적으로 흥정과 위협을 통해서 달래고, 자신의 궁극적 적수인 미국과 다른 나라들 사이의 틈을 벌리려고 끈질기게 시도할 할 것이다. 이런 몸짓에 홀려서 중재재판소의 판결을 관철시키려는 노력을 게을리 하는 것은 물론 어리석고 위험하다. 인류 역사에서 유화정책이 성공한 적은 단 한 번도 없었다. 중국 역사에서 가장 유명한 유화정책인 연횡설(連衡說)이 그 점을 또렷이 보여준다.

기원전 4세기 전국시대(戰國時代) 말기에 큰 나라들이 작은 나라들을 병탄하는 과정 끝에 '전국칠웅(戰國七雄)'이라 불린 진(秦), 초(楚), 제(齊), 연(燕), 조(趙), 한(韓), 위(魏)의 일곱 강국들이 남았다. 서쪽의 강국 진이 나머지 여섯 나라들보다 군사력이 월등했으므로, 여섯 나라들로선 진에 대항하는 정책이 긴요했다. 소진(蘇秦)은 여섯 나라들이 연합해서 진에 대항하자는 합종설(合從說)을 주창했다. 소진은 여섯 나라의 재상이 되어, 정책을 조율했고, 소진이 활약한 기간엔 진의 동방 진출은 억제되었다. 반면에, 진의 재상 장의(張儀)는 여섯 나라가 각기 진과 화친하는 것이 낫다는 연횡설(連衡說)을 폈다. 소진이 죽은 뒤, 연횡설을 따라 여섯 나라가 연합 전선을 허물고 각기 자기 이익

to have Japan among its proponents, it will harbor an irony that China who had urgently asked for assistance from the international community as the victim of Japanese aggression now casually infringes international law and disturbs international order as arrogant aggressor, whereas the former aggressor Japan is now playing a leading role in maintaining international order. This Irony is so pungent that it will make the New Stimson Doctrine sterner.

The Futility of Appeasement

From now on China will seek to weaken the authority of the PCA ruling. In fact, China began its efforts to do so even before the ruling was made. In March of 2016, China announced that it would establish an 'International Maritime Judicial Center', similar to the United Nations Convention on the Law of the Sea (UNCLOS). The ostensible reason China tries on its own to establish such institution is "in order to help protect every countries' sea rights". The President of the Supreme People's Court and Chief Grand Justice of China asserted that this institution would deal primarily with territorial disputes between China and other nations.

Once the ruling was handed down, China and ASEAN member states agreed to set up a "telephone hotline as a fresh step to help avoid accidental military clashes in the South China Sea". Although it is clearly hypocritical of the Chinese to speak of "accidental military clashes" when it has unilaterally driven off other countries' vessels by force, if phoney measures like this continue to appear, the true issue of implementing the PCA's ruling will drift out of sight.

만을 고려하게 되자, 진은 여섯 나라들을 차례로 정복해서 짧은 기간에 중국을 통일하고 진 제국을 세웠다.

중국처럼 강대하고 공격적인 나라가 위세를 부리면, 다른 나라들은 원칙을 고수하기 힘들다. 그래서 타협할 기회가 나오면, 바로 타협한다. 물론 그런 타협은 강대국의 요구 사항들을 대부분 들어주고 사소한 양보들을 체면치레로 받아들이는 유화정책에 지나지 않는다.

유화정책의 본질적 문제는 그것이 심리학 원리에 어긋난다는 사실이다. 도구적 조건부여(instrumental conditioning)는 바람직한 행동이 나온 뒤에 그것을 강화하는 자극이 주어져야 한다. 그것은 우리가 알고 따르는 상식이기도 하다. 그러나 유화정책은 위협적 행태 바로 뒤에 보상을 하므로, 위협적 행태를 강화한다. 강대국이 위협적 행태를 멈춘 뒤에 비로소 보상해야, 정상적 관계가 회복될 수 있다. 따라서 강대국이 위협적 정책을 펼 때 긴요한 것은 그것을 견디고 아무런 보상도 하지 않는 것이다.

그러나 그렇게 위협을 견디는 것은 어느 경우에도 쉬운 일이 아니다. 전체주의 강대국이 군사력을 앞세워 협박할 때, 자유주의 약소국들의 국민들은 그런 협박에 맞서는 정치적 의지를 보이지 못한다. 모두 협상하고 타협하라고 정부에 요구한다. 전쟁과 평화에 대해 잘 알았던 베지시우스의 "평화를 바라는 자는 전쟁을 준비하도록 하라"는 충고를 따르는 사람들은 너무 드물다. 1939년 9월의 뮌헨 회담에서 돌아온 네빌 체임벌린 영국 수상과 에두아르 달라디에 프랑스 수상을 양국 군중들이 열렬히 환영한 사실을 기억하는가? 정치 지도자들

In addition, China will attempt to alienate members of the coalition arrayed against it from each other. As it makes small concessions on issues that do not fundamentally harm the interests it has already secured in the South China Sea (for example, allowing fishermen from other countries to fish in their traditional fishing grounds to the extent that China's territorial claim is not affected or temporarily halting the construction of installations), It will try to make its presence in the South China Sea a fait accompli. It will threaten and cajole nations whose interests are bound to clash with China's individually, following the "Divide and Rule" policy. And it will mightily strive to drive a wedge between other nations and its ultimate rival, the United States. Neglecting to uphold the PCA's ruling because of such distractions is really foolish and greatly harmful. In the course of human history, appeasement has never worked. The most famous appeasement policy in the long history of China, the Horizontal Alliance of the Warring States period, makes this clear.

In the latter half of the 4th century BC, after smaller states had been swallowed up by larger ones near the end of the Warring States period, there remained seven nations called the Seven Great Warring States: Qin, Han, Wei, Zhao, Yan, Qi, and Chu. As the westerly Qin militarily outstripped the other six countries, the six nations needed a policy with which to resist Qin. Su Qin argued for a 'Vertical Alliance' where the other six states would unite against Qin. Su Qin became the prime minister of the six states to coordinate policy, and during his years at the helm Qin's advances eastwards were checked. In contrast, the prime minister of Qin, Zhang Yi, promoted

은 그런 민심이 자신의 유화적 결정을 정당화한다고 자신을 설득하는 데 흔히 성공한다. [여기서 달라디에가 의지는 약했지만 어리석지는 않았다는 점을 덧붙여야 할 것이다. 파리에 돌아왔을 때, 자신의 예상과 달리, 군중이 환호하자, 그는 보좌관에게 "아, 바보들"이라고 했다 한다.] 정치적 의지의 결여는 자유주의 사회가 늘 안은 치명적 약점이다.

라인란트의 재무장

유화정책의 어리석음과 위험을 가장 잘 보여준 것은 1930년대에 유럽이 나치 독일의 위협에 굴복한 일이다. 그 괴로운 굴복 과정을 지금 되짚어보는 것은 자유주의 국가들이 남중국해 문제에 대응하는 일에서 큰 도움을 줄 수 있다.

1933년 1월 피울 폰 힌덴부르크 대통령의 요청으로 독일 수상에 취임한 뒤, 히틀러는 노쇠한 힌덴부르크를 대신해 빠르게 권력을 장악했다. 1933년 8월 힌덴부르크가 죽자, 히틀러는 대통령도 겸직하게 되어서 권력을 완전히 장악했다. 히틀러는 눈길을 해외로 돌려 자신의 공격적 민족주의를 실현하는 데 힘을 쏟았다. 그는 제1차 세계대전 이후 국제 질서의 바탕이었던 베르사유 조약을 허물어 독일에 가해진 군사적 제약들을 푸는 데 주력했다. 그의 선전은 능란해서, 베르사유 조약이 독일에게 지나치게 가혹하다는 인식이 널리 퍼졌다.

범독일주의(pan-Germanism)를 추종하며 독일 민족의 통합을 추구

the 'Horizontal Alliance', which argued that it was more beneficial for the six countries to individually ally with the Qin. As the six states abandoned solidarity and began to pursue only their individual interests, Qin successively conquered each of the six countries to quickly unite China and form the Qin Empire.

When a nation as powerful and aggressive as China begins to exert its power, it is difficult for other countries to hold fast to principles. Whenever the opportunity for compromise comes, they would promptly take it. Of course such compromise is nothing but appeasement that acquiesces to most of the powerful nation's demands and takes small concessions as face-saving measures.

The fundamental problem of appeasement is that it flies in the face of psychological principles. Instrumental conditioning requires positive reinforcement that follows good behavior. It is something we all commonly know and do. Appeasement, however, provides a positive reward for aggressive behavior and so encourages aggressiveness. Only by providing positive feedback when a powerful country ceases its aggression can normal relations resume. The important thing when a strong nation applies aggressive policies is to endure and not reward it in any way.

Withstanding such intimidation is never easy, of course. When powerful totalitarian states threaten them with military strength, the people of weaker liberal democracies fail to show the political will to resist such intimidation. Everyone demands negotiation and compromise. Vegetius Renatus, who knew much of war and peace, advised, "Let him who desires peace prepare for war", but few heed his sagacious admonitions. We remember how the British and

한 히틀러가 첫 목표로 삼은 곳은 민족이 같은 오스트리아였다. 제1차 세계대전에서 패배해 분해된 오스트리아-헝가리 제국의 그루터기 국가인 오스트리아는 당시 승전국 이탈리아의 영향권 안에 있었고 무솔리니의 지원을 받는 엥겔버트 돌푸스가 독재 권력을 쥐고 있었다. 그러나 오스트리아와 독일의 합병(Anschluss)를 꾀하는 오스트리아 나치는 돌푸스 정권을 전복시키려고 독일의 공재적 지원을 받으면서 테러를 자행했다. 무솔리니는 히틀러에게 오스트리아가 이탈리아의 영향권 안에 있다는 사실을 강조하며 오스트리아 나치의 테러를 중단시키라고 거듭 요구했다. 마침내 1934년 7월 오스트리아 나치가 정변을 일으켜 정부 청사를 점령하고 돌푸스를 살해한 뒤 독일과의 합병이 임박했다고 발표했다. 이에 호응하여 독일 바바리아에 주둔한 오스트리아 나치 부대는 독일과 오스트리아 사이의 국경의 오스트리아 군 초소들을 공격하기 시작했다.

무솔리니는 이탈리아와 오스트리아 국경에 이탈리아 군 수개 사단을 집결하고, 만일 독일이 오스트리아를 침공하면, 이탈리아는 독일과 전쟁을 하겠다고 히틀러에게 경고했다. 독일은 이탈리아와 전쟁을 할 준비가 되어있지 않았으므로, 히틀러는 물러설 수밖에 없었다. 그는 자신이 지시한 오스트리아 나치의 정변이 자신과 무관하다고 발뺌하고 오스트리아에 대한 무력 침공을 포기했다. 무솔리니의 지원에 힘입어, 오스트리아 정부는 나치의 정변을 손쉽게 진압했다. 이 사건은 전체주의 세력의 공격적 행태엔 단호하게 맞서는 것이 옳다는 교훈을 새삼 확인해 줄뿐 아니라 히틀러의 이후 행보와 관련하

French publics cheered Prime Minister Neville Chamberlain and Prime Minister Édouard Daladier as they returned from the Munich Conference of September 1939. Political leaders often manage to convince themselves that such public support justifies their appeasement. (Here it should be noted that while Daladier was weak-willed, he was not stupid. As he returned to Paris, when to his surprise the crowd cheered, he allegedly uttered, "Ah, the fools" to his aide.) The lack of political will is always a critical weakness of liberal democracies.

The Remilitarization of the Rhineland

The futility and danger of appeasement was most instructively shown by the Europe's submission to the Nazi Germany's threat in the 1930s. Revisiting that painful process of submission could greatly help liberal democracies deal with the South China Sea issue.

After he became Chancellor in January of 1933 at the request of President Paul von Hindenburg, Hitler quickly secured power under the aged and frail president. When Hindenburg died in August 1933, Hitler succeeded the presidency and secured complete control. Hitler focused his energies on realizing his aggressive nationalism by expanding abroad. He concentrated on undoing the military restrictions placed upon Germany by the Treaty of Versailles, the lynchpin of the post-WWI international order. His propaganda was skillful, and the impression that the Versailles Treaty was too severe on Germany spread far.

In his quest to unite the German people as a follower of pan-Germanism, Hitler's first target was the ethnically German Austria.

여 많은 것들을 시사해준다.

1935년 가을 독일은 심각한 경제 위기를 맞았다. 물가는 빠르게 올랐고 보유 외환은 급격하게 줄어들었으며, 독일 시민들의 절반이 빈곤선(貧困線) 아래에 놓일 만큼 생활 수준이 낮아졌다. 무엇보다도, 자원이 군비 확장에 우선적으로 배치되었으므로, 식량이 부족해져서 '식량 위기'란 말이 일상어가 되었다. 자연히, 나치 정권에 대한 시민들의 지지도도 곤두박질쳤다. 히틀러의 군비확장 정책으로 독일 경제가 1933년과 1934년에 활기를 보였었고 덕분에 나치 정권이 안정되어 가던 터라, 히틀러로선 급히 대책을 찾아야 했다. 이런 경우에 압제적 정권이 본능적으로 택하는 대로, 히틀러도 국민들의 관심을 해외로 돌리려 했다. 그가 고른 것은 '라인란트의 재무장'이었다.

베르사유 조약에 따라, 독일은 "라인강의 좌안(左岸)이나 라인강 동쪽 50킬로미터에 그어진 선의 서쪽 라인강 우안(右岸) 지역에 어떤 방어 시설도 유지하거나 건축하는 것이 금지"되었다. 만일 독일이 이 규정을 어떤 방식으로든지 어기면, 그것은 적대적 행위를 저지르고 세계 평화를 교란하는 것으로 간주될 터였다. 라인강 서쪽 지역인 라인란트는 9천 평방 마일로 중심 도시는 쾰른이었다.

베르사유 조약에 이어 1925년에 맺어진 로카르노 조약(Pact of Locarno)은 이런 규정을 확인했다. 독일, 프랑스, 이탈리아, 영국 그리고 벨기에가 참여한 이 조약은 당시의 국경을 서로 인정하고 침공하는 나라는 다른 나라들이 응징한다는 내용을 담았다. 베르사유 조

Austria, the stump state of the former Austro-Hungarian Empire defeated in and split up after the First World War, was at the time under the influence of Italy, a victor of the War, and ruled by dictator Engelbert Dollfuss who was supported by Benito Mussolini. But the Austrian Nazis seeking so-called 'Anschluss' (meaning annexation with Germany) committed terrorism against the Dollfuss government with overt German support in an effort to topple it. Mussolini emphasized that Austria was within the Italian sphere of influence and repeatedly asked Hitler to stop Austrian Nazi terrorism. In July, 1934, Austrian Nazis took over the government and killed Dollfuss in a coup and announced that Anschluss with Germany was imminent. In coordinated response, Austrian Nazi units stationed in German Bavaria began to attack Austrian army checkpoints along the German-Austrian border. Mussolini massed several Italian divisions near the Italian-Austrian border and threatened Hitler that if Germany attacked Austria, Italy would declare war on Germany. As Germany was not prepared for a war with Italy, Hitler had to back down in shame. He claimed that he had nothing to do with the Austrian Nazi coup he had ordered and gave up an armed takeover of Austria. Bolstered by Mussolini's support, the Austrian government easily put down the Nazi coup. Not only does this incident reaffirm the lesson that in the face of aggressive behavior by totalitarian powers we must hold steadfast, but it also provides important implications about Hitler's later actions.

In the autumn of 1935, Germany was hit by a severe economic crisis. Prices rose steeply and foreign currency reserves dwindled while living standards dropped so drastically half the German

약을 독일에게 일방적으로 강요된 조약이라고 비난해온 독일이 라인란트의 영구적 비무장을 규정한 이 조약에 스스로 참여했다는 사실은 상당한 뜻을 지녔다.

'라인란트의 비무장'은 전략적으로 무척 중요했다. 당시 프랑스는 동부 유럽의 여러 약소국들과 동맹을 맺어서 독일을 견제했다. '방역선'이라 불린 이 동맹은 프랑스가 폴란드, 체코슬로바키아, 루마니아 및 유고슬리비아와 맺은 동맹 조약들로 이루어졌다. 독일이 '방역선'에 포함된 나라를 공격하면, 프랑스는 바로 서부 전선에서 독일을 공격한다는 개념이었다. 만일 독일이 프랑스와의 국경에 강고한 방어선을 구축하면, 프랑스 군이 독일군을 공격하기 어려워지므로, 이런 개념은 비현실적이 될 터였다. 그래서 라인란트의 비무장은 '방역선'의 바탕이었고 유럽의 안보에 대한 가장 중요한 보장이었다.

이처럼 라인란트의 비무장이 중요했으므로, 라인란트를 재무장하려는 독일의 시도는 국제 사회의 큰 우려를 낳고 특히 로카르노 조약의 당사국들인 프랑스, 영국 및 이탈리아의 물리적 대응을 부를 터였다. 국내의 어려움을 국외로 돌리려는 히틀러의 시도는 전형적인 '압제적 정권의 삼난'을 맞은 셈이었다.

이때 세 개의 사건들이 일어나서 히틀러에게 라인란트의 재무장을 시도할 기회를 제공했다. 하나는 1935년 5월에 프랑스와 소련이 '상호원조조약'을 맺은 일이었다. 이 조약은 국제연맹 규정과 로카르노 조약에 위배되지 않았다. 독일이 프랑스나 소련을 공격하면, 서부와 동부의 양 전선에서 싸우게 된다는 명백한 사실을 선언했다는 뜻

population fell below the poverty line. Above all, as resources were prioritized for arms expenditures, 'food shortage' became an everyday term as foodstuffs became scarce. Naturally, public support for the Nazis also collapsed. As the military expenditure had bolstered the German economy in 1933 and 1934 to stabilize the Nazi regime, Hitler had to find a similar quick solution. In this instance, as is the intuitive choice of oppressive regimes, Hitler tried to redirect the people's attention outwards. He settled on the 'remilitarization of the Rhineland'.

According to the Treaty of Versailles, Germany was "forbidden to maintain or construct any fortification either on the Left bank of the Rhine or on the Right bank to the west of a line drawn fifty kilometers to the East of the Rhine". If Germany were to violate this clause in any way, it would be considered an aggressor and disturber of world peace. The traditional Rhineland was an area of nine thousand square miles to the west of the Rhine, with Cologne as its central city.

The Pact of Locarno signed in 1925 reaffirmed this provision. The Pact, which had Germany, France, Italy, Britain, and Belgium as parties, recognized the borders at the time and included assurances of collective defense against any invader among the signatories. The fact that Germany, which later criticized the Versailles Treaty as unilaterally imposed on Germany, had participated of its own volition in this treaty that had included the permanent demilitarization of the Rhineland holds great significance.

The demilitarization of the Rhineland was strategically very important. At the time, France kept Germany in check by allying

말고는 현실적 효과도 없었다. 그러나 이 조약은 히틀러가 라인란트의 재무장을 프랑스와 소련의 "포위"에 대한 "방어적 조치"라고 선전하는 데 이용되었다.

또 하나는 이탈리아의 이디오피아 침략이었다. 뒤늦게 북아프리카에 식민 제국을 건설하겠다고 나선 무솔리니의 야심에 따라, 1935년 10월 이탈리아군은 이디오피아를 침공해서 원시적 무기를 갖춘 이디오피아군을 쉽게 깨뜨렸다. 그리고 이디오피아군의 유격전에 민간인들의 학살과 화학 무기의 사용으로 대응했다. 이탈리아군의 이런 만행으로 이디오피아 인구의 7% 가량이 죽었다.

영국은 이탈리아에 대한 경제 제재 결의안을 국제연맹에 제출했다. 프랑스는 곤혹스러운 처지로 몰렸다. 프랑스는 진정한 적이 히틀러지 무솔리니가 아니라고 옳게 판단했다. 무엇보다도, 로카르노 조약의 참가국이자 큰 군사력을 지닌 이탈리아와 사이가 벌어지는 것을 걱정했다. 영국과의 관계는 장기적으로 훨씬 중요했다. 그래서 프랑스는 영국의 제안에 대해 거부권을 행사하지 않았지만, 대신 경제 제재의 내용을 약화시켰다. 지중해와 북아프리카에서 패권을 놓고 다투는 영국과 이탈리아 사이에서 양쪽 모두 만족시킬 길을 찾으려 한 것이다. 그것은 애초에 불가능한 일이었고 결국 프랑스는 양쪽의 호의를 다 잃었다. 영국은 프랑스가 원하는 독일 침공에 대한 안전 보장을 거부했다. 국제연맹의 경제 제재에 분노한 무솔리니는 히틀러와의 화해를 모색하기 시작했다.

셋째 사건은 프랑스에서 피에르 라발 내각이 무너지고 잠정 내각

itself with several weaker countries in Eastern Europe. This alliance, called the Cordon sanitaire, comprised French alliances with Poland, Czechoslovakia, Romania, and Yugoslavia. The idea was that if Germany attacked nations that were part of the Cordon sanitaire, France would immediately attack Germany on the western front. If Germany were to fortify its border with France, it would become much harder for French forces to attack the Germans, making this concept untenable. Therefore, the demilitarization of the Rhineland was the basis of the Cordon sanitaire and the greatest assurance of European security at the time.

Such was the significance of the demilitarization of the Rhineland that German attempts to remilitarize it would cause great concern in the international community and provoke a physical response from the Locarno Pact members such as France, Britain, and Italy. Hitler's attempt to redirect domestic troubles abroad had met a classic 'Trilemma of Oppressive Regimes'.

Then three events occurred to give Hitler a chance to remilitarize the Rhineland. First, in May 1935, France and Russia signed the Treaty of Mutual Assistance. This treaty did not violate the conventions of the League of Nations or the provisions of the Pact of Locarno. Other than stating the obvious fact that if Germany attacked France or Russia, it would be fighting a war on two fronts, it had no practical effect. However, this treaty allowed Hitler to propagandize the remilitarization of the Rhineland as a "defensive measure" against Franco-Russian "encirclement".

Another was the Italian invasion of Ethiopia. Pursuing Mussolini's desire to belatedly create a colonial empire in North Africa, in

이 들어선 것이었다. 라발은 프랑스에겐 독일이 진정한 위협임을 깨닫고 독일의 재무장에 대한 대응에 주력했다. 그러나 그는 인기가 없었고, 다수당의 지지를 받지 못하자, 1936년 1월에 사임했다. 선거가 실시되기까지 기능할 잠정 내각은 알베르 사로가 이끌었다. 잠정 내각엔 우파, 중도파, 좌파가 모두 참여해서, 내각은 중요한 일들에 대해 결정할 길이 없었다. 독일이 재무장을 시도하는 시기에 프랑스 정부가 실질적으로 마비되었다는 사실은 히틀러를 고무했다.

1936년 2월 12일 히틀러는 국방상 베르너 폰 블롬버크 원수에게 라인란트의 재무장 계획을 통보하고 총사령관 베르너 폰 프리치 대장에게 라인란트에 수개 보병 대대와 1개 포병 포대를 보내는 데 걸릴 시간에 대해 물었다. 프리치는 3일 걸린다고 대답했다. 이들 군부 지도자들은 라인란트의 재무장이 프랑스의 반발을 불러 전쟁이 날 가능성이 크며 그 경우 독일군은 프랑스군을 막아낼 힘이 없다는 의견을 제시했다. 히틀러는 '만일 프랑스군이 반격하면, 바로 철군하겠다'고 그들을 안심시켰다. 그러나 히틀러 자신은 프랑스가 반격하지 않으리라 확신했다.

마침내 1936년 3월 7일 아침 독일군의 19개 보병대대들과 항공기 몇 대가 라인란트로 들어섰다. '겨울 연습'이라는 이름이 붙여진 이 작전으로 독일은 베르사유 조약과 로카르노 조약을 심각하게 위반했다. 독일군은 11시에 라인강에 이르렀고, 3개 대대는 라인강을 건너 라인강 좌안으로 들어갔다. 동시에 콘스탄틴 폰 노이라트 독일 외상은 이탈리아, 영국 그리고 프랑스 대사를 불러서, 프랑스가 소련

October of 1935, Italian army invaded Ethiopia and easily defeated the Ethiopian army armed with primitive weapons. When Ethiopians adopted guerilla warfare, Italians responded by massacring civilians, even using chemical weapons. Approximately 7% of the entire Ethiopian population perished because of such Italian atrocities.

Britain submitted a resolution for economic sanctions against Italy to the League of Nations. France was put in a difficult position. France correctly assessed that Hitler, and not Mussolini, was the real threat. Above all, it was concerned that it would experience worsening relations with Italy, which was a party to the Pact of Locarno and a significant military power. The relationship with Britain was even more important in the long-term. So France opted for a compromise and, while it did not veto the British proposal, it weakened the provisions of the sanctions. It tried to satisfy both of the two countries fighting for dominance in North Africa and the Mediterranean by finding a middle ground between them. It was an impossible task to begin with and France lost the goodwill of both parties. Britain refused to give France assurances against German invasion that the French dearly wanted. Mussolini, enraged by the League of Nations sanctions, began to consider reconciliation with Hitler.

The third event was the collapse of the Pierre Laval cabinet in France and the establishment of a caretaker cabinet. Laval himself understood that Germany was France's foremost threat and concentrated on responding to Germany's remilitarization. But he lacked popularity and the support of the majority party. So he resigned in January 1936. The caretaker cabinet to be in place until

과 상호원조조약을 체결한 것은 로카르노 조약의 위반이며 독일은 대응 조치로 라인란트의 재무장을 결정했다는 문서를 수교했다.

독일군 정찰대가 독불 국경에 프랑스 군 수천이 결집하고 있음을 보고하자, 블롬버크 원수는 히틀러에게 라인란트로부터의 철군을 애원했다. 히틀러의 마음이 흔들려 철군을 수락하려 할 때, 프랑스가 개입하지 않으리라는 정보를 가진 노이라트 외상이 히틀러를 안심시켰고 '겨울 연습' 작전은 진행되었다.

독일군의 라인란트 재점령에 대해서, 프랑스 정부는 확고한 대응을 하지 못했다. 원래 잠정 내각이라 의사결정을 제대로 할 수 없는 데다가, 재정이 거의 파산 지경에 이른 터라 전비 걱정을 해야 했다. 무엇보다도, 각료들이 다가오는 선거에 관심을 쏟았고 인기 없는 전쟁을 극력 피하려 했다.

프랑스 군부는 더욱 무력했다. 프랑스군 총사령관 모리스 감랭 대장은 정보부대가 올린 라인란트의 독일군 병력을 터무니 없이 부풀려 내각에 보고했다. 라인강 좌안에 실제로 들어온 독일군은 3천명에 지나지 않았지만, 그는 준군사조직과 경찰을 정규군에 포함시켜 295,000명으로 만들었다. 아울러, 라인란트의 독일군을 몰아내려면 독일과의 전면전을 치러야 한다면서, 최악의 시나리오에 바탕을 둔 전쟁 경비를 계산해서 함께 보고했다. 즉 감랭은 전쟁의 위험을 무릅쓰기보다는 라인란트의 재무장을 허용하자는 주장을 편 셈이다.

이렇게 해서, 라인란트의 재무장은 성공했다. 당사자인 프랑스 정부와 군부는 무력했고, 독일군이 자기 영토에 들어온 것뿐이라는 여

the election was led by Albert Sarraut. Since the caretaker cabinet included rightists, centrists, and leftists, it had no way to make important decisions. Hitler was greatly encouraged by the fact that the French government was effectively paralyzed precisely when Germany was attempting its remilitarization.

On February 12th, 1936, Hitler notified Minister of Defense Field Marshal Werner von Blomberg of the plan to remilitarize the Rhineland and asked Commander-in-Chief General Werner von Fritsch how long it would take to send a few infantry battalions and an artillery battery to the Rhineland. Fritsch replied it would take three days. These military leaders offered their opinions that the remilitarization of the Rhineland was likely to provoke French retaliation and lead to a war, which the smaller German army could not win. Hitler assured them that if there were a French countermove, he would immediately withdraw the forces. But he himself was confident that France would not take action.

Finally, on the morning of March 7th, 1936, 19 infantry battalions and a few aircraft of the German armed forces entered the Rhineland. With this operation, codenamed Winter Exercise, Germany blatantly violated the Treaty of Versailles and the Pact of Locarno. The German forces arrived at the Rhine by 11 o'clock and 3 battalions crossed to the Left Bank. At the same time, German foreign minister Konstantin von Neurath summoned the Italian, British, and French ambassadors to deliver a document that stated Germany had remilitarized the Rhineland in response to the Franco-Soviet Treaty of Mutual Assistance, which was in violation of the Pact of Locarno.

As German reconnaissance units reported that thousands of

론에 따라 영국 정부는 라인란트 재무장이 품은 중대한 함의들을 외면했고, 이탈리아는 독일을 적극적으로 지지했다. 고립주의에 빠진 미국은 라인란트 사태에 개입하기를 거부했다. 프랭클린 루스벨트 대통령은 신문기자들의 질문을 피하려 낚시 여행을 떠났다. 소련은 겉으로는 독일을 비난하면서도, 비밀리에 독일과의 관계 개선을 시도했다.

라인란트의 재무장이 지닌 전략적 함의를 잘 아는 주변 약소국들은 큰 충격을 받았고 빠르게 새로운 정세에 적응하기 시작했다. 벨기에는 1920년 이래 지속된 프랑스와의 동맹을 버리고 중립을 선택했다. 프랑스의 '방역선' 동맹국들인 폴란드, 체코슬로바키아, 루마니아 및 유고슬라비아는 라인란트의 재무장으로 독일의 침공을 받을 때 프랑스가 서부 전선에서 독일을 공격할 가능성이 전혀 가망이 없다는 사실을 잘 인식했고 거기에 따라 각자도생의 길을 걷기 시작했다.

베르사유 조약과 로카르노 조약을 동시에 위반한 독일의 행위를 응징하지 못한 뒤로, 독일의 부당한 위협과 요구를 막아내는 일은 실질적으로 불가능해졌다. 원칙이 무너지면, 협상을 통한 해결은 힘이 우세한 국가의 무리한 요구를 조만간 들어주는 과정에 지나지 않는다. 그래서 동유럽에서 독일은 빠르게 영토와 세력을 늘려갔다.

돌푸스의 후임인 쿠르트 폰 슈쉬니크 수상이 외롭게 오스트리아의 독립을 지키려 애썼을 때, 영국과 프랑스는 관심을 보이지 않았고 무솔리니는 중립을 선언했다. 그래서 히틀러는 독립에 관한 국민투

French soldiers were massing near the Franco-German border, Marshal Blomberg pleaded to Hitler for withdrawal from the Rhineland. Just when Hitler wavered and was about to approve the withdrawal, foreign minister Neurath who had been in possession of the intelligence report that the French would not intervene allayed Hitler's fears and Operation Winter Exercise proceeded.

The French government could not formulate a resolute response to Germany's reoccupation of the Rhineland. Being a caretaker cabinet, Sarraut cabinet could not make decision and the government finances nearly bankrupt fueled concerns about war expenses. Most of all, the cabinet members were all focused on the upcoming election and sought to avoid at all cost an unpopular war.

The French military was even more ineffective. General Maurice Gamelin, Commander-in-Chief of the French forces, in his report to the cabinet greatly exaggerated the number of German forces in the Rhineland given to him by intelligence units. Although the number of Germans that had crossed into the Left Bank of the Rhine was only about 3,000, he included paramilitary units and the police as German regulars to make the final tally of 295,000. In addition, he argued that an all-out war was necessary to drive the Germans out of the Rhineland, and he reported the war expenses under the worst case scenario. In other words, Gamelin had argued for allowing the remilitarization of the Rhineland rather than risk a war with Germany.

So the remilitarization of the Rhineland succeeded without firing a shot. The French government and military, the directly involved party, proved ineffectual, and the British government went

표를 시도한 슈쉬니크를 협박으로 굴복시킨 뒤 1938년 3월 손쉽게 오스트리아를 합병했다.

이어 1938년 9월 30일엔 독일, 영국, 프랑스 및 이탈리아가 체코슬로바키아의 주데텐란트를 독일에 할양하는 뮌헨 협정을 맺었다. 원래 주데텐란트라는 지역이 있었던 것은 아니다. 독일인 많이 거주하는 체코슬로바키아 북부 변경 지역을 독일이 할양하라고 체코슬로바키아에 요구하면서 붙인 이름으로 역사적 근거가 전혀 없었다. 여러 민족들이 뒤섞여 사는 동 유럽에서 독일의 요구는 터무니 없고 국제 질서를 근본적으로 뒤흔드는 주장이었지만, 무슨 대가를 치르더라도 독일과의 전쟁을 피해보려는 영국과 프랑스는 체코슬로바키아에 독일의 요구를 들어주라고 강요했다. 혼자서 막강한 독일과 싸워야 할 처지로 몰린 체코슬로바키아는 결국 뮌헨 협정에 동의했고 1938년 10월 독일군은 주데텐란트를 점령했다. 그러자 폴란드와 헝가리가 자기 민족이 다수인 지역을 병합하겠다면서 체코슬로바키아의 변경 지역을 점령했다. 결국 1939년 3월 독일은 체코슬로바키아의 나머지 지역을 병탄하고 보헤미아-모라비아 보호령을 만들고 괴뢰 정권을 세웠다. 이 사이에 히틀러에 호의적인 파시시트 천주교도들은 동부에 슬로바키아 공화국을 세워서 스스로 독일의 위성 국가가 되었다.

뮌헨 회담에서 돌아와 영국 시민의 열렬한 환호를 받고서 체임벌린이 "명예로운 평화를 가져왔다고 자찬한 지 반년이 채 못 되어, 멀쩡한 나라 하나가 사라진 것이었다. 그리고 다시 반년이 채 못 되어,

along with public opinion that the Germans had merely entered their own territory and ignored the important implications of the remilitarization, while Italy actively supported Germany. The US that had fallen into isolationism adamantly refused to be involved in the Rhineland issue. President Franklin Roosevelt went on a fishing trip to avoid questions from reporters. The Soviet Union, while publicly denouncing Germany, secretly sought to improve its relations with it.

The smaller states that understood only too well the frightful implications of the remilitarization of the Rhineland were shocked and began to frantically adjust to the new state of affairs. Belgium abandoned its alliance with France that had been in force since 1920 in favor of neutrality. France's Cordon sanitaire allies, Poland, Czechoslovakia, Romania, and Yugoslavia, understood that after the remilitarization of the Rhineland it was highly unlikely that France would attack Germany's western front in the event of a German invasion and began to go their separate ways.

After it became clear that the international community was unable to punish Germany, which had simultaneously violated the Treaty of Versailles and the Pact of Locarno, it became practically impossible to stop Germany's threats and unreasonable demands. When the principles are abandoned, negotiations are but the process of eventually acquiescing to the unjust demands of a powerful country. So Germany quickly expanded its territories and influence in Eastern Europe.

When Prime Minister Kurt von Schuschnigg, the assassinated Dollfuss' successor, was fighting a lonely battle to maintain Austria's independence, Britain and France turned a blind eye while Mussolini

독일군은 폴란드를 침공해서 드디어 제2차 세계대전이 일어났다. 독일과 소련 사이의 비밀 협약에 따라, 소련이 동쪽에서 폴란드를 침공하자, 폴란드군은 빠르게 무너져서, 결국 폴란드는 독일과 소련이 분할 점령했다. 독일의 체코슬로바키아 침공에 편승해서 그 영토의 일부를 빼앗은 지 한 해가 채 못 되어, 폴란드 자신이 멸망한 것이었다.

독일이 폴란드를 침공하자, 프랑스와 영국도 전쟁을 피할 수 없다는 것을 깨닫고 독일에 대해 선전포고를 했다. 그러나 실질적으로 폴란드를 도울 길은 없었다. 독일에 대한 서부 전선을 열어서 폴란드를 지원하는 길이 있었지만, 이미 재무장된 라인란트에 방어선을 구축한 독일군에 대해 공세를 펼 정치적 의지도 군사적 결단도 부족했다. 1939년 9월 1일 독일군이 폴란드를 침공했을 때, 그들은 신속한 승리를 위해 주력을 동부 전선에 투입했다. 서부 전선에 배치된 독일군은 23개 사단에 지나지 않았고, 독일군 지휘부는 병력의 부족을 걱정했다. 실제로 당시 프랑스군은 독일군의 거의 5배 병력을 동원할 수 있었다. 그러나 프랑스군은 거의 움직이지 않았고, 한 달 뒤 독일군이 재배치되자, 바로 '마지노 선'으로 철수했다. 그리고 독일군이 전격작전을 준비할 동안 움직이지 않았다.

'가짜 전쟁'이라 불린 이 대치 상황은 독일군의 기습으로 프랑스군과 영국군이 궤멸되면서 끝났다. 당시 독일군이 보유한 무기들은, 특히 전차는, 상당 부분이 체코슬로바키아에서 얻은 것들이었다. 체코슬로바키아는 중공업과 무기산업에서 당시 가장 앞섰었고 경제력도 상당했었다. 그 자원들이 모두 프랑스와 영국을 공격하는 데 쓰

declared neutrality. Thus, after threatening Schuschnigg, who attempted a referendum on independence, into submission, Hitler easily annexed Austria in March 1938.

Following this, on September 30th, 1938, Germany, Britain, France, and Italy signed the Munich Agreement that ceded Czechoslovakia's Sudetenland to Germany. There had not been an area traditionally called the Sudetenland. It was a name Germany created when demanding territory predominantly populated by ethnic Germans in the northern border regions of Czechoslovakia and had no real historical basis. Given the complex ethnic distribution of Eastern Europe, Germany's demands were completely unreasonable and fundamentally upset the international order, but France and Britain, desperate to avoid war with Germany at all costs, coerced Czechoslovakia into accepting them. Faced with the prospect of having to fight powerful Germany on its own, Czechoslovakia eventually agreed to the Munich Agreement and Germany occupied the Sudetenland by October 1938. In a stupidly rapacious move, Poland and Hungary declared that they would annex areas with ethnic Polish and Hungarian majorities, respectively, and occupied border territories of Czechoslovakia. In the end, Germany annexed the rest of Czechoslovakia by March 1939 to establish the Protectorate of Bohemia and Moravia and a puppet government therein. In the meantime, fascist Catholics sympathetic to Hitler founded the Republic of Slovakia and willingly became a German satellite state.

Less than half a year after Chamberlain had returned to cheering British crowds and self-flatteringly declared he had brought "peace

였다.

히틀러의 라인란트의 재무장 시도부터 체코슬로바키아의 분할에 이르기까지, 영국과 프랑스의 목표는 유화정책을 통한 전쟁의 회피였다. 그러나 그들은 결국 전쟁을 치렀다, 그것도 훨씬 강력해진 적과. 뮌헨 회담 바로 뒤 "영국은 전쟁과 수치 사이에서 선택해야 했다. 영국은 수치를 골랐고, 전쟁을 얻을 것이다"라고 한 윈스턴 처칠의 예언이 단 한 해도 지나지 않아 실현된 것이다.

라인란트의 대체역사(代替歷史)

이제 라인란트의 재무장에 관한 가장 그럴 듯한 대체역사를 상상해볼 수 있는 곳에 이르렀다. 대체역사는 어떤 역사적 사건의 중요성을 평가하기에 가장 나은 방법이다. 그리고 라인란트의 재무장은 현대 유럽의 대체역사의 분기점으로 적절하다.

히틀러가 모험을 감행했을 때, 만일 감랭 프랑스군 총사령관이 라인강을 건너온 독일군 병력을 터무니 없이 부풀리고 최악의 경우에 치러야 할 전쟁 비용을 계산해서 내각에 보고하는 대신, 프랑스 군 1개 보병사단만 라인란트 안으로 들여보냈다면, 어떤 상황이 벌어졌을까? 그 뒤의 역사는 어떻게 전개되었을까?

이론의 여지 없이, 히틀러는 독일군에게 철수 명령을 내렸을 것이다. 그러나 3개 대대의 병력이 라인강을 되건너오는 일은 무척 힘들어서, 상당수는 프랑스군에 항복해서 포로가 되었을 것이다. 그 뒤의

with honour", a normal country had disappeared. And again less than half a year after that, Germany invaded Poland to start the Second World War. When the Soviet Union attacked from the east as had been agreed to in a secret pact with Germany, the Polish forces quickly collapsed and Poland was partitioned between Germany and the Soviet Union. Less than a year after joining in on Germany's invasion of Czechoslovakia and taking a slice of land of its own, Poland itself had ceased to exist.

When Germany invaded Poland, Britain and France realized they could not avoid war any longer and declared war on Germany. But there was no practical way to help the Poles. There was the option of opening a western front to aid Poland, but they lacked both the political will and military decisiveness to attack German forces entrenched in a defensive line in the remilitarized Rhineland. When they invaded Poland on September 1, 1939, the German army concentrated the forces to the east for a quick victory. There were only 23 divisions on the western front and the German command worried about the inadequacy. In fact, French forces at the time could mobilize forces almost 5 times that size. However, the French forces made almost no moves and, when after a month German forces were redeployed, they hastily retreated to the Maginot Line. Then while the Germans were preparing for blitzkrieg, they did not make a move.

This standoff, called the Phony War, ended with the routing of French and British forces by a German surprise attack. Much of the equipment possessed by the German forces at the time, particularly tanks, had been procured in Czechoslovakia. Czechoslovakia at the

상황이 어떻게 전개되었든, 히틀러가 시도한 라인란트 재무장은 실패했을 것이다.

일차적 효과는 라인란트가 비무장지대로 남았으리라는 점이다. 라인란트가 비무장지대로 남아있는 한, 독일은 서부 전선에서 효과적 방어선을 칠 수 없으므로, 독일의 무력 정복 정책은 실현되기 어려웠을 터이다.

이차적 효과들 가운데 근본적인 것은 흔들리던 베르사유 조약과 로카르노 조약이 일체성을 회복했으리라는 것이다. 이 두 조약들은 1930년대 유럽의 국제 질서를 떠받친 틀이었으므로, 그 긍정적 효과는 무척 컸을 터이다.

프랑스 국민과 군대가 무기력에서 갑자기 깨어난 것도 좋은 효과를 낳았을 것이다. 그리고 독일의 움직임에 과감하게 맞선 프랑스의 태도는 벨기에, 폴란드, 체코슬로바키아, 루마니아 및 유고슬라비아를 안심시켜서 독일에 대한 유화정책을 버리고 프랑스의 '방역선'을 튼튼하게 하는 데 힘을 쏟도록 했을 것이다.

물론 가장 큰 이차적 효과는 히틀러의 처지가 무척 어려워졌으리라는 점이다. 이미 1934년에 오스트리아에서 내전을 사주했다가 무솔리니의 경고에 수치스럽게 발뺌을 했던 일까지 겹쳐서, 라인란트에서의 군사적 실패는 히틀러의 위신을 크게 깎아 내렸을 터이다. 어려운 경제 사정으로 시민들의 불만이 이미 컸으니, 그가 이끈 나치 정권이 무너졌을 가능성도 작지 않다. 제2차 세계대전이 끝난 뒤, 하인츠 구데리안을 포함한 여러 믿을 만한 독일군 장군들이 그런 실패

time had the most advanced heavy industry and arms industry, and its economic resources were substantial. All those resources were used to equip the German army attacking the French and the British.

All the way from Hitler's attempt to remilitarize the Rhineland to the partition of Czechoslovakia, the goal of the British and French had been to avoid war through appeasement. But ultimately they were forced to fight a war, with an enemy that grew much stronger at that. When the Munich Agreement was signed, Winston Churchill said, "England has been offered a choice between war and shame. She has chosen shame, and will get war." His prediction came to pass within less than a year.

An Alternate History of the Rhineland

Now we have enough knowledge for an alternate history of the remilitarization of the Rhineland. Alternate history is the best way to evaluate the importance of an historical event. And the remilitarization of the Rhineland is appropriate as a branching point for an alternate history of modern Europe.

If at the time of Hitler's initial provocation General Gamelin, the French Commander-in-Chief, instead of exaggerating the number of German forces that had crossed the Rhine and the amount of war expenses with the worst case scenario, had just sent a single infantry division into the Rhineland, what would have happened? How would have history unfolded since then?

Without a doubt, Hitler would have ordered the withdrawal of German forces. But getting three battalions back across the Rhine

는 나치 정권의 붕괴로 이어졌으리라고 말했다. 설령 히틀러가 위기를 극복하고 계속 집권했더라도, 독일 사회에 대한 그의 장악력은 치명적 손상을 입었을 것이다. 특히 독일군에 대한 장악력의 손상은 회복이 불가능한 정도였을 것이다.

히틀러가 받은 심리적 충격도 당연히 컸을 것이다. 1934년 오스트리아 정변에서 무솔리니에게 굴복했던 심적 외상에 라인란트에서 쫓겨난 수모가 겹치면서, 그의 불안정한 심리는 심중한 내상을 입었을 것이다. 라인란트의 재무장에 성공한 뒤, 히틀러가 자신감이 고조되었고 눈에 띄는 심리적 변화를 겪었다는 그의 측근들의 증언들은 이런 추론을 떠받친다.

라인란트의 교훈들

유화정책은 전쟁의 가능성을 줄이는 것이 아니라 오히려 늘린다. 유화정책이 공격적 태도를 강화해서 끝내는 더 물러날 곳이 없어 전쟁이 유일한 해결책이 되는 상황으로 이끌기 때문이다. 라인란트의 재무장은 이 명백한 사실을 다시 확인해주었다.

덜 알려진 교훈은 유화정책은 공격자가 자신이 선택한 곳과 때에 자기가 선택한 방식으로 전쟁을 일으키도록 허용한다는 것이다. 독일은 라인란트의 재무장으로 서부 전선의 방어력을 확보한 뒤에야, 이전에 프랑스의 '방역선'에 참가했던 동부 국가들의 공략에 나섰다. 오스트리아와 체코슬로바키아를 병탄해서 국력을 크게 키우고 소련

was not a simple operation and many German soldiers would have been caught by the French army. Whatever the outcome might have been, Hitler's attempt to remilitarize the Rhineland would have ignominiously failed.

The primary effect would have been the continued demilitarization of the Rhineland. As long as the Rhineland remained demilitarized, Germany could not establish an effective defense line in its western front, making its policy of armed conquest difficult to achieve.

Among the secondary effects, the most fundamental would have been that the shaky Treaty of Versailles and Pact of Locarno would regain their integrity. As these two treaties were the cornerstones of European international order in the 1930s, the positive effects would have been immense.

The rude awakening of the French from their torpor would also have proved salutary. And its decisive action against Germany would have reassured Belgium, Poland, Czechoslovakia, Romania, and Yugoslavia into abandoning appeasement of Germany and led them to strengthen the French Cordon sanitaire.

The most important secondary effect, of course, would have been that Hitler's position became much more tenuous. Added to his embarrassing withdrawal from Austria at Mussolini's warning after instigating internal conflict, a military failure in the Rhineland would have critically damaged Hitler's prestige. Since the popular dissatisfaction was already high with the deepening economic crisis, it is not unlikely that the Nazi regime could have collapsed. After the Second World War, reliable German generals including Heinz Guderian said that such failures would have led to the collapse of

과 비밀 협정을 맺어 폴란드 분할에 합의하기로 한 뒤에야, 폴란드를 침공했다. 그리고 폴란드가 제기하는 동부 전선의 위협이 사라진 뒤에야, 서부 전선에서 마지노 선을 우회해서 프랑스와 영국군을 기습적으로 공격했다. 이 긴 과정에서 프랑스군은 단 한 차례도 능동적으로 행동하지 못했고 늘 주도권을 독일군에게 넘겼다.

가장 중요한 교훈은 첫 대결이 결정적으로 중요하다는 사실이다. 첫 대결은 공격적인 강대국과 수세적인 약소국 사이의 관계가 근본적으로 결정되는 자리다. 그런 대결에선 으레 국제 관계의 기본 원칙이 포함된다. 강대국은 보편적 원리, 관행 또는 조약과 같은 기본 원칙들을 자신이 강요하는 자의적 협약으로 대신하려 한다. 여기서 강대국의 위협에 주눅이 들어 기본 원칙을 지키지 못하면, 그 뒤로는 강대국의 점점 무도해지는 요구들에 맞설 수 없다. 원칙을 지키는 데는 최소한의 정치적 의지만이 필요하다. 그것조차 못하면서, 뒤에 어떻게 강대국의 요구에 저항할 수 있겠는가? 그것이 라인란트의 재무장이 우리에게 주는 가장 절실한 교훈이다.

독일의 라인란트의 재무장과 중국의 남중국해 판결의 무시는 본질적으로 같다. 둘 다 국제법을 존중하지 않고 국제 질서를 깨뜨리는 행태다. 남중국해 판결과 관련된 모든 일에서, 자유주의 국가들은 이 사실을 기억하고 라인란트의 재무장이 주는 교훈들을 새겨야 한다.

자유민주주의 사회는 정치적 의지가 약하다. 그래서 전체주의 국가에 대한 대응에서 근본적 약점을 지녔다. 전체주의 국가의 공격적 행태를 응징하는 일에서 이 점이 가장 괴롭게 드러난다. 러시아의 우

the Nazi regime. Even if Hitler managed to overcome the crisis and continued his rule, his control over German society would have been greatly impaired. In particular, his hold over the German military would have been substantially weakened.

The psychological damages Hitler suffered would also have been significant. The humiliation of being chased out of the Rhineland, added on the still fresh chagrin of disowning the Austrian Nazis, would have inflicted critical psychological wounds on his unstable mentality. Testimony by Hitler's aides of how the successful remilitarization of the Rhineland heightened his confidence and brought forth a noticeable psychological change supports this hypothesis.

The Lessons of the Rhineland

Appeasement does not lower the risk of war but increases it. Appeasement reinforces aggressive behavior to a point where there is no room for more concession and war remains the only solution. The remilitarization of the Rhineland once more showed this obvious fact.

A less known lesson about appeasement is that it allows the aggressor to start a war in a time and place it chooses and in a way it prefers. Germany targeted eastern nations that had participated in France's Cordon sanitaire only after securing the western front with the remilitarization of the Rhineland. Only after gaining significant strength by annexing Austria and Czechoslovakia and secretly reaching to an agreement to partition Poland with the Soviet Union,

크라이나 침공과 크리미아 합병에 대해 경제 제재를 한 서방은 줄곧 우크라이나에 대해 러시아에 양보하라고 압박해 왔다. 이제 더 물러설 수 없다는 우크라이나의 호소에 귀를 막는다.

민주주의 국가들이 유화정책의 유혹을 물리치고 중국이 남중국해에 관한 상설중재재판소의 판결을 받아들이도록 하는 일은 긴요하다. 더할 나위 없이 중대하지만 비교적 쉬운 이 과업에서 민주주의 국가들이 실패해서 중국이 국제법을 무시하고 국제 질서를 깨뜨리는 것을 허용한다면, 파멸적 전쟁을 치르지 않고서 중국의 공격적 민족주의에 제동을 걸 기회는 다시 찾아오지 않을 것이다.

1930년대에 일본의 실질적 지배자였던 군부가 해외 팽창 정책에 나선 것도, 1935년에 히틀러가 라인란트의 재무장을 시도한 것도, 직접적 요인은 갑자기 어려워진 경제였다. 압제적 통치를 견디던 사람들도 경제가 어려워져 자신들의 삶이 궁핍해지면, 정권에 대항하게 된다. 중국의 경제가 어려워지면, 중국의 공격적 민족주의는 더욱 거세어질 가능성이 작지 않다. 자유주의 국가들은 지금부터 그런 상황에 대비해서 정치적 의지를 다져야 한다.

한국의 부적절한 대응

남중국해의 판결과 관련해서, 직접적으로 연관되지 않았는데도, 한국은 곤혹스러운 처지로 몰렸다. 한쪽엔 국제질서를 깨뜨리고도 오히려 위협적으로 나오는 중국이 있고 다른 쪽엔 국제법을 지키려

thereby defusing the risk of a war with it, did the German forces invade Poland. Then, only after eliminating the threat to the east posed by Poland, they bypassed the Maginot Line in the west and struck quickly at French and British forces. In this long process, the French military never once managed to take active measures and constantly conceded the Germans the initiative.

The most important lesson is that the first confrontation is decisive. The first confrontation is where the relationship between an aggressive, powerful party and a defensive, weaker party is fundamentally decided. In such a showdown, the basic rules of international relations are inevitably affected. Powerful countries try to replace basic rules such as universal principles, established practices, and treaties with arbitrary agreements they unilaterally impose. If the weak nation fails to uphold the basic rules in face of the powerful nation's intimidation, it later becomes impossible for the weak nation to refuse the increasingly unfair demands. All that is needed to uphold the basic rules is a minimum level of political will. If even that is impossible, how would one resist the demands of the powerful later on? This is the most essential lesson the remilitarization of the Rhineland gives us.

Germany's remilitarization of the Rhineland and China's rejection of the PCA's ruling is essentially the same. Both violated the international law and destabilized the international order. On all matters related to the South China Sea ruling, liberal democracies must remember this fact and take to heart the lessons of the Rhineland.

Liberal democratic societies suffer from weak political will. So

는 미국과 일본 같은 자유주의 국가들이 있다. 중국은 한국전쟁에서 한국을 침입한 나라였지만, 이제는 경제적으로 가장 깊은 관계를 맺은 강대국이다. 자유주의 국가들을 이끄는 미국은 한국의 탄생과 성장에서 결정적 도움을 준 동맹국이고 일본은 두 나라 사이의 불행한 역사에도 불구하고 자유민주주의를 공유한 우방으로 점점 위협적 모습을 드러내는 중국과 북한에 대항하기 위해 연합해야 할 나라다. 한국에게는 불행하게도, 어느 쪽을 선택해도, 다른 쪽의 반발을 살 상황이었다.

비록 언뜻 보기에 심각한 양난으로 보였어도, 한국이 맞은 문제는 실은 양난이 아니었다. 국제법에 따른 중재재판소의 판결을 지지하는 것은 원칙을 지키는 일이었고 그래서 옳은 선택이었다. 강성한 이웃이 두려워서 판결을 지지하지 못하는 것은 따라서 그른 선택이었다.

서글프게도, 한국 정부가 보인 행태는 믿어지지 않을 만큼 어리석고 비겁했다. 판결이 나기 전, 미국은 '당사국들이 판결을 존중해야 한다'는 입장을 밝힐 것을 한국에 요청했다. 자신의 주장의 근거가 약해서 불리한 판결이 나올 것을 예상한 중국이 미리 판결에 따르지 않겠다고 선언한 터였으므로, 국제법에 따른 국제 중재를 따르라는 얘기는 당연한 논평이었다. 동맹국 미국의 요청도 있었으므로, 그런 입장을 밝힌다 하더라도, 중국의 반발은 한국에만 향할 리 없었고, 자연히, 제한적이었을 터였다. 그러나 한국은 "판결이 나오기 전에 태도를 밝히는 것은 어렵다"면서 미국의 요청을 거절했다. 판

they have a serious weakness in dealing with totalitarian countries. This weakness is most painfully revealed when it is necessary to reprimand the aggressive behavior of totalitarian countries. The West, which has levied economic sanctions against Russia in response to its invasion of Ukraine and annexation of Crimea, has constantly pressured Ukraine into making concessions to Russia. They do not heed Ukraine's pleading that it has no further ground to yield.

It is imperative for democratic countries to avoid the temptations of appeasement and make China accept the PCA's ruling on the South China Sea issue. If they fail at this immensely important but relatively easy task and allow China to infringe international law and disrupt international order, there will not be another opportunity to check China's aggressive nationalism without the danger of war.

Korea's Inappropriate Response

Though not directly involved in the South China Sea dispute, Korea has been forced into a difficult position. On one side is China who acts assertively after having challenged the international law and order and on the other side are liberal democracies who seek to defend international law and order like the US and Japan. Back in the Korean War, China was an invader, but now it is the most important economic power and has extensive economic relations with Korea. The US, the leader of the free world, has been the most important ally that decisively contributed to Korea's birth and growth. Despite the two countries' troubled past, Japan is a fellow liberal democracy

결을 존중하라고 권하는 것이 왜 판결이 나오기 전엔 어려운가? 판결이 나온 뒤엔 쉬운가? '판결을 존중하라'는 얘기야 판결 전에 해야 효과가 크고 반감도 덜 살 것 아닌가?

이처럼 첫 고비에서 비겁하고 어리석은 선택을 했으니, 사태가 진행될수록 옳은 선택을 하기는 점점 더 어려워질 수밖에 없다. 미국과 일본이 중국의 판결 불복을 강하게 비난하자, 한국은 겁이 나서 거기 동참하지 못했다. 겨우 '외교부 대변인 성명'이란 것을 뒤늦게 발표했는데, 그 내용은 "남중국해 분쟁이 평화적이고 창의적인 외교 노력을 통해 해결되기를 기대한다"였다.

이것이 어떻게 한 나라의 공식 입장이 될 수 있는가? 남중국해와 관련해서 중국의 일방적 주장과 행동으로 모든 외교적 노력이 실패해서 마지막 수단인 상설중재재판소의 중재를 필리핀이 요청한 것인데, 무슨 "외교 노력" 타령인가? 중국이 자신의 힘을 과시하면서 어떤 대화도 거부하는데, 무슨 "평화적이고 창의적인 외교 노력"이 가능하다는 얘긴가?

'외교부 대변인 성명'이 나오자, 미국과 중국 사이에 낀 처지에서, 한국이 현실적 선택을 해서 중립적 입장에 섰다는 평가가 한국 안에서 나왔다. 이것은 한국 정부와 똑같이 논점을 제대로 파악하지 못한 데서 비롯한 얘기다. 한국 정부의 입장은, 중재재판소의 판결을 한쪽이 무시했으니, 다시 "외교 노력"을 하라는 얘기다. 즉 판결을 무시한 쪽의 입장을 두둔하는 것이다. 국제법에 따라 한 세기 넘게 중재를 해온 국제 기구의 권위 있는 판결을 존중하라는 미국과 그것을 무

with which Korea needs to work together in the face of China's increasingly assertive attitude as well as the security threat posed by North Korea. Unfortunately for Korea, whichever side it joins, the choice is bound to draw the ire of the other side.

Although at first glance it may seem like a difficult dilemma, the issue confronting Korea is not really a dilemma at all. Supporting the PCA's ruling is upholding principles, and therefore the right choice. Not supporting the arbitration out of fear of the powerful neighbor is the wrong choice.

Sad to say, the Korean government's response was cowardly and foolish beyond belief. Before the PCA announced its ruling, the US requested Korea to declare that all parties must abide by the arbitration results. Since China had declared that it would not recognize the ruling, sensing its weak claims would produce an unfavorable verdict, it would have been natural for a neighbor to call on parties to abide by international arbitration based on international law. Because it was a request from its American ally, even if Korea made clear such a stance, it would not have faced China's displeasure alone and China's response would have been limited. But Korea declined the American request, insisting "We cannot make our stance clear until the ruling is handed down." Why is the request that the ruling be upheld difficult prior to the ruling? Is it easier once it is made? Isn't it not only more effective but also less provocative to say "respect the ruling" beforehand?

Since its initial response was so cowardly and foolish, Korea found it increasingly difficult to make the right choice. As the US and Japan criticized China's rejection of the ruling, Korea got cold

시할 힘이 있으니 무시하겠다는 중국 사이에서 중립을 표방한 것이 아니라 일방적으로 중국 편을 든 것이다.

게다가 한국은 필리핀에 큰 빚을 졌다. 1950년 한국이 북한군의 기습 침공으로 거의 다 무너졌을 때, 북한을 '침입자'로 규탄하고 국제적 지원을 호소한 국제연합의 결의에 따라, 필리핀은 바로 1개 연대전투단을 파견했다. 7,500명으로 이루어진 이 부대는 참전 16개국 군대들 가운데 5번째로 큰 병력이었다. 필리핀군은 대대전투단 단위로 미군에 배속되어 싸웠는데, 중공군이 참전한 뒤에 특히 활약이 컸다. 1951년 4월 연천의 '율동 전투'에서 제10대대전투단은 중공군에게 완전히 포위되었으나 끝까지 버텨서 미군 제3사단이 성공적으로 후퇴하는 데 공헌했다. 1952년 5월 철원의 '힐 이어리 전투'에서 제20대대전투단은 압도적인 중공군의 공세를 육박전까지 치르면서 물리쳤다. 이번에 한국은 필리핀에 진 빚을 배은으로 갚은 셈이다.

이처럼 한국 정부의 태도는 비겁하다. 그래서 어리석다. 비겁하니, 힘들지만 올바른 길을 고르지 못하고 당장 쉽지만 장기적으로는 어리석은 길로 접어드는 것이다. 자연히, 점점 더 비겁해지고 점점 더 비굴한 태도를 보이게 되고, 상대는 점점 더 오만해지고 점점 더 무리한 요구를 하게 된다. 요즈음엔 중국 민간인들까지 한국의 법과 공권력을 드러내놓고 무시한다. 한국 영해에서 불법 조업을 하며 어족의 씨를 말리는 악명 높은 중국 어선들은 한국 해양경찰 선박들을 경멸하고 공격하며 심지어 한국 경찰관들을 흉기들로 공격해서 살

feet and failed to join in. All it managed to do was a belated 'foreign ministry spokesperson's statement' that stated, "The Government of the Republic of Korea takes note of the arbitration award issued on July 12, and hopes, following the award, that the South China Sea disputes will be resolved through peaceful and creative diplomatic efforts".

How can this be the official attitude of a nation? What "diplomatic efforts" do they speak of, when the Philippines took the matter to the PCA as a last resort after all other diplomatic channels had failed due to unilateral claims and actions by the Chinese? What "peaceful and creative diplomatic efforts" are possible given that China refuses to engage in any dialogue while flexing its muscles?

When the 'foreign ministry spokesperson's statement' was released, from within Korea came the assessment that, as a country sandwiched between China and the US, Korea had made a realistic choice by demonstrating impartiality. Like the Korean government, this opinion completely misses the point. The Korean government's position is that since one side has ignored the ruling, "diplomatic efforts" should be resumed. In other words, it is standing by the side that has ignored the ruling. Korea did not stand impartial between the US arguing that the authoritative ruling of an international institution that has arbitrated for over a century in accordance with international law must be respected and China insisting that it will ignore the ruling because it has the power to do so. How can this stance be neutral or impartial? Korea clearly sided with China.

Moreover, Korea owes the Philippines a great debt. When Korea had almost succumbed to the surprise attack by the North Korean

해하거나 상처를 입힌다. 한국 외교부가 하는 일은 중국 외교관을 불러서 사정을 개선해달라고 애원하는 것뿐인데, 중국 외교관들은 으레 딴청을 부리면서 한국 정부가 과잉 반응을 보인다고 비난한다.

비겁하고 어리석은 선택은 필연적으로 여러 부정적 이차 효과들을 낳는다. 복잡하고 중요한 영유권 문제에 대한 국제 기구의 판결이었으므로, 이번 남중국해 문제는 더할 나위 없이 중대한 사안이었다. 그런 일에서 한국이 비겁하고 어리석은 선택을 했으므로, 부정적 영향들은 많고 클 수밖에 없다.

근본적 해악은 국제법의 권위가 훼손되고 국제 질서가 헝클어졌다는 사실이다. 기본적 규범과 사회 질서가 흔들리면, 인류 사회의 건강은 근본적 수준에서 허약해진다. 규범과 질서가 약해지면, 모두 손해를 보지만, 사회적 약자들이 상대적으로 큰 손해를 본다. 지정학적으로 중국에 가장 가까우므로, 한국은 가장 큰 손해를 볼 수밖에 없다.

국제법과 국제 질서를 지키려는 대열에서 이탈해서 실질적으로 중국측에 가담했으므로, 한국이 입은 외교적 손실도 무척 크다. 강대국에 빌붙는 나라라는 낙인이 찍히면, 외교적 자산과 영향력은 크게 줄어들 수밖에 없다. 잠재적 우방 국가들은 한국을 믿을 수 없는 나라로 여길 것이고 중국은 한국이 힘으로 윽박지르면 신의를 팽개치는 나라라는 인식이 더욱 확고해졌을 것이다. 제10장에서 지적한 대로, 한국은 중국과의 첫 협상에서 신의가 전혀 없는 나라라는 인식을 심어주었다. 전통적으로 우호 관계를 유지해온 타이완과의 외교 관

Army in 1950, the Philippines, in accordance with the United Nations resolution denouncing North Korea as aggressor and calling for international assistance, promptly dispatched one regimental combat team. This 7,500 man-strong unit was the fifth largest among the 16 countries' forces that participated in defending Korea against the aggression. Fighting as battalion combat teams under the US command, the Philippine forces made particularly notable contributions after the intervention of the Chinese communist forces. In April 1951, in the Battle of Yuldong at Yeoncheon, the 10th Battalion Combat Team was completely surrounded by the Chinese communist forces but held out to the end to allow the US 3rd Infantry Division to successfully withdraw. In May of 1952, at the Battle of Hill Eerie in Cheorwon, the 20th Battalion Combat Team beat back the overwhelming Chinese communist forces in a hand-to-hand combat. So Korea paid back its debt with ingratitude.

The Korean government's attitude is cowardly and consequently foolish. Because of its cowardice, instead of taking the difficult but right path, it has set down the path immediately easier but which, in the longer run, proves foolish. Naturally, it will demonstrate increasingly servile behavior to China, while China will become more and more rude and make ever more unreasonable demands. These days even Chinese civilians openly disrespect Korean law and authorities. The infamous Chinese fishing fleets illegally operating in Korean sea and destroying fish stocks despise and attack the Korean National Guard vessels, regularly killing and wounding Korean policemen. What the Korean foreign ministry does well is to plead with the Chinese diplomats to remedy the situation, which the

계를 끊게 되었을 때, 한국 정부는 중국에 너무 비굴했고 타이완에 너무 매몰찼다. 당연히, 중국은 한국을 힘과 이익 앞에서 신의를 가볍게 저버리는 나라라고 경멸하면서 기회가 나올 때마다 설득에 나서는 대신 힘으로 윽박질렀다. 토머스 셸링이 지적한 대로, 평판은 전략의 필수적 요소다.

당장 중국과의 배타적 경제 수역 협상에서 결정적으로 불리하게 되었다. 황해가 좁으므로, 한국과 중국의 배타적 경제 수역은 많이 겹친다. 한국은 국제법에 따라 중간선을 경계로 삼는데, 중국은 자신에게 유리한 주장을 일방적으로 내세운다. 중국은 특히 한국이 과학기지를 건설한 이어도를 수얀 암초(Suyan Rock)라 부르면서 자신에게 할양해달라고 한국에 요구해 왔다. 이어도(중립적 명칭은 Socotra Rock)는 늘 수면 아래에 있으므로, 바다에 대한 영유권을 생성하지 않는다. 그러나 한국의 마라도에서 81해리이고 중국의 천치엔산에서 147해리이므로, 이어도 해역은 분명히 한국의 배타적 경제 수역에 속한다. 2013년 중국이 이 지역에 '공중방어식별지역'을 설치한다고 선언하면서, 영유권 분쟁엔 한 차원이 더해졌다. 배타적 경제 수역을 다른 어떤 기준보다 앞세운 상설중재재판소의 판결의 효력을 줄이는 데 앞장 섰으니, 한국은 앞으로 어떻게 중국의 억지를 막아낼 셈인가?

실질적 해악은 미국과의 동맹을 크게 약화시킨 것이다. 제9장에서 기술된 것처럼, 미국은 이미 부시(George W. Bush) 정권 시절부터 한국과의 동맹 관계를 격하시켜 왔다. 이제 그런 추세는 가속될 것이

Chinese government blithely disregards.

Craven and foolish choices inevitably lead to negative secondary effects. Being an international institution's ruling on an important and complex territorial issue, the South China Sea ruling is of the utmost importance. Since Korea took this occasion to make the wrong choice, the negative effects will consequently be numerous and severe.

The essential harm done is the damage towards the authority of international law and the disturbance to the international order. When basic rules and social order are shaken, human society grows weaker at a fundamental level. When law and order deteriorate everyone loses, but weak members are always hit harder. Korea, as a weak member of the international community but geopolitically closest neighbor to China, will experience significant losses.

As it has, in reality, defected from the ranks of those seeking to uphold the international law and order, Korea will also experience an immense diplomatic loss. When you are branded as someone who follow slavishly the powerful countries, your diplomatic capital and influence diminish significantly. Potential allies will consider Korea unreliable and China will perceive it as a country that discards loyalty when threatened. As pointed out in Chapter 10, in its first dealings with China, Korea has already given the signal that it sets little store on loyalty. When it severed diplomatic relations with Taiwan, its traditional ally, in favor of China, Korea stooped far too low before China and was unnecessarily harsh to Taiwan. Naturally, China looked down on Korea with contempt, regarded it as a nation disloyal to its friend in the face of threats and its own immediate

다. 비겁하게 발을 빼고 오히려 적대국을 두둔하는 발언을 하는 나라를 어떻게 진정한 동맹국으로 믿을 수 있겠는가?

II. 최종단계 고고도 지역방어(THAAD) 문제

THAAD는 무슨 무기인가?

THAAD(Terminal High Altitude Area Defense)는 미국 육군의 대탄도미사일 체계로서 단거리, 중거리 및 중장거리 미사일을 최종단계에서 요격한다. THAAD는 명중파괴 방식을 따르므로, 탄두가 없고 자체의 운동 에너지로 다가오는 적군의 미사일을 파괴한다. 운동 에너지에 의한 파괴는 재래식 탄두 미사일의 폭발 위험을 최소화하고 핵탄두의 폭발을 초래하지 않으므로, 적군의 미사일에 대한 방어 수단으로 적합하다.

THAAD 포대는 9개 발사대들로 이루어졌고 발사대마다 8개 미사일을 보유하는데, 2개 이동전술작전본부가 지상설치 레이더를 통해서 이 장비들을 운용한다. 미국은 2008년부터 THAAD 포대들을 실제로 배치하기 시작했다. 2014년엔 북한의 중거리 탄도 미사일(IRBM)로부터 괌을 보호하기 위해 1개 포대를 배치했다. 국제적으로는 아랍에미리트연합국(UAE)과 오만이 각기 2011년과 2013년에 THAAD 구매 계약을 미국과 체결했다. 2015년엔 일본이 구매를 고

interests, and chose to threaten it with strength rather than rely on persuasion at every chance. As Thomas Schelling pointed out, reputation is an essential element in strategy.

More seriously, Korea soon found itself in a critically weakened position in its negotiations with China over EEZ. Since the Yellow Sea is rather small, China's EEZ and Korea's overlap substantially. Korea draws the line down the middle in accordance with international law, but China insists on a line favorable to it. In particular, China has demanded Korea to cede the Ieo Island where Korea has constructed a science facility, referring to it as the Suyan Rock. The Ieo Island (neutral name Socotra Rock) always remains below sea level and so does not generate territorial claims. Since it is 81 nautical miles away from Korea's Mara Island and 147 nautical miles away from China's Chenchienshan, the Ieo Island is undoubtedly part of Korea's EEZ. As China announced the inclusion of this area within its Air Defense Identification Zone (ADIZ) in 2013, the territorial dispute took on another dimension. Now that Korea has led the way in diminishing the authority of PCA's ruling, which regarded the EEZ the most important criterion for its judgment, how will it deal with China's unreasonable demands?

The practical harm done is the visible weakening of the Korean-American Alliance. As mentioned in Chapter 9, the US has downgraded the alliance since the George W. Bush administration. This trend will be accelerated. How can one trust a country as a true ally when it backs out and sides with the opponent in a dispute as heated as the one between China and the US over the South China Sea?

려하겠다고 발표했다.

한국에 THAAD를 배치하려는 움직임은 2013년 북한의 위협적 미사일에 대한 대응책을 찾던 한국이 미국에 THAAD의 구매에 필요한 정보를 요청하면서 시작되었다. 그러나 한국 군부는 장거리 지대공 미사일의 개발을 선호해서 THAAD 구매에 관한 논의는 중단되었다. 2014년 5월 미국은 한국에 주둔하는 미군 병력을 북한의 미사일로부터 보호하기 위해 THAAD를 한국에 배치하기로 하고 부지를 찾고 있다고 발표했다.

2016년 2월 왕이(王毅) 중국 외교부장은 한국에 THAAD를 배치하는 일은 중국의 "정당한 국가안보 이익들"을 해칠 수 있다고 말했다. 그의 주장은 조리에 맞지 않는다.

먼저, THAAD 배치는 빠르게 위협적이 되어가는 북한의 핵무기와 운반체에 대한 최소한의 대응이다. 공격용 무기가 아니고 중국을 겨냥한 것도 아니다. 북한의 위협에 대해서는 전혀 언급하지 않은 채 THAAD 배치만을 문제 삼는 것은 비합리적이고 비생산적이다.

현실적으로, 방어용 무기인 THAAD가 중국의 안보를 위협한다는 주장은 이치에 맞지 않는다. THAAD에 쓰이는 레이더가 중국 안의 중국군에 대한 정보를 수집할 수 있다는 주장이 자주 나왔는데, 요격 미사일 포대의 레이더가 먼 중국 안의 일들을 알아낸다는 얘기는 '시비를 위한 시비'밖에 안 된다. 첩보 활동에 투입된 여러 발전된 체계들에 비기면, THAAD의 첩보 수집 능력은 아주 작고 원시적이다. 이런 사정을, 중국을 포함해서, 모두 잘 안다.

II. The THAAD Issue

What Kind of Weapon is THAAD?

Terminal High Altitude Area Defense (THAAD) is a US Army anti-ballistic missile system that intercepts short, medium, and intermediate range missiles in their terminal phase. As THAAD uses a hit-to-kill approach, it carries no warhead but relies on the kinetic energy of the impact to destroy the incoming missile. A kinetic energy hit minimizes the risk of exploding conventional warhead and does not explode nuclear warhead, making it suitable as a defense system against the enemy missiles.

A THAAD battery is composed of 9 launchers and each launcher is furnished with 8 missiles. Two mobile tactical operations centers operate the battery, using a ground-based radar. The US army began to actually deploy THAAD batteries beginning in 2008. In 2014, one battery was deployed at Guam to protect the army stationed there against North Korea's intermediate range ballistic missiles (IRBMs). Internationally, the United Arab Emirates and Oman signed THAAD purchase agreements with the US in 2011 and 2013, respectively. In 2015, Japan announced that it would consider purchase.

The move to deploy THAAD in Korea began with a Korean request for information on THAAD for procurement as a means to respond to North Korea's missile threat. But talks over a possible purchase were shelved as the Korean military preferred the development of a long-range surface-to-air missile. In May 2014, the US announced that it had decided to deploy THAAD in Korea in

중국의 협상 방식

그러면 중국은 왜 그렇게 '시비를 위한 시비'를 거는 것일까? 이 심각한 물음에 대한 답을 제대로 얻으려면, 우리는 중국이 아직도 공산주의자들이 다스리는 나라라는 사실을 고려해야 한다. 중국 공산당은 국공내전을 치를 때 그리고 한국전쟁에서 국제연합군과 싸울 때 지녔던 정체성과 본질적으로 같은 정체성을 지녔다. 이 점을 놓치면, 우리는 중국의 정체성도 전략도 행태도 제대로 이해할 수 없다.

공산주의자들은 자유주의자들과 본질적으로 다르다. 당연히, 그들은 외교와 협상에서 자유주의자들과 판이한 행태를 보인다. 제10장에서 소개된 대로, 한국전쟁이 한창이던 시절에 국제연합군 수석대표로 공산주의자들과의 휴전 협상을 이끈 미군 터너 조이 제독은 자유주의 진영에서 공산주의자들과 맨 처음, 가장 오래, 그리고 가장 치열하게 협상한 사람이다. 자유주의 진영이 공산주의자들에 대해 잘 몰랐던 당시, 그는 공산주의자들에 대한 무지가 협상을 결정적으로 불리하게 만들었으며 전투에서 이겨 얻은 성과들을 협상에서 많이 잃었다고 판단했다. 그는 그 경험을 회고록 《공산주의자들은 어떻게 협상하는가》에서 밝혔다. 출간된 지 반 세기가 훌쩍 넘었어도, 그가 회고록에서 밝힌 교훈들은 오히려 더 생생하다. 공산당 정권이 통치하는 북한과 중국을 늘 상대해야 하는 한국에, 실은 어떤 자유국가들에도, 이 책보다 더 소중한 지식과 교훈을 줄 책을 나는 떠올릴 수 없다.

order to protect the US forces on the peninsula against North Korean missiles and was looking for a suitable deployment location.

In February of 2016, Chinese foreign minister Wang Yi stated that the deployment of THAAD in Korea could harm China's "legitimate national interests". His assertion is unreasonable.

The deployment of THAAD is a bare minimum response to North Korea's fast-growing threat of nuclear weapons and delivery systems. THAAD is not an offensive weapon nor would be directed against China. Taking issue with the deployment of THAAD with no mention of the North Korean threat is neither reasonable nor productive.

In terms of practice, the assertion that THAAD, a defensive weapon, threatens the security of China does not make sense. Claims have been made that the THAAD radar could be used to spy on Chinese forces in China, but to assert that the radar of a missile interception battery can detect things in far away China is nothing but 'a quarrel for quarrel's sake'. Compared to the many advanced systems deployed for intelligence operations, THAAD radar's intelligence collection capabilities are primitive in nature and limited in scope. All this should be evident to all, including China.

China's Negotiating Tactics

Then why does China pick 'a quarrel for quarrel's sake'? To find the right answer to this serious question, we must consider the fact that China is still ruled by the communists. The Chinese Communist Party fundamentally still carries the identity it had back when it

중국이 미군의 THAAD 배치를 문제로 삼은 일과 관련된 중국의 협상 방식은 조이 제독이 "훈제 청어(Red Herrings)"라 부른 것이다. "공산주의자들의 기본적 협상 기술 한 가지는 엉뚱한 논점들을 도입해서 그것들은 흥정의 패들로 삼는 것이다."

중국이 THAAD 배치를 거세게 반대하는 것은 THAAD 배치를 결단코 막겠다는 생각에서가 아니다. 중국의 본심은 그것을 협상의 패로 삼아서, 다른 논점들에서 양보를 얻어내겠다는 것이다. 게다가 이 패는 한국과 미국 두 나라에 쓸 수 있어서 중국으로선 더욱 좋다. THAAD를 반대한 뒤로, 중국은 한국의 국론을 분열시키고 한국과 미국 사이의 틈을 벌려서 한미동맹을 약화시키고 남중국해에 쏠린 관심을 한반도로 돌리는 부수적 성과들을 이미 얻었다.

우리는 중국이 THAAD를 단독 의제로 삼은 것도 주목해야 한다. 한국과 미국이 누누이 강조한 것처럼, THAAD는 북한의 점점 강화되는 핵무기와 미사일 역량에 대한 최소한의 대응이다. 따라서 THAAD에 관한 논의는 북한의 군사적 위협이라는 너른 맥락 속에서 이루어지는 것이 논리적이다. 그러나 중국은 그런 얘기를 못 들은 척한다. 그렇게 너른 맥락을 배제하고 자신이 원하는 의제로 논의를 좁히는 것이 공산주의자들이 늘 쓰는 협상 기술이기 때문이다.

이런 기술을 조이 제독은 "편향된 일정"이라 불렀다. "[공산주의자들은] 그들의 기본 목표들에 유리한 결론들로 이루어진 일정을 추구한다." 공산주의자들이 늘 쓰고 늘 이득을 보는 이 기술에 관한 조이 제독의 얘기는 길게 인용할 만하다.

fought the Chinese Civil War and against the UN forces during the Korean War. If we disregard this point, we cannot fully understand China's identity, strategy, or behavior.

The communists are fundamentally different from the liberalists. Unsurprisingly, they demonstrate completely different behaviors in diplomacy and negotiations. As reviewed in Chapter 10, American Vice Admiral C. Turner Joy, Senior Delegate of the United Nations Command Delegation to the Korean Armistice Conference, conducted the first, the longest, and the fiercest negotiations with the communists. He judged that back when the free world did not know much about communists, such lack of knowledge led the United Nations Delegation to negotiate from an unfavorable position and that much ground arduously gained on the battlefield was unwittingly lost on the conference table. He told the experiences in his memoirs, *How Communists Negotiate*. Notwithstanding the long years since its publication in 1955, the lessons revealed in his memoirs are more vivid than ever. I cannot think of a book that would give Korea, and any other free country indeed, which has to constantly deal with communist-ruled North Korea and China, more valuable information and lessons.

The negotiating tactic China employs in taking issue with the US forces' deployment of THAAD is what Admiral Joy had called "Red Herrings". "A basic negotiating technique of Communists is to introduce spurious issues and use them as bargaining points".

The reason China so fiercely rails against the deployment of THAAD is not a desire to stop it at all costs. Its real intention is to use it as a negotiating chip to gain concessions in other issues. Also,

논리를 따르는 사람들 사이에선, 일정은 논의될 주제들의 목록일 따름이고, 그것들에 관한 합의된 결론들은 뒤에 요구된다. 예를 들면, 야구 경기를 주선하는 일을 논의하기 위해 모인 미국인들을 아래와 같은 일정을 채택할 것이다:

1. 경기가 열릴 장소.
2. 경기가 시작될 시간.
3. 심판들의 선정.

그러나 공산주의자들은 이런 일정을 제시할 것이다:

1. 경기가 상하이에서 열린다는 합의.
2. 경기가 밤에 열린다는 합의.
3. 심판들은 중국인 관리들이 되어야 한다는 합의.

이처럼 공산주의자들은 시작부터 그들의 협상 상대들을 방어적 입장으로 밀어 넣으려고 시도한다. 만일 그들의 조작된 일정이 부주의한 상대에 의해 받아들여지면, 공산주의자들은 남아있는 문제들은 정확히 *상하이*의 어느 곳에서 경기를 하고, 정확히 *밤* 몇 시에 경기가 시작되고, 정확히 어떤 *중국인*이 심판 노릇을 하느냐는 것뿐이라고 주장할 수 있게 된다.

조이 제독이 든 예가 희화적(戲畵的)이거나 극단적이라고 여기는 사람들은 중국이 '국제해사재판소'를 설치하겠다고 나선 사실을 기억할 필요가 있다. 국제연합이 만들어서 시행중인 협정과 오랜 전통을 지닌 상설중재재판소를 대신해서 중국이 독자적으로 만들고 중

this chip can be used against both the US and Korea, making it even better for China. By protesting against THAAD, China has already managed to achieve incidental goals such as dividing the national consensus of Korea, driving a wedge between Korea and the US to weaken their vital alliance, and diverting attention away from the South China Sea to the Korean Peninsula.

We must also pay attention to the fact that China has raised THAAD as a singular issue. As Korea and the US have emphasized from the first, THAAD is a minimal response to the ever-growing threat of North Korean nuclear and missile capabilities. Therefore, it is logical to discuss THAAD in the context of the North Korean military threat. But China pretends it cannot hear such arguments. The communists often use as a tactic the exclusion of the wider context and focusing on specific agenda they favor.

Admiral Joy called this tactic the "Loaded Agenda": "[Communists] seek an agenda composed of conclusions favorable to their basic objectives." Since the communists so often use this tactic to their great advantage, it is worth quoting Admiral Joy in length.

> Among men who adhere to logic, an agenda is understood to be only a list of topics to be discussed, concerning which agreed conclusions are later required. For example, Americans meeting to discuss arrangements for a baseball game might adopt an agenda as follows:
>
> 1. Place the game is to be played.
> 2. Time the game is to start.
> 3. Selection of umpires.

국이 선임한 재판관들이 판결을 내리는 "국제" 재판소가 중국과 다른 나라 사이의 영역 분쟁을 중재하겠다는 얘기다. 중국은 물론 이런 조치를 다른 나라들이 진지하게 받아들여야 한다고 여긴다.

사소하게 보이지만 우리가 주목해야 할 점은 중국 관리들이 우리 외교관들에게, 심지어 때로는 우리 지도자에게, 하는 무례한 언행이다. 이명박 대통령이 중국을 방문했을 때를 골라서 이 대통령을 비난하는 성명을 중국 외교부가 발표한 일은 대표적이다. 이번에 라오스에서 회담할 때, THAAD에 관해 논의하면서 중국의 왕이 외교부장이 한국의 윤병세 외교장관에게 보인 무례한 태도도 같은 행태다. 왜 중국 외교부는 수장까지 나서서 비외교적 언행을 하는가? 누가 보기에도 '의도적 무례'임이 분명한 언행을 가장 공개적인 방식으로 하는가?

이 일에서도 조이 제독의 설명은 명쾌하다. 그는 그런 행태를 "무대 설치"라 불렀는데, 그는 이것이 공산주의자들이 맨 먼저 하는 일이라고 했다.

> 공산주의자들은 허둥대다 회담에 나오지도 협상에 마구잡이로 달려들지도 않는다. *먼저 그들은 조심스럽게 무대를 설치한다.* 유리한 협상 환경들에서 나오는 실제적 우위들에 대한 그들의 고려와 "체면"을 지키는 일에 대한 그들의 관심은 공산주의자들로 하여금 담판이 벌어질 물리적 환경을 조심스럽게 고려하도록 만든다.

Communists, however, would submit an agenda like this:

1. Agreement that game is to be played in Shanghai.
2. Agreement that game be played at night.
3. Agreement that umpires be Chinese officials.

Thus the Communists seek to place their negotiating opponents on the defensive from the outset. If their rigged agenda is carelessly accepted by their opponents, the Communists are able to argue that the only questions remaining are: exactly where in Shanghai the ball game is to be played, exactly what time at night the game is to start, and precisely which Chinese are to officiate.

Those who think Admiral Joy's examples caricatural or extreme should remember how China set out to establish 'the International Maritime Judicial Center'. This is a proposal to replace the established UNCLOS and the venerable PCA with an "international" court independently established by China and staffed by China-approved judges that arbitrates territorial disputes between China and other nations. China, of course, thinks that these proposals should be seriously considered by other states.

What may seem trivial but not insignificant in reality is the insolent behaviors of Chinese bureaucrats towards Korean diplomats and sometimes even Korean leaders. A typical example is the incident where the Chinese foreign ministry took President Lee Myung-bak's visit as an opportunity to release a statement criticizing him. The same can be said of the rude behavior demonstrated by Chinese foreign minister Wang Yi towards Korean foreign minister

조이 제독은 국제연합군과 공산군 사이에 처음 휴전 협상이 벌어질 때의 모습을 소개했다. 원래 휴전을 요청한 것은 공산군이었지만, 막상 국제연합군이 휴전 협상에 동의하자, 공산군은 대뜸 "만일 당신들이 휴전을 원하면, 개성으로 오라, 그러면 우리는 대화하겠다"고 통보해왔다. 개성은 공산군이 장악한 지역이었다. 당시 공산군의 주력은 펑떠화이 원수가 이끈 중공군이었다.

[1951년] 7월 8일, 미공군 앤드루 키니 대령과 몇몇 미국 장교들은 공산군 연락장교들과 만나 7월 10일의 대표 회담을 주선하기 위해 개성으로 향했다. 키니는 [회담 장소를] 개성 부근의 비무장지역으로 하는 일에서 공산주의자들의 동의를 얻지 못했다. 공산주의자들은 개성 지역의 군사적 통제라는 그들의 우위를 포기하기를 거부했다. 이 첫 회합 내내 키니와 그의 일행은, 완전히 비무장이었는데도, 자동소총을 위협적으로 휘두르는 무장한 공산군 병력들에 둘러싸였다. 공산주의자 사진사들과 기자들은, 휴전을 갈구한 것은 공산주의자들이 아니라 국제연합이라는 그들의 이론에 맞게, 이런 상황을 한껏 이용하는 데 실패하지 않았다.

이어 대표 회담에 들어가자, 조이 제독은 공산군이 처음부터 '무대 설치'에 마음을 쓴 것을 깨달았다.

첫 대표 회담에서, 협상 탁자에 앉았을 때, 나는 거의 시야에서 사라질 만큼 가라앉았다. 공산주의자들은 표준 의자보다 상당히 낮은 의자를 내게 제공한 것이었다. 탁자 건너편 공산군 수석대표 남일 대장은 교

Yun Byung-se during their talks over THAAD in Laos. Why does the Chinese foreign ministry from the minister on down engage in such undiplomatic behaviors? Why do they make what is clearly "deliberate impoliteness" so public?

On this issue too Admiral Joy's explanation is plain. He called this behavior "The Stage Setting" and noted that it was the first thing communists set about doing without fail.

> Communists neither blunder into conferences nor rush pell-mell to engage in negotiation. *First, they carefully set the stage*. Their concern for maintaining "face" as well as their regard for practical advantages arising from favorable negotiating conditions, causes the Communists to consider carefully the physical circumstances in which a parley is to occur.

Admiral Joy describes the scene of the first armistice negotiation between the UN and communist forces. Originally, it was the communists who had requested an armistice. Once the UN forces agreed to peace talks, the communists suddenly informed them, "If you desire a truce, come to Kaesong and we'll talk." Kaesong was under communist control. The main communist forces at the time were the Chinese forces commanded by Marshal Peng Dehuai.

> On the 8th of July, Colonel Andrew J. Kinney, U.S.A.F., and several other United States officers proceeded to Kaesong to arrange with Communist liaison officers for the meeting of delegations on July 10th. Without success, Kinney sought Communist agreement to a demilitarized

묘하게 줄어든 내 키보다 족히 1피트 높이 솟았다… 내가 낮아진 의자를 정상적 의자로 바꾸면서 이런 상황은 바로잡혔지만, 그 사이에 공산주의자 사진사들이 필름 여러 통을 찍었다.

이런 유치한 짓들은 효과가 결코 작지 않다고 조이 제독은 경고한다.

공산주의자들의 그런 계략들은 하나씩 개별적으로 고려되면 유치하게 보일지 모른다. 그러나 이런 움직임들이 많이 모이면 전체적으로 효과적 크기의 선전이 될 수 있음을 생각해야 한다.

이번 항조우(杭州)의 G20 회담에서 이 점이 다시 확인되었다. 찾아온 외국 수반들로 하여금 긴 거리를 걸어서 한쪽에서 꼼짝하지 않고 선 시진핑 주석을 만나게 한 것은 옛적 제국을 찾아온 조공 사절들을 떠올리게 하려는 연출이었다. 바락 오바마 미국 대통령에 대한 의도적 무례들과 합쳐져서, 이런 '무대 설치'는 이번에 큰 효과를 보았다. 중국 인민들은 이제 자기 나라가 세계의 중심에 섰으며 미국 대통령에게 결례를 해도 미국이 아무 소리도 못하는 것을 눈으로 보았다. 당연히, 공산당 정권과 시진핑 주석의 인기는 높아졌을 터이다. 다른 나라들도 이제 가까이 할 나라는 중국이지 미국이 아니라는 암시를 받았을 것이다.

왕이 외교부장이 윤병세 외교장관에게 무례한 언행을 한 곳이 중

neutral zone around Kaesong. The Communists refused to give up their advantage of military control of Kaesong area. Throughout this initial meeting Kinney and his party, though completely without arms, were surrounded by troops of armed Communists soldiers brandishing hand machine guns threateningly. Communist photographers and press representatives did not fail to make the most of this situation, in line with their thesis that the United Nations Command, not the Communists, needed and sought a truce.

As he entered the talks, Admiral Joy realized the communists had, from the very beginning, made an effort on "stage setting".

At the first meeting of the delegates, I seated myself at the conference table and almost sank out of sight. The Communists had provided a chair for me which was considerably shorter than a standard chair. Across the table, the senior Communist delegate, General Namil, protruded a good foot above my cagily diminished stature... This condition of affairs was promptly rectified when I exchanged my foreshortened chair for a normal one, but not before Communist photographers had exposed reels of film.

Admiral Joy warns that the effects of such childish tactics are not inconsequential.

Such devices by the Communists may seem childish when each is considered in isolation. It should be borne in mind, however, that a great multitude of these maneuvers can add up to a propaganda total of effective magnitude.

국의 영향권 안에 있는 라오스였다는 사실과 중국이 자기 나라에서 오바마 대통령에게 무례를 저질렀고 중국 관리가 항의하는 미국 기자들에게 “여기는 중국 땅이야!”하고 외친 일은 공산주의자들이 ‘무대 설치’를 중시하고 늘 물리적 통제력을 확보하려고 시도한다는 조이 제독의 얘기를 다시 증명한 것이다.

조이 제독이 경고한 대로, 비록 유치하고 자질구레하지만, 이런 책략의 대상이 되면, 누구나 당혹스러울 수밖에 없다. 특히 일거수일투족이 온 세계에 실시간으로 공개되는 정치 지도자의 경우엔, 망신할 위험도 결코 작지 않다. 그렇게 미묘한 처지에서 오바마 대통령이 보인 차분한 태도를 나는 높이 평가한다. 그래서 나로선 더욱 아쉽다, 그가 조이 제독의 책을 읽지 않은 것으로 보인다는 점이. 만일 오바마 대통령이 그 책을 읽었다면, 그의 기지와 해학으로 그는 중국 공산당 정권의 그 유치하고 무례한 책략을 소상히 밝히고 그것이 공산주의자들이 늘 쓰는 협상 기술임을 일깨워서 상황을 반전시켰을 것이다. 누가 단언할 수 있겠는가, 시주석이 “생각을 그른 아랫사람들이 저지른 일들”에 대해 오바마 대통령에게 우아하게 사과하고 두 세계 지도자들이 보다 솔직하고 친근한 분위기에서 세계적으로 중요한 사안들을 논의했을 가능성이 없었다고?

중국의 협상 전술이 그러하므로, THAAD 배치에 대해 중국이 이의를 제기했을 때, 한국 정부는 단호하게 입장을 밝혔어야 했다: 1) THAAD 배치는 주한미군을 북한군의 위협으로부터 보호하기 위한 미국의 조치며 한국은 동맹국으로서 당연히 그 결정을 지지하고 그

During the last G20 Summit in Hangzhou, this point was reaffirmed. By making the visiting heads of state walk down a long corridor to greet President Xi standing loftily on the other side, the Chinese tried to conjure up the images of foreign delegations paying tribute to the Chinese emperor in ancient times. Combined with deliberate rudeness directed at President Barack Obama, such "stage setting" succeeded in making an indelible impression of China rising over the US. The Chinese people undoubtedly saw that their country was now at the center of the world stage and that the US could not protest against their disrespectful treatment of its president. Naturally, this would have led to a rise in domestic popularity of the communist regime and President Xi. Even citizens of other countries would have subconsciously felt that the power to befriend was now China, no more the United States.

The fact that Chinese foreign minister demonstrated his rudeness to Korean foreign minister in Laos, a state within the Chinese sphere of influence, and that the Chinese insulted President Obama in their own country, together with the anecdote of a Chinese official shouting "this is China" at complaining American reporters, again proves Admiral Joy's observation that the communists consider "stage setting" important and that they always try to achieve physical control of the venue.

Although such tactics look trivial, the danger they poses to the target is far from trivial, as Admiral Joy warned. Anyone subjected to such scheming would be taken aback and momentarily at a loss. Especially for world leaders whose every movement and remark is publicly broadcast to the world in real time, the risk of looking

것의 이행에 필요한 조치를 취한다; 2)만일 중국이 군이 THAAD 배치에 관해 논의하기를 요청한다면, 그 논의는 북한군의 위협이라는 맥락 속에서 이루어져야 한다; 3)북한의 핵무기와 미사일의 개발에 중국의 책임이 크므로, 중국은 THAAD 배치를 막기 위한 조치로 북한의 무기 개발을 억제하려는 노력을 보다 진지하게 수행해야 한다; 4)THAAD는 본질적으로 방어용 무기이므로, 한국에 배치된 미군의 THAAD 포대들이 중국의 안보에 영향을 미친다는 주장은 사리에 맞지 않는다.

이런 입장은 물론 중국의 반발을 불렀을 것이다. 별의별 경제적 보복을 했을 것이고 우리 기업들은 큰 타격을 입었을 것이다. 그러나 중국의 반발이 아무리 거칠고 거세었더라도, 한국으로선 그런 반발에 대응하는 편이 지금의 곤혹스러운 처지보다는 훨씬 나았을 것이다. 비겁한 마음에서 현명한 정책은 나올 수 없다.

주한 미군을 위한 THAAD 배치 과정이 시작되자, 줄곧 반미 및 친중 노선을 추종해온 좌파 제일야당은 THAAD에 반대하는 주장을 폈다. 그리고 THAAD 포대의 레이더 전파가 사람의 건강에 무척 해롭다는 거짓 소문이 널리 퍼져서, THAAD 포대의 후보지로 꼽힌 지역들에선 주민들의 '내 뒤 뜰에선 안 된다(NIMBY)'는 반응을 불렀다. 정부는 확고한 정책을 유지하지 못했고 여러 대안들 사이에서 흔들렸다.

틈새가 실제로 열리는 것을 인식하자, 중국은 THAAD 배치의 중지를 정색하고서 노리게 되었다. 중국은 포대를 배치한다는 결정

foolish is not negligible. Thus, while I highly regarded the composure President Obama displayed in awkward situations, I wished that he would have read Admiral Joy's book. Had he read it, with his wit and humor he could have turned the table on the Chinese by exposing the communist regime's scheme and pointing out that such tactics are childish but cumulatively very much effective. Who knows? Then, President Xi might have gracefully apologized to President Obama for the "mistakes made by wrongheaded lower echelon officials" and the two leaders of the world would have proceeded to deal with really important issues in an open and friendly atmosphere.

Such being the Chinese tactics for negotiation, when China expressed its opposition to the deployment of THAAD, the Korean government should have made its position clear: 1) The decision to deploy THAAD is an American decision to protect its own forces in Korea against North Korean threats and Korea, as an ally, fully supports this decision and will take appropriate measures to facilitate its implementation; 2) Should China still wish to discuss the deployment of THAAD, such discussion must take place in the context of the North Korean military threat; 3) Since China is largely responsible for North Korea's development of nuclear and missile capabilities, China must take its responsibility to suppress North Korean weapons development more seriously as a means to canceling THAAD deployment; 4) Because THAAD is a fundamentally defensive weapon, the argument that American THAAD batteries deployed in Korea affects China's security is invalid.

Of course, this course of action would have met with Chinese

을 비난했을 뿐 아니라 엄청난 보복을 하겠다고 위협했다. 한국에서 THAAD에 대한 시민들의 지지가 줄어드는 데 고무되어, 중국은 경제적 보복 조치들을 하기 시작했고 한국은 효과적 대응책을 마련할 수 없었다. 이제 제일야당이 다가오는 대통령 선거에서 이길 가능성이 크므로, 중국은 배치 과정을 중지시키기 위해 점점 더 아픈 보복들을 시도할 것이다. 제9장에서 언급한 대로, 깊은 이념적 분열에서 나온 약한 사회적 응집력은 중국과의 교섭에서 한국의 결정적 약점으로 작용한다.

여기서 우리는 한국으로선 중국과 상대하는 일이 '미끄러운 비탈'이라는 점을 떠올려야 한다. 비록 무척 힘들고 큰 값을 치러야 하지만, 마음만 굳으면, 미끄러운 비탈도 올라갈 수 있다. 한번 한국이 중국에 대고 "북한의 핵무기와 미사일의 개발에 중국이 책임이 크다"고 얘기하면, 한국은 미끄러운 비탈을 한 걸음 올라갈 수 있고 그 위치를 어렵지 않게 지킬 수 있다.

중국의 북한 정권 옹호

중국은 한국보다 월등히 강대하므로, 한국으로선 중국의 공격적 민족주의에 대응하기가 무척 어렵다. 북한 정권의 존재는 가뜩이나 어려운 한국의 대중국 정책을 몇 곱절 어렵게 만든다. 악한 국가(rogue state)의 전형으로 누구나 두려워하고 상대하기를 꺼리는 북한 정권에 대해 영향력을 지닌 나라는 중국뿐이므로, 중국은 그런 영향

protests. But no matter how vociferous and rough the Chinese response may have been, Korea would have been better off dealing with such opposition compared to the position it now finds itself in. A wise policy cannot be born from cowardice.

As the deployment process of THAAD for the US army in Korea got under way, the leftist main opposition party that had always followed anti-American and pro-Chinese policy voiced their opposition to THAAD. And a false rumor alleging the radar beams of THAAD battery to be very harmful to human health spread wide and provoked NIMBY response from the residents of the areas mentioned as possible site for THAAD battery. The government could not maintain a firm policy and vacillated among alternatives.

Sensing a real opening, China in earnest aimed at thwarting the deployment of THAAD. It not merely denounced the decision to deploy the battery but also threatened dire reprisals. Encouraged by the waning public support for THAAD in Korea, China began to apply economic reprisals against which Korea has no effective countermeasure. Now that the main opposition party has a good prospect in the coming presidential election, China will apply increasingly painful reprisals to arrest the deployment process. As mentioned in Chapter 9, the weak social cohesion due to the deep ideological division acts as Korea's critical weakness in dealing with China.

Here Koreans should remind themselves of the fact that for Korea dealing with China is a slippery slope. Though climbing up the slope is very arduous and costly, they can manage the task, if they are resolute. Once Korea speaks out to China, "China is most

력을 외교 정책에서 중요한 패로 쓴다. 따라서 중국과의 관계를 합리적으로 설정하려면, 우리는 북한과 관련된 중국의 속셈을 정확히 읽어야 한다.

어느 사회에서나 국가와 집권 세력은 이해가 다소간 엇갈린다. 시민들의 뜻이 선거를 통해서 정치에 반영되는 사회들에선 그런 이해의 엇갈림이 제한된다. 시민들의 뜻이 무시되는 압제적 사회들에선 집권 세력의 이익이 우선 추구되고 국익은 집권 세력에 도움이 되는 한도까지만 고려되므로, 그런 엇갈림이 커지게 마련이다. 공산당이 최고 기구고 국가가 당에 예속되는 중국에선 이런 괴리가 전반적이고 크다.

중국 공산군은 1940년대 말엽 국공내전(國共內戰)에서 소련의 적극적 지원 덕분에 미국의 외면을 받은 국부군에 이겼다. 장제스가 이끄는 국민당 정권은 타이완으로 도피했고, 공산당이 중국 대륙을 차지했다. 그 뒤로 공산당 정권은 공산주의 이상향을 세우려 권력을 독점한다고 말해왔다. 1970년대 말엽 경제적으로 파산한 중국이 공산주의 명령경제를 버리고 자유주의 시장경제를 채택했으므로, 공산주의를 추구한 공산당 정권은 정당성을 잃었다. 그러나 그들은 권력을 움켜쥔 채 민족주의를 내세워 정당성을 되찾으려 한다.

1842년 아편 전쟁에서 참패한 뒤부터 1945년 태평양 전쟁에서 진 일본이 중국에서 물러날 때까지, 중국은 외세에 시달렸다. 중국 사람들 스스로 "백년국치"라 부르는 이 굴욕적 상황을 끝낸 것은 중국 공산당이 아니었다. 태평양 전쟁에서 주역은 미국이었다. 중국은

responsible for the North Korea's development of nuclear weapons and missiles," Korea can walk a step up the slippery slope and keep the position with relatively little difficulty.

China's Support of the North Korean Regime

As China is much more powerful than Korea, Korea finds China's aggressive nationalism very difficult to deal with. The existence of the North Korean regime makes Korea's already difficult China policy much more complicated. North Korea is a textbook rogue state that everyone dreads dealing with, and because China is the only country that has real influence over it, China often uses such influence as an important diplomatic card. To set its relationship with China properly, therefore, Korea should accurately understand China's intentions in regards to North Korea.

In any society, there are some disparities between the interests of the whole society and those of the ruling clique. In societies where citizens' opinions are reflected in politics through voting, such disparities are limited. In oppressive societies where the interests of the ruling clique are put above all else and the interests of the whole society are pursued only in so far as they agree to those of the ruling clique, the disparities between them are bound to be great. In China, where the communist party is the supreme authority and the state is subordinate to it, the disparities are ubiquitous and enormous.

Thanks to active support from the Soviet Union during the latter stages of the Chinese Civil War in the late 1940s, the Chinese Communist forces managed to defeat the Nationalist forces,

조역에 머물렀고, 그나마 당시 중국을 대표한 것은 국민당이었다.

긴 중일전쟁에서 국민당 정권의 국부군은 외부의 도움을 받지 못하는 외로운 처지에서도 강대한 일본군과 잘 싸웠다. 1937년의 '상하이 싸움'에서 국부군은 우세한 일본군에 맞서 중국을 얕보던 일본군이 당황할 정도로 용감하게 싸웠다. 약탈, 강간, 살인으로 악명 높은 '난징(南京) 학살'은 일본군이 상하이 작전에서 겪은 고전과 좌절에서 비롯한 면도 있다. 압도적으로 우세한 일본군에 맞서 거의 두 달을 버틴 1944년 여름의 '헝양(衡陽) 싸움'은 강대한 일본군에 대한 국부군의 영웅적 저항을 상징한다. 반면에, 공산군이 내세울 만한 전과는 드물었고, 공산군은 일본군과 싸우는 대신 국부군과의 대결에 대비해서 전력을 비축한다는 비난을 들었다.

외세와 관련하여 공산당이 내세우는 것은 한국전쟁이다. 그들은 이른바 "항미원조(抗美援朝)전쟁"에서 '북조선'을 도와 미국에 '승리'했다고 주장한다. 그리고 그런 승리로 자신들이 백년국치를 끝냈다고 자랑한다. 그런 역사 해석이 중국 공산당 정권의 정당성을 떠받친다.

만일 중공군이 "항미원조전쟁"에서 이겼다면, 북한이 한반도의 주인이어야 논리적이다. 미국의 '괴뢰 정권'인 한국은 잘살고 '정통성'을 지녔고 중국의 원조를 받은 북한이 몰락한 현재의 상황은 중국 공산당 정권으로선 곤혹스러울 수밖에 없다. 자신의 정당성을 떠받치는 민족주의적 역사 해석을 지키려면, 중국 공산당 정권은 북한 공산당 정권이 무너지는 것이라도 막아야 한다. 그것이 중국 정권이 기

abandoned by the US. The Nationalists led by Chiang Kai-shek fled to Taiwan, and the Communists occupied the mainland. Since then, the Communist Party has claimed that it monopolizes power in order to achieve the communist ideals. When in the late 1970s, the economically bankrupt China abandoned its command economy in favor of the market economy, the Communist Party lost its legitimacy. But it still maintains its grip on power, trying to regain legitimacy by championing aggressive nationalism.

From the humiliating defeat in the Opium War in 1842 till the Japanese defeat in the Pacific War in 1945, China was beset by foreign powers. This period the Chinese themselves call "the Century of Humiliation" was not brought to a close by the Chinese Communist Party. The main actor in the Pacific War was the US. China played a minor role in the defeat of Japan, and even then China was represented by the Nationalist Party.

Even while cut off from foreign aid and alone, the Nationalist Army fought well against the powerful Japanese forces during the long Second Sino-Japanese War. In the Battle of Shanghai in 1937, the Nationalist Army resisted the superior Japanese forces so stubbornly that it surprised the Japanese who had held the Chinese in contempt. The Nanjing Massacre, infamous for the Japanese soldiers' prolonged orgy of rape, murder, and pillaging, was in part fueled by the frustrations the Japanese forces had experienced during their operations in Shanghai. The Defense of Hengyang in the summer of 1944 where the Nationalist army held out against overwhelmingly superior Japanese forces for almost two months, symbolizes the Nationalist Army's heroic resistance against the

를 쓰고 북한을 돕는 근본적 이유다.

그러나 중국 정권이 북한 정권을 감싸는 가장 큰 이유는 북한 정권의 붕괴가 중국에 미칠 정치적 영향이다. 북한에서 압제적 정권이 무너지면, 자유화의 바람은 중국에서도 거세게 불 것이다. 한 사회에서 일어난 혁명은 이웃의 압제적 사회들에서도 혁명의 기운을 일으킨다. 최근의 예는 '아랍의 봄'이니, 당국의 자의적 단속에 죽음으로 항의한 튀니지의 젊은 행상은 폐쇄적 아랍 사회들에서 튼튼해 보였던 압제적 정권들을 단숨에 무너뜨렸다. 얼마 전 홍콩 당국의 행상 단속이 거센 반중국 시위를 부른 상황은 '천안문 사건'의 악몽에 시달리는 중국 지도자들의 꿈자리를 더욱 어지럽힐 것이다.

그래서 중국 정권은 짐만 되는 북한 정권을 큰 비용을 들여서 떠받친다. 그 사실을 인정할 수는 없으니, 그들은 속셈을 숨기려 별의별 연기를 다 한다. 북한의 도발이 나올 때마다, 양쪽이 냉정하게 대처해야 한다는 논평을 내놓아, 논점을 흐려서 북한을 두둔한다. 자신의 북한에 대한 영향력이 작다고 늘 강조하고, 심지어 북한의 모욕적 대접을 사서 받기도 한다. 북한이 워낙 폐쇄적이라 경제 제재가 효과를 볼 수 없다는 논리도 편다. 북한에 대한 경제 제재에 참여할 수밖에 없으면, 경제 제재의 과정을 방해한다. 북한의 위협을 막을 THAAD가 중국을 위협한다고 시비를 걸어, 논점을 흐린다. 최근에 북한이 규모가 큰 핵폭탄을 시험하자, 중국 정부의 통제를 받는 한 중국 신문은 한국에 THAAD를 배치하려는 움직임이 북한을 핵실험으로 내몰았다는 '창의적' 의견을 제시했다.

powerful Japanese. On the other hand, the Communist forces had few contributions to speak of and were criticized for conserving resources for a fight against the Nationalist forces instead of fighting the Japanese.

In terms of resisting foreign forces, the Chinese Communist Party points to the Korean War. They claim to have aided 'North Korea)' to 'victory' over American forces in the so-called 'War to Resist American Aggression and Aid North Korea'. They boast of ending the Century of Humiliation with that victory. Such historical interpretations currently hold up the legitimacy of the communist regime.

Had the Chinese communist forces won the 'War to Resist American Aggression and Aid North Korea', it logically follows that North Korea should be the master of the entire Korean peninsula. The current state of affairs make things quite awkward for China, where South Korea, the so-called 'puppet government' of the US, is alive, well, and has legitimacy (the refugees always come south from North Korea for one thing), whereas North Korea even with Chinese support is in a pathetic ruin. To protect the nationalistic interpretation of recent history that confers legitimacy to it, the Chinese communist regime must at least prevent the collapse of the North Korean regime. This is the fundamental reason China is doing everything in its power to prevent North Korea's collapse.

Yet the most important practical reason the Chinese communist regime supports the abominable North Korean regime is the political effect North Korea's collapse would have on China itself. If the oppressive regime falls in North Korea, the winds of liberalization

북한 핵무기에 대한 중국의 태도

중국의 속임수는 북한의 핵무기 개발과 관련해서 가장 뻔뻔스럽고 위험했다. 많은 외교관들과 정치 지도자들은 북한과 중국 양국에 의해 저질러진 지속적 기만들에 의해 속았고 당혹스러워했다. 조이 제독도 공산주의자들이 무엇을 획책했는지 뒤늦게야 깨달았다. 공산주의자들의 그런 행태를 "계획적 범죄"라 부르면서, 그는 공산주의자들이 어떤 합의도 이행할 의도가 없고 그것에 서명하기도 전에 그것을 어길 궁리를 한다고 엄중하게 경고했다.

> 공산주의자들은 협상이 불가피하게 그들의 관점에선 마땅치 않는 몇 가지 합의사항들을 포함하게 된다는 것을 인식한다. 그들은 협상 행위의 성격 자체가 그들의 상대의 제안들의 몇몇을 전체적으로나 부분적으로 받아들이는 것을 포함한다는 것을 안다. 그들이 이것을 불가피하다고 이해하므로, 공산주의자들은 그들이 하도록 강요되고 그들이 이행할 뜻이 없는 약속들의 크기를 줄이려 시도한다.

북한의 핵무기를 논의하는 '6자 회담'의 주재국으로서 중국은 효과적 합의를 막기 위해 모든 수단을 썼고 북한이 핵무기를 개발할 시간을 벌어주었다. 북한에 대한 경제 제재를 거부하기 어려워지자, 중국은 경제 제재에 참여했지만 이행하지 않았다. 중국은 그것을 이행할 뜻이 처음부터 없었고 북한과 중국 사이의 교역은 경제 제재로 영

will blow strong in China also. A revolution in one society encourages revolutionary fervor in neighboring societies. The most recent example is that of the Arab Spring in which the fatal protests of a young Tunisian against arbitrary crackdowns on street vending started to topple seemingly stable oppressive regimes in closed Arab societies. The recent case in Hong Kong where the authorities' regulation of street vendors provoked strong anti-Chinese protests must weigh heavy on the minds of Chinese leaders haunted by the memories of the Tiananmen Square Incident.

So the Chinese regime spends vast resources to prop up the deadweight that is the North Korean regime. As they cannot openly admit the fact, they try all sorts of things to disguise and hide their true intentions. China always downplays its influence over North Korea and even sometimes invites degrading treatment from North Korea. It also argues that North Korea cannot be tackled with sanctions as its economy is too closed. It muddies the water by insisting that THAAD, designed to defend against North Korea, threatens China. After the latest nuclear test by North Korea, a Chinese newspaper under the control of the Chinese government offered 'a creative opinion' that THAAD had caused North Korean regime to test the bomb.

China's attitude to the North Korea's nuclear weapons

China's duplicity has been most brazen and dangerous in regard to North Korea's development of nuclear weapons. Many diplomats and political leaders were deceived and perplexed by the continuous

향을 받은 적이 전혀 없었다. 조이 제독의 회고록은 중국 공산주의자들이 이 점에서 전혀 바뀌지 않았음을 입증한다.

> 그들을 제약하는 경향이 있는 합의들을 피하려는 그들의 시도들이 완전히 성공적이지 못하고 그들이 어길 생각을 품은 합의들의 크기를 줄이려는 그들의 노력이 가능한 한도까지 이루어지면, 공산주의자들은 그제는 합의들의 강행을 위한 모든 기구들에 대해 거부권을 지니려 시도한다.

한국, 미국 그리고 일본은 중국과의 교섭에서 훨씬 더 확고해야 하며 중국에 경제 제재의 보다 엄격한 이행을 요구해야 한다. 그들은 합의를 위한 양보는 공산주의자들과는 아무 것도 이루지 못한다는 조이 제독의 충고를 기억해야 한다.

> 공산주의자들은 그들의 상대가 한 어떤 양보도 허약함의 징후로 받아들인다. 많은 서방 사람들은 공산주의자들의 협상안의 어떤 부분을 받아들이는 것이 공산주의자들로 하여금 동일한 방식으로 반응하도록 격려하리라는 생각을 품는다. 거꾸로, 그런 행동은 그들이 더욱 강경한 태도를 취하도록 유도할 가능성이 크다. 공산주의자들은 그들의 상대가 다른 선택이 가능했다면 공산주의자들의 제안의 어떤 부분도 받아들이지 않았으리라고 추론한다. 공산주의자들은 그들의 상대가 그렇게 하도록 *강요되었을 때에만* 또는 양쪽이 양보들을 교환하는 것이 포함되었을 때에

deceptions committed by both North Korea and China. Admiral Joy also realized what the communists had been up to only belatedly. Calling such behavior of the communists "premeditated crimes", he sternly warned that the communists have no intention to observe any agreement and premeditate the violation of an agreement even before signing it.

> Communists realize that negotiations must necessarily result in some few agreements that are objectionable from their point of view. They know that the very nature of the act of negotiating involves accepting some of their opponent's proposals either in whole or in part. Since they appreciate this as inevitable, Communists seek to reduce the magnitude of commitments they are compelled to make and which they intend to dishonor.

China, as the presiding country in the Six-Party Talk on the North Korean nuclear weapons, did everything to prevent an effective agreement and gave North Korea time to develop nuclear weapons. When China could no longer veto the economic sanctions against North Korea, it participated in it but did not observe it. In fact, it had no intention of observing it from the first and the trade between North Korea and China was never affected by the economic sanctions. Admiral Joy's memoirs attest that the Chinese communists have not changed at all in this regards during the long intervening years.

> When their attempts to avoid agreements tending to restrict them

그들의 제안을 받아들이리라 예상한다. 따라서, 만일 서방 협상가들이 다른 논점에서의 동등한 양보를 요구하지 않고 단순히 공산주의자들의 제안에 동의하면, 공산주의자들은 그들의 상대가 허약한 전반적 입장에 있다는 결론을 내린다. 이런 결론을 마음에 두고서, 공산주의자들은 더욱 공격적이 되어 더 많이 요구하고 아무것도 양보하지 않게 된다.

공산주의자들은 서방의 제안을 받아들이거나 그들 자신의 제안으로부터 물러서는 법이 없다, 단순히 논리나 진실이 그런 행동을 가리키기 때문에, 또는 회담에서 진전을 보기 위해서. 따라서, 그들은 그들의 상대가 논리나 진전을 이루기 위한 진정한 욕구에 따라 움직였다는 것을 인정하지 않는다. 서방 협상자들이 진전의 목적을 위해서 공산주의자들의 견해에 양보할 때마다, 공산주의자들은 이 행동을 추락하는 서방의 입장의 증거로 여긴다. 따라서, 그들은 추가적 양보를 하라고 더욱 강하게 압박하고 시간을 자기들 편이라고 점점 자신하게 된다.

중국은 북한에 대한 경제 제재에 결코 기꺼이 참여하지 않는다. 그래서 중국은 '창의적 해석'을 통해서 제재를 약화시키려 시도한다. 근자에 중국 외상은 북한에 대한 경제 제재는 집단적으로 이루어져야 하며 개별적 국가는 단독으로 그것을 실행해선 안 된다고 선언했다.

공산주의자들은 이미 도달한 합의를 부정하는 것을 조금도 부끄러워하지 않는다. 그런 합의들이 문서 형식으로 만들어졌을 경우도 별다른

are not entirely successful, and their efforts to reduce the magnitude of agreements they intend to dishonor have been pressed as far as possible, the Communists then seek to retain a veto on all machinery of enforcement of agreements.

Korea, the United States and Japan should be much firmer in their dealings with China and demand from it stricter observance of economic sanctions. They should remember Admiral Joy's advice that concessions for an agreement would achieve nothing with the communists.

Communists regard any concessions made by their opponents as a sign of weakness. Many Westerners entertain the notion that to accept some part of a Communist negotiating proposal will encourage the Communists to respond in kind. On the contrary, such action is likely to induce an even more adamant attitude on their part. The Communists reason that their opponents would not accept any part of Communist proposals if any other choice were available. Communists expect their opponents to accept their proposals only when *compelled* to do so, or when an exchange of concessions by each side is involved. Therefore, if Western negotiators simply agree to a Communist proposal without insisting on an equal concession on another point, the Communists conclude that their opponents are in a weak general position. With this conclusion in mind, the Communists become more aggressive, demanding more, and conceding nothing.

Communists will never accept a Western proposal, or recede from one of their own, simply because logic or truth indicated such action, or

차이가 없다. 만일 그렇다면, 공산주의자들은 그저 당신의 해석이 옳지 못하다고 언명한다.

중국이 그런 '창의적 해석'으로 바라는 것은 경제 제재의 방식에 대한 합의를 위한 또 한 차례의 협상으로 제재의 시작을 늦추는 것이다. 조이 제독은 예지적이었다.

자유가 거대한 세계 갈등에서 승자가 되려면, 협상이 자유의 목적에 가장 잘 봉사할 때에, 그리고 오직 그럴 때에만, 우리는 공산주의자들과 협상에 들어가야 한다. 우리는 적이 그렇게 하기를 원한다는 이유만으로 협상을 해선 안 된다.

도덕적 접근

중국 정권의 속셈이 그러하므로, 한국으로선 중국의 정책에 대응하기 힘들다. 그러나 진정한 문제는 그런 실제적 어려움에 있는 것이 아니라 한국 사회 전반에 퍼진 낮은 도덕성에 있다. 원칙들을 지킬 도덕적 능력의 결여, 무자비한 이웃들에 대한 부끄러운 줄 모르는 굴종, 자신이 받은 도움에 대해 배은, 그리고 동맹국에 대한 배신—이 모든 특질들을 한국은 남중국해 문제와 관련해서 보였다. 그런 도덕성의 결여에선 좋은 정책이 나올 수도 수행될 수도 없다. 한국의 위기는 본질적으로 도덕적 위기다.

merely to make progress in a conference. Accordingly, they will not credit their opponents with being motivated by logic or by a sincere desire to make progress. Whenever Western negotiators make a concession to Communist views for the purpose of making progress, Communists consider this action as evidence of a deteriorating Western position. Therefore, they press even more strongly for further concessions, and become more confident that time plays on their side.

China will never willingly participate in the economic sanctions against North Korea. So it tries to weaken them by "creative interpretation". Recently Chinese foreign minister declared that economic sanctions against North Korea should be collectively made and that any individual country should not implement them by itself.

Communists are not embarrassed in the least to deny an agreement already reached. It makes little difference that such agreements may be in written form. If so, the Communists simply state that your interpretation is an incorrect one.

What China wants to get through such "creative interpretation" is another round of talk on the method of economic sanctions, thereby delaying the onset of sanctions. Admiral Joy was prescient.

If freedom is to be the victor in the great world conflict, we should enter negotiations with Communism when, and only when, negotiations serve the cause of freedom best. We must not negotiate merely because the enemy wants to do so.

당장 할 수 있는 것은 북한 정권의 유지와 핵무기 개발 사이엔 유기적 연관이 없다고 중국을 설득하는 일이다. 북한의 핵무기 개발은 중국과 미국 사이의 관계를 뒤흔들어서 미국을 따라잡을 시간을 벌려는 중국의 기본 전략에 방해가 된다는 점도 지적해야 한다.

한국은 또한 중국에 지적해야 한다, 북한이 이미 통제하기 힘들어졌고 앞으로는 더욱 그러하리라는 것을. 중국은 파키스탄과 북한을 자유 세계가 중국이라는 용 둘레에 친 봉쇄망을 찢는 두 뿔로 키웠다. 그러나 그런 뿔들은 머리에 비해 지나치게 커지고 그물에 너무 자주 엉키는 경향이 있다.

근본적 대응은 도덕적 접근이다. 악한 국가의 핵무기 개발을 돕는 것은 더할 나위 없이 부도덕하다는 점을 중국에 강조하는 것이다. 이런 도덕적 고려를 바탕으로 삼아야 우리 외교는 효과적일 수 있다. 현실정치의 영역인 외교엔 도덕이 들어설 자리가 없다는 생각이 널리 퍼졌지만, 그런 통념은 피상적 관찰에 바탕을 두었다. 도덕심은 사람의 천성이어서, 도덕은 모든 일들에서 판단을 인도하는 원리다. 외교라고 예외일 리 없다.

'도덕 무기'의 중요성을 깊이 이해한 지도자는 우드로우 윌슨 대통령이니, 당시 비현실적 이상이라 여겨진 민족자결주의는 이내 기본적 국제 질서로 자리잡았다. 공산주의 이상향을 지향한다고 알려진 코민테른(국제공산당)은 한때 온 세계에 열렬한 추종 세력을 거느렸고 덕분에 코민테른을 움직인 소련은 큰 이익을 얻었다. 근년에는

Moral Approach

The Chinese communist regime's intentions being such, Korea finds it difficult to respond to Chinese policies. But the real problem does not lie with such practical difficulties but with the low morality that pervades the whole Korean society. The sheer inability to uphold the principles, the shameless cowardice before ruthless neighbors and the ingratitude for the help received, and unfaithfulness towards allies – all these traits Korea revealed in connection with the South China Sea issue and the THAAD issue. From such deficient morality no good policy could issue or be implemented. Korea's crisis is essentially a moral crisis.

What Korea could do right now is to convince China that there is no logical link between the nuclear weapons development of North Korea and the survival of North Korea as a state. It should also point out to China that the North Korean nuclear program causes rifts in Sino-American relations, disrupting China's basic strategy of biding its time to catch up to the US.

Korea should also point out to China that North Korea has become harder to control and would become the more so. China reared Pakistan and North Korea as two horns of the dragon that is China to tear up the net of encirclement devised by the free world under the leadership of the US. But such horns have a tendency to grow too big for the head and be entangled in the net.

The essential approach is a moral approach. Korea must drive home the fact that there is nothing more immoral than aiding a rogue state to develop nuclear weapons. Only when Korea starts from

국제적 여론으로 남아프리카의 인종차별 정권이 무너졌고 미얀마의 압제적 군부 정권이 민주화에 동의했다. 무엇보다도, 로널드 레이건 대통령이 냉전에 도덕적 차원을 더해서 "사악한 제국" 소련을 무너뜨린 것은 도덕적 접근의 강력함을 일깨워준다.

이번에 국제연합이 북한에 대한 강력한 경제 제재를 의결한 것도 궁극적으로는 도덕의 힘에서 나왔다. 북한의 핵무기 개발을 돕는 것이 부도덕하다는 판단이 다른 고려 사항들을 압도했기 때문에, 북한과 계속 거래하는 것이 현실적으로 유리한 중국과 러시아도 어쩔 수 없이 동참했다. 비록 도덕은, 제10장에서 설명된 것처럼, 공산주의자들에겐 다른 뜻을 지니지만, 그들도 개인적으로는 도덕심을 지녔다.

북한의 핵무기 개발은 원래 중국의 기술과 자금으로 시작했고 뒤에 파키스탄의 기술적 도움을 받았다. 파키스탄의 핵무기 개발도 중국이 원조했으므로, 북한 핵무기에 대한 중국의 도덕적 책임은 총체적이다. 우리의 대중국 외교는 그 점을 강조하는 것에서 시작해야 한다. 개인이든 국가든, 도덕은 궁극적으로 약자를 지킨다.

남중국해와 한반도에 드리운 중국의 그림자는 멀지 않아 온 세계에 드리울 것이다. 그 그림자가 더 음산해지는 것을 막는 일은 21세기에 평화롭고 번영하는 인류 사회를 보장하는 데 결정적임이 드러날 것이다.

이 힘든 과업에서 자유주의 국가들은 외교와 전쟁이, 클라우제비

the basis of such moral considerations can its diplomacy succeed. Although the perception that morality has no place in the world of realpolitik is widespread, such perception is based on superficial observations. Morality is the nature of human beings and so it guides our decisions in all areas. Diplomacy is no exception.

President Woodrow Wilson best understood the significance of 'moral weapons'. His idea of self-determination, considered an unrealistic ideal at the time, has soon been accepted as a basic rule of the international order. The Comintern, known as an organization that pursued the communist ideals, once boasted devout supporters all across the world and so the Soviet Union, which manipulated the Comintern from behind, gained many benefits. In recent years, the South African apartheid regime collapsed and Myanmar's oppressive military junta agreed to democratization under the weight of international opinion. Above all, President Ronald Reagan's victory over the "Evil Empire" by adding a moral dimension to the Cold War speaks to the power of the moral approach.

The latest economic sanctions against North Korea the UN managed to pass also ultimately came from moral strength. As the immorality of aiding North Korea in its nuclear weapons development overwhelmed other concerns, China and Russia, despite standing to gain from continuing to deal with North Korea, were forced to participate. Though morality has a different meaning to the communists as explained in chapter 10, they still have the moral sentiment as individuals.

The North Korean nuclear program was initially established with

츠적 뜻에서나 경기이론적 뜻에서나, 동질적이라는 사실을 늘 기억해야 한다. 그래서 압도적으로 우세한 전체주의 군대를 맞아 끝내 승리한 지휘관의 충고는 그리도 적절하다. 윌리엄 슬림 원수는 그의 회고록 《패배에서 승리로》에서 충고했다, "두 작전 경로들에 관해서 확신할 수 없으면, 장군은 더 과감한 쪽을 골라야 한다."

2017년 봄 복거일

the help of Chinese technological and financial assistance, and later was aided technologically by Pakistan. Since China also underwrote Pakistan's nuclear development, China could be considered wholly responsible for North Korea's development of nuclear weapons. Korea's China policy must begin with a reaffirmation of that fact. Whether it be individuals or states, morality ultimately protects the weak.

The shadow China casts over the South China Sea and the Korean peninsula will soon fall across the entire world. Preventing that shadow from becoming more sinister will prove decisive in ensuring a peaceful and prosperous global community in the 21st century.

In this arduous task, the liberal democracies should always remember that diplomacy and war are homogeneous both in the Clausewitzian sense and in the game-theoretic sense. And the advice offered by a commander who had opposed superior totalitarian forces and eventually repulsed them is so apt here. In his memoirs Defeat into Victory British Field Marshall William Slim said, "When in doubt as to two courses of action, a general should choose the bolder."

Spring of 2017, Geoil Bok

서문

이 책은 빠르게 늘어나는 중국의 영향력에 한국의 주권이 점점 자주 그리고 깊이 침해되는 현상을 다룬다. 이 현상은 살피는 사람들에겐 그냥 넘기기 어려울 만큼 뚜렷해졌고, 앞으로 중국의 힘이 커지면서 점점 심각해질 것이다.

지금까지 중국에 관한 논의는 주로 경제적 측면을 다루었다. 중국의 빠른 경제성장이 우리 경제에 큰 영향을 미쳐왔으니, 자연스럽다. 그러나 중국이 우리 사회에 제기하는 문제는 경제적 영향을 훌쩍 넘는다.

두 나라의 힘이 비대칭적이면, 둘 사이의 관계도 당연히 비대칭적이 된다. 이제 중국과 우리나라 사이의 관계에서 나온 비대칭은 전반적이다. 우리 사회가 초강대국이 된 중국에 유화적으로 대하는 것은 적응적 행태이므로, 우리 시민들은 그런 변화에 심리적으로 적응하게 된다. 그런 심리적 적응은 어쩔 수 없이 도덕적 차원의 변화를 부

Preface

This book deals with the rapidly increasing influence of China and its consequential encroachment, growing in both frequency and extent, upon Korean sovereignty. This phenomenon has become impossible to ignore for those with watchful eyes and it will continue to intensify as China grows even more powerful.

Up until now, most discussions regarding China have been conducted in an economic perspective. This is natural as China's rapid economic growth has so greatly affected Korea's economy to the present day. However, the problems China poses in the Korean society far exceeds the boundaries of economic sphere.

If the power between two countries is asymmetrical, so are their relations. The asymmetry in the relations between China and Korea is now general. Since the appeasing attitude of Korean society towards China that has become a superpower is by nature an adaptive response, Korean people are psychologically adapting to the transition. Such psychological process is inexorably accompanied by

른다.

이런 상황은 언뜻 보기보다 훨씬 위험하다. 우리 사회가 겪는 이러한 적응적 변화가 오래 진행된다면, '핀란드화(Finlandization)'라 불리는 상황이 나올 수 있다. 즉 중요한 일들에서 스스로 결정하지 못하고 강대국의 뜻을 먼저 살피는 상황이다. 그런 상황이 나오지 않도록 하려면, 우리는 먼저 중국과의 관계에 대해 깊이 생각해야 한다.

우리와 강대국 사이에 존재하는 비대칭적 관계는 우리 시민들에겐 성찰하기 괴로운 주제다. 그래서 외면하려는 경향이 뚜렷하다. 그러나 어떤 사회도 외면에 바탕을 두고 앞날을 설계할 수는 없다.

2009년 가을

복거일

a change in the moral dimension.

This situation is much more dangerous than appears at first sight. Should the adaptive transition of the Korean society prolong itself, a phenomenon called ‘Finlandization’ may come to occur. In other words, Korea may end up losing the ability to make decisions on its own, having to first consult the intentions of a major power. In order to avoid such a prospect, Korean citizens must now examine their country’s relationship with China.

Such asymmetrical relationship with a powerful neighbor is a painful affair for Korean people to reflect upon. Consequently, there is an unmistakable tendency among Koreans to disregard it. Nevertheless, no society can design its future based upon a disregard of the reality.

Autumn of 2009 Geoil Bok

제1장 중국의 경제발전

근년에 중국은 빠르게 강대국으로 성장했다. 한 세대 전만하더라도, 중국은 땅이 넓고 인구도 많지만 아주 압제적이고 가난한 나라였다. 이제 중국은 세계에서 인구가 가장 많고, 경제가 가장 빠르게 성장하고, 저축을 가장 많이 하고, 둘째로 큰 소비시장이고, 둘째로 많은 군사예산을 쓴다. 거의 모든 면에서 중국은 미국 다음으로 크고 중요한 나라다. 그리멀지 않은 장래에 미국을 제치고 가장 강대한 나라가 되리라는 전망도 자주 나온다.

중국의 그런 변신을 떠받친 것은 물론 빠른 경제성장이다.중국 경제는 지난 30년 동안 9퍼센트가 넘는 연간성장률을 누렸다. 그래서 개인 소득은 거의 7배 늘었고, 4억 명이 넘는사람들이 가난에서 벗어났다. 여러 가지 부정적 효과들이 따랐지만, 이것은 역사상 가장 큰 경제적 성취다.

중국의 그런 경제발전은, 다른 모든 성공적 경제성장의 사례들과

Chapter 1

Economic Development of China

China has recently developed into a major power at a rapid pace. Only a generation ago, China was an oppressive and poor country, despite its large population and vast territory. Now, China has the largest population, the fastest growing economy, the largest savings, the second largest consumer market, and the second largest military budget in the world. In nearly every perspective, China is one of the most powerful and important countries on the planet, probably second only to the United States. Outlooks that speak of China overtaking the United States in the near future and eventually ascending to the greatest global power have become easier to find.

This transformation of China was undoubtedly made possible by its rapid economic growth. The Chinese economy has enjoyed annual economic growth rates of above nine percent for the past three decades. This has increased average personal income sevenfold and helped more than four hundred million people escape from poverty. Various negative side effects followed, but this is

마찬가지로, 경제를 자유롭게 만든 데서 비롯했다. 중국은 사회주의 체제 아래서 가난과 굶주림에 시달렸다. 모든 농토를 집단농장들로 편성한 일은 특히 큰 재앙을 불러서, 수천만 명이 굶어 죽었다. 마침내 1978년에 그런 사회주의 경제체제로부터 벗어나려는 움직임이 일었다.

경제개혁은 모든 분야에서 시작되었지만, 개혁이 먼저 성공한 곳은 농촌에서였다. 집단농장 제도를 없애고 농민들이 자신의 수확을 갖도록 하자, 농업생산은 갑자기 늘어났다. 농촌에서의 성공은 개혁에 큰 운동량을 주어서, 개혁이 다른 분야들로 확산되도록 도왔다.경제개혁이 농촌에서의 성공에 큰 힘을 입었지만, 애초에 농촌에서의 개혁이 중앙정부의 정책에 따라 나온 것은 아니었다. 처음에 개혁을 추진한 집권세력은 농촌경제의 구조적 개혁에 대한 뚜렷한 복안이 없었다. 집단농장을 없애려는 생각도 없었다. 주도적으로 개혁에 나선 쪽은 절박한 처지로 몰린 농민들이었다.

작은 시작이 이 대대적 개혁을 일으켰다: 작은 시골 마을거주자들의 비밀 회동.

1978년이 되자, 중국 안휘성(安徽省) 샤오강(小崗) 마을의 농민들은 절망에 부딪혔다.

그들이 집단적으로 일하던 집단농장은 기능하지 못했다. 중국의 곡창으로 알려진 안휘성은 나라에서 가장 기름진 땅의 상당 부분을 포함한다. 그러나 샤오강의 스무 가구들은 자신들이 먹고살 만한 쌀도 생산하지 못하고 있었다. 그들은 다른 지역들에서 구걸해야 하는

nonetheless the greatest economic achievement in history.

China's economic growth has its roots in freeing up the economy, as in all other successful cases of economic development. China had suffered from poverty and hunger under the socialist economic system. Organizing all its agricultural land into collective farms had been especially disastrous, causing tens of millions to starve to death. In 1978, there finally arose a movement to break away from the socialist economic system.

Economic reform took place in all realms, but early success was scored from agricultural areas. After dispensing with the collective farm system and thereby allowing farmers to keep what they produced, agricultural output suddenly increased. The success in the agricultural sector provided great momentum to the reform and helped it spread to other sectors as well.

Although China's economic reform owes much of its initial strength to the successes in agricultural communities, the reform in rural areas had never been actually a result of any government policy. Those in power who first promoted reform had never really had a clear-cut plan for structural transformation of the agricultural sector. They did not have any intention to abolish the collective farm system either. Those who took the initiative in agricultural reform were farmers driven into desperate situations.

> A tiny beginning sparked this massive reform: a clandestine meeting of the householders in a small rural village. Desperation had hit the farmers of Xiaogang village in China's Anhui province by 1978. The commune on which they worked collectively was dysfunctional. Known

처지가 되었다. 날씨가 좋지 않은 해들엔 그들은 굶주렸다.

체포가 두려웠으므로, 마을 사람들은 몰래 모여서 집단농장의 토지를 자신들에게 배분하기로 합의했다. 그들은 세 부분으로 이루어진 결의를 했다. 첫째, 그들이 정부의 정책을 어기고 있었으므로, 개별 가구들에 땅을 나누어주는 계약은 엄격한 비밀로 지켜져야 했다. 그것은 어떤 외부인에게도 알려지지 않아야 했다. 둘째, 그들은 정해진 양의 쌀 세금을 국가에 계속 바치기로 했다. 셋째, 그들 가운데 누가 감옥에 갇히면, 다른 사람들이 그들의 자식들을 열여덟 살이 될 때까지 키우기로 했다.

> 그들은 그 약속을 그들의 엄지 도장으로 서명했다.
>
> 빠른 반전이 뒤따랐다. 샤오강의 농민들은 이내 보다 생산적이 되었다…….
>
> 벼를 심은 땅의 양은 한 해 만에 거의 곱절이 되었고 마을은 소비량보다 많은 쌀을 생산하게 되었다.
>
> 그들의 비밀 서약에도 불구하고, 말은 새어나갔다. 농민들자신보다 집단농장의 경작의 비효율을 더 잘 아는 사람은 없었다. 중국 전역에서, 농민들은 바뀔 준비가 되어 있었다. 다른 마을들에서의 집단농장의 불법적 해체와 함께, 그 운동은 빠르게퍼졌다. — 존 맥밀런(John McMillan), 《시장의 재발명(*Reinventing the Bazaar*)》

이런 농민들의 자발적 개혁은 처음엔 정부의 억압을 받았다. 자

as the granary of China, Anhui contains some of the nation's most fertile land. But Xiaogang's twenty families were not producing enough rice to feed themselves. They had been reduced to relying on begging in other regions. In years of unfavorable weather they starved.

Fearful of being arrested, the villagers met secretly and agreed to parcel out the communal land among themselves. They made a three-part resolution. First, as they were flouting government policy, the contracting of land to individual households was to be kept strictly secret; it was not to be divulged to any outsider. Second, they would continue to deliver the stipulated amount of rice taxes to the state. Third, if any of them were jailed, the others would raise their children until they were eighteen years old. They signed the pact with their thumbprints.

A rapid turnaround followed. The farmers of Xiaogang immediately became more productive... The amount of land planted in rice nearly doubled in one year, and the village began producing a rice surplus...

Words got out, despite their oath of secrecy. No one understood the inefficiencies of communal farming better than the farmers themselves. All over China, farmers were ready to change. With wildcat breakups of communes in other villages, the movement quickly proliferated.

- from *Reinventing the Bazaar* by John McMillan

Such spontaneous reform by farmers was suppressed by the government at first. Local officials, who realized that their privileges and benefits would disappear should the reform succeed, retaliated against the farmers of Xiaogang by suspending supply of seeds, fertilizer, and pesticides. Eventually, however, the central Chinese government found the success of the farms a desirable momentum

신들의 권력과 특혜가 사라지리라는 것을 깨달은 지방관료들은 씨앗, 비료, 살충제와 같은 자원의 공급을 중단함으로써 샤오강 농민들에게 보복했다. 다행스럽게도, 당시 개혁을 추진하던 중국 중앙정부가 농촌에서의 성공에서 좋은 계기를 발견하고, 이를 지원하기 시작했다.

집단농장 체제를 보다 나은 체제로 바꾸려는 갖가지 실험은 결국 농가에 농지를 나누어주는 방안으로 진화했다. 농가들은 나누어 받은 농지를 경작하고 수확의 일정 비율을 집단농장에 바치는 계약을 집단농장 책임자들과 맺었다. 이런 조치는 실질적으로 농지를 개인들이 소유하고 정부에 세금을 내는 전통적 농촌경제로 회귀한 것이다.

농업에서의 큰 성공은 경제개혁에 힘을 실어주었다. 아울러 공업과 상업의 개혁에 모형을 제공했다. 그 뒤로도 저항이 끊임없이 나왔지만, 경제개혁은 대세가 되었다.

for their on-going attempts at reform, and began to support it.

Various experiments to improve the collective farm system finally evolved into a method of distributing arable land to family units. In turn, these families established contracts with the officials in charge of the collective farms. These contracts required that each family cultivate the land and pay a certain portion of their harvest to the collective farms, but allowed them to keep the rest of the crop. These measures essentially marked a return to the traditional system of private farm ownership and taxation by the government.

The successful reform in agriculture gave the economic reform a great boost. It also provided a framework for industrial and commercial reform. Afterwards, despite continued resistance, economic reform had become a general trend.

제2장 경제발전의 바탕과 전망

이처럼 중국의 경제발전은 경제 분야의 자유화에 힘을 입었다. 자유화가 경제발전의 비결이라는 사실은 중국의 경험 이전에 이미 충분히 증명되었다. 경제 분야의 자율성이 유럽에서 처음 자본주의가 자라나고 경제가 발전하도록 만든 요소라는 점에 대해서는 경제학자들 사이에 너른 공감대가 존재한다.

> 서양의 지속적 경제성장은 정치적·종교적 통제로부터 높은 정도로 자율성을 지닌 경제 분야가 나타나면서 시작되었다. 일관되고, 완전히 통합된 후기 중세의 봉건사회로부터 18세기 유럽의 다원사회로의 바뀜은, 경제만이 아니라 과학, 미술, 문학, 음악, 그리고 교육을 포함하는, 삶의 모든 분야들에서 정치적·교회적 통제의 완화를 품었다. — 네이선 로젠버그(Nathan Rosenberg)·버드젤(L. E. Birdzell Jr), 《서양은 어떻게 부유해졌나(*How the West Grew Rich*)》

Chapter 2

Foundation of China's Economic Growth and Its Prospects

In this manner, Chinese economic development was propelled by liberalization of the economy. In fact, it had already been sufficiently proved that liberalization was the secret recipe to any economic development before China's experience. There exists a wide range of agreement among economists that autonomy was what initially stimulated the growth of capitalism in Europe and later resulted in a high level of economic development there.

> The West's sustained economic growth began with the emergence of an economic sphere with a high degree of autonomy from political and religious control. The change from the coherent, fully integrated feudal society of the late Middle Ages to the plural society of eighteenth-century Europe implied a relaxation of political and ecclesiastical control of all spheres of life, including not only the economy, but also science, art, literature, music, and education.
>
> - from *How the West Grew Rich* by Nathan Rosenberg and L. E. Birdzell Jr

경제 분야에 대한 정치적·종교적 통제의 완화는 여러 가지 형태를 띠었다. 가장 기본적인 변화는 정치권력이 정한 가격에 의한 교역들이 줄고, 대신 규제되지 않은 시장가격에 의한 거래가 늘어난 것이었다. 자유로운 거래의 증가는 이익을 늘려서 상인 계층이 자라나도록 했다. 정부와 동업조합(guild)의 통제가 느슨해지면서, 새로운 기업들이 많이 나타났다.

이런 변화는 12세기 이탈리아에서 시작되었는데, 그것을 부른 것은 규제를 덜 받는 제조와 교역의 기회를 찾아 나선 진취적 상인들과 기술자들이었다. 바로 여기에 유럽만이 과학혁명을 이루고 자본주의를 제대로 발전시킨 비밀이 있다. 당시 유럽 문명은 경제 규모나 기술 수준에서 중국 문명이나 이슬람 문명보다 나을 바가 없었다. 그러나 유럽의 정치구조에는 진취적인 상인들과 기술자들이 비교적 자유롭게 활동할 틈새가 있었다. 중국이나 이슬람 문명권과는 달리, 로마제국 이후의 유럽은 작은 나라들로 잘게 나뉘어졌다. 그래서 재능과 아이디어와 자본을 놓고, 여러 나라들 사이에 경쟁이 나왔고, 그런 경쟁은 상인들이나 기술자들이 자유롭게 활동할 공간을 제공했으며, 마침내 자율적인 경제 분야가 나오도록 했다. 이런 사정은 또한 과학과 예술과 같은 다른 분야들이 자율성을 갖추도록 도왔다.

이런 견해는 미국 지리학자 제레드 다이아몬드(Jared Diamond)에 의해 '최적 분열 원리(Optimal Fragmentation Principle)'라는 이름으로 일반화되었다.

The easing of political and religious control over the economy took many forms. The most fundamental change was the decrease in the amount of trade based on prices controlled by political authorities and an increase in transactions based on unregulated market prices. The increase in profit brought about by the rise of free trade encouraged the formation of a merchant class. As the control by governments and guilds loosened, a number of new enterprises began to emerge.

Change of this nature began first in 12th century Italy, which was brought about by adventurous merchants and artisans seeking opportunities for less regulated manufacturing and trade. Here lies the secret which enabled no other region but Europe to achieve the Scientific Revolution and remarkable development of capitalism. At the time, European civilizations were no better off in terms of economic scale or technological advancement than those of China or Islam. However, Europe's unique political structure gave room in which progressive merchants and artisans could operate with relatively greater freedom. Unlike the Chinese and Islamic civilizations, Europe remained fragmented after the fall of the Roman Empire. Various nations competed for talent, innovation, and capital. And this competition provided merchants and artisans a stage to freely work on, eventually leading to the emergence of an autonomous economic sector. These circumstances also helped other sectors such as science and art to gain autonomy.

This view was theorized by the American geographer Jared Diamond, based on the concept of 'Optimal Fragmentation Principle.'

유럽이 중국을 따라잡은 일의 근본적 이유는 대부분의 역사가들에 의해 제안된 근접적 요인들보다(예컨대, 중국의 유교대 유럽의 유대기독교적 전통, 서양 과학의 일어남, 유럽의 중상주의와 자본주의의 일어남, 영국 삼림의 사라짐과 석탄 매장량과의 결합 따위) 깊은 무엇이라고 나는 제안했다. 이들과 다른 근접 요인들 뒤에서, 나는 '최적 분열 원리'를, 즉 중국이 일찍 통일되고 그 뒤로 대체로 통일 상태를 유지하도록 했고 유럽은 항상 분열되도록 한 궁극적인 지리적 요인을, 보았다.

유럽의 분열은 국가들 사이의 경쟁을 함양하고 혁신가들에게 대안적 지원자들과 박해로부터의 피난처들을 제공함으로써 기술, 과학, 자본주의의 발전을 북돋았고, 중국의 통일은 그렇게 하지 않았다. —제레드 다이아몬드, 《총, 균, 쇠(*Guns, Germs, and Steel*)》

1949년에 중국 공산당이 국공내전에서 승리한 후, 이내 시도한 사회주의는 중국의 전통적 질서인 중앙집권적 체제를 극단적으로 추구한 셈이다. 샤오강 마을의 농민들이 시작한 작은 개혁은 그런 전통에 대한 성공적 반란의 시초였다.

역사상 가장 성공적인 경제발전을 이루었다는 칭송을 듣지만, 중국 공산당 정권 전체가 경제개혁에 대해 늘 호의적이었던 것은 아니다. 정권 안에는 개혁에 회의적이거나 저항적인 세력이 다소간 있었다. 그리고 경제개혁은 정권의 권력 독점을 위협하지 않는 방식으로 이루어졌다. 그래서 경제개혁은 점진적이었고 부분적이었다.

I suggested that the underlying reason behind Europe's overtaking China was something deeper than the proximate factors suggested by most historians (e.g., China's Confucianism vs. Europe's Judeo-Christian tradition, the rise of western science, the rise of European mercantilism and capitalism, Britain's deforestation coupled with its coal deposits, etc.). Behind these and other proximate factors, I saw an "Optimal Fragmentation Principle": ultimate geographic factors that led to China becoming unified early and mostly remaining unified thereafter, while Europe remained constantly fragmented. Europe's fragmentation did, and Chin's unity didn't, foster the advance of technology, science, and capitalism by fostering competition between states and providing innovators with alternative sources of support and havens from persecution.

- From *Guns, Germs, and Steel* by Jared Diamond

The socialism, which the Chinese Communist Party implemented after emerging victorious from the Chinese Civil War in 1949, was an extreme pursuit of centralized government, the traditional form of Chinese order. The small reform instigated by the farmers of Xiaogang was the beginning of a successful rebellion against such tradition.

Although praised for the greatest economic success in history, not the entirety of the Chinese Communist Party had always been favorable to economic reform. There were forces within the party that were skeptical of or downright opposed to reform. And the reform took place in a manner that would not threaten the government's monopoly on power. As a result, economic reform

대폭발 대신, 베이징은 점진적 접근을, 나로선 분모를 키우는 전략이라고 부르고 싶은 것을, 골랐다. 이내 모든 비효율적 기업들을 폐쇄하고, 상환이 불가능한 대출을 끊고, 대규모 민영화를 시행하는 대신, 베이징은 손실을 내는 이들 분야들을 중심으로 경제를 키워 시간이 지나면서 나쁜 분야들이 전체 경제(분모)의 점점 더 작은 부분이 되는 정책들을 채택했다. 이렇게 함으로써, 베이징은 자신의 문제들을 차츰 풀어갈 시간을 벌었다. 대부분의 전문가들이 촉구한 지 십 년이 된 이제야 베이징은 은행들과 금융 부문을 정화하기 시작했고, 전문가들이 추천한 것보다 훨씬 느린 속도로 그렇게 하고 있다. 오늘날, 베이징은 그런 개혁들을 규모에서 곱절이 되고 상당히 다양화한 경제의 맥락에서 시행할 수 있다. 그것은 중국적 특질들을 지닌 자본주의다. — 패리드 자카리아(Fareed Zakaria), 《미국 이후의 세계(*The Post-American World*)》

성공은 비판하기 어렵다. 중국의 경제적 성취가 워낙 눈부셔서, 중국 정부의 경제정책에는 현명함의 후광이 어린다. 그래도 중국 정부의 경제정책에 경제학 이론에 따른 경제적 판단보다는 정권의 생존을 위한 정치적 결정이 훨씬 크게 작용했다는 사실은 지적되어야 할 것이다.

경제정책이 그렇게 마련되고 시행되었으므로, 중국은 정치적 자유라는 형태로 큰 대가를 치렀다. 동유럽의 공산주의 국가들은 경제적 자유와 풍요보다는 러시아로부터의 독립과 정치적 자유를 훨씬 더 갈망했다. 그들은 대부분 독립과 자유를 얻었지만, 새로운 정치제도를 만드는 과정에서 나온 혼란 때문에 큰 경제적 어려움을 겪었다.

was gradual and partial.

> Rather than a big bang, Beijing chose an incremental approach, one that I would call a grow-the-denominator strategy. Instead of immediately shutting down all inefficient enterprises, ending bad loans, and enacting large-scale privatization, it adopted policies that grew the economy around these loss-making areas, so that over time bad areas become a smaller and smaller part of the overall economy (the denominator). By doing this, Beijing bought time to solve its problems gradually. Only now is it starting to clean up its banks and financial sector, ten years after most experts urged it to, and it is doing so at a far slower pace than experts recommended. Today, it can implement such reforms in the context of an economy that has doubled in size and diversified considerably. It's capitalism with Chinese characteristics.
>
> \- From *The Post-American World* by Fareed Zakaria

Success is difficult to criticize. China's economic achievement is so dazzling that the economic policies of the Chinese government wear the aura of wisdom. It should be noted, however, that the economic policies of the Chinese government were much more influenced by political considerations to assure the survival of the Communist Party rather than by any economic judgments in accordance with economic theories.

China paid a dear price in terms of its political freedom because of the manner in which its economic policies were conceptualized and implemented. Former communist countries in Eastern Europe had desired independence from Russia and political freedom more desperately than economic liberty and affluence. Most of them

중국 인민들은 기대를 훌쩍 뛰어넘는 경제적 자유와 풍요를 누린다. 그러나 그들은 아직 정치적 자유를 얻지 못했고, 무척 권위주의적이고 부패한 정권의 압제적 통치를 받는다.

아마도 지금 거의 모든 사람들이 중국이 걸은 길이 훨씬 낫다고 여길 것이다. 그러나 중국의 경험이 동유럽의 경험보다 나은 개혁모형을 제시한다고 믿을 근거는 보기보다 약하다.

중국과 동유럽은 역사적 정황이 크게 다른 데다, 사회주의 체제에서 자유주의 체제로의 전환과 같은 큰 변혁은 경로종속(path-dependence)이 무척 클 수밖에 없다.

사정이 그러하므로, 중국 경제의 큰 활력에도 불구하고, 아직 제대로 개혁되지 않은 부분들이 상당히 많다. 이런 구조적 문제들은 중국 경제의 약점이다.

> 근년에, 중국이 맞은 가장 날카로운 도전들은 사회주의 명령경제에서 시장경제로의 전환과 관련된 것들이었다. 오늘날, 시장 전환의 초기 도전들 가운데 다수가 극복되었다. 이제 시장은 중국에서 압도적인 경제기구다. 그런 결과로, 전환의 도전들은 점차 발전의 도전들로 대치되고 있다. 인적 기술들과 물리적 기본 시설에 대한 투자의 필요, 효과적인 기구들을 창조할 필요, 그리고 국민들 가운데 혜택을 덜 누리고 취약한 부문들을 보호할 필요. 이들 새로운 도전들은 아직 심각하다.
>
> 그것들은 먼저 나왔던 전환의 도전들보다 꼭 다루기 쉬운 것은 아니다. — 배리 노턴(Barry Naughton), 《중국 경제: 전환들과 성장(*The Chinese*

did attain independence and freedom, but suffered from economic difficulties because of the chaotic transition in which they sought to establish a new political system. The Chinese people came to enjoy an amount beyond expectations of economic freedom and wealth, but they have yet to achieve political freedom and are oppressively ruled by an authoritarian and corrupt government.

Most people would now regard that the path China took was better. However, the grounds on which it can be said that China's experience presents a superior model for reform than that of Eastern Europe is weaker than it may look. China and Europe have different historical backgrounds, and a large-scale change such as a system's transition from socialism to liberalism cannot help being heavily path-dependent.

Due to these circumstances, the Chinese economy, despite its recent vitality, still includes quite a number of components that are not properly reformed. These structural problems are the Achilles' heel of the Chinese economy.

> In the recent past, the sharpest challenges that China faced were those relating to the transition from a socialist command economy to a market economy. Today, many of the initial challenges of market transition have been overcome. The market is now the predominant economic institution in China. As a result, the challenges of transition are gradually being replaced by the challenges of development: the need to invest in human skills and physical infrastructure, the need to create effective institutions, and the need to protect underprivileged and vulnerable sections of the population. These new challenges are still severe; they are not necessarily easier to handle than the earlier challenges of transition.

Economy: Transitions and Growth)》

미국 경영학자 황야성(黃亞生)은 중국의 경제개혁이 1990년대에 방향을 잘못 잡았다고 지적한다. 그는 1980년대엔 농촌지역에서 기업들이 활발하게 움직였으나 1990년대엔 정부가 도시지역에 유리하게 경제를 이끌어서 농촌기업들이 많이 사라지고 경제의 활력이 줄어들어서 사회적 문제들이 커졌음을 실증적으로 밝혔다. 경제에서 차지하는 정부의 몫이 증가하는 추세는 중국이 풀어야 할 어려운 정치적 문제다.

그러나 예측 가능한 미래에 중국 경제가 활력을 크게 잃을 이유는 보이지 않는다. 모든 지표들은 중국 경제가 활력을 잃지 않고 계속 빠르게 성장하리라는 점을 가리킨다. 그런 지표들 가운데 하나는 기반시설에 대한 투자다. 좋은 기반시설은 경제발전에서 결정적 역할을 한다. 지금 항공, 전기, 전화, 도로와 같은 기반시설에 대한 투자에서 중국은 단연 앞선다. 근년에 중국은 기반시설에 국내총생산액(GDP)의 12퍼센트가량을 쓰는 바, 이 수치는 철도건설이 절정을 이루었던 1840년대 영국이 국내총생산액의 5퍼센트가량을 기반시설에 투자한 것과 대비된다.

이처럼 경제가 활기차게 성장한다면, 정치 분야의 개혁도 혼란스럽지 않게 이루어질 수 있다. 공산당 정권이 권력을 독점한 중국의 정치체제는 상당히 불안하다. 경제가 발전하고 시민들의 소득과 경제적 자유가 늘어나면, 정치적 자유에 대한 욕구는 가파르게 커질 것

- from *The Chinese Economy: Transitions and Growth* by Barry Naughton

Huang Yasheng, an American economist, says that the Chinese economic reform took a wrong turn during the 1990s. He proved with corroborative evidences that enterprises had vigorously operated in rural areas during the 1980s, but due to the government policy favoring urban development, a large number of rural area-based companies disappeared, economic vitality decreased, and social problems grew bigger in the 1990s. The tendency of government's growing share in the economy is a difficult political issue China will have to resolve.

However, no apparent reason is found to predict that the Chinese economy would experience a serious loss of vitality for the foreseeable future. All the signs indicate that the Chinese economy will continue to grow rapidly, and one such sign is investment in infrastructure. Solid infrastructure plays a decisive role in economic development. China currently outruns the others by far in investment on infrastructure such as air transportation, electricity, telephone lines, and roads. In recent years China spends about twelve percent of its GDP on infrastructure, whereas Britain in the 1840s, during the peak of her railroad construction, invested a mere five percent of its GDP on infrastructure.

If the economy grows as vigorously as this, political reform could be undertaken without too much disorder and confusion. The Chinese political system is rather unstable with the Communist Party monopolizing the power. Once the economic development leads to the increase of people's incomes and economic freedom, desires for

이다. 압제적인 정권이 시민들에게 자유를 허용하는 과정은 늘 폭발의 위험을 안는다. 활기차게 성장하는 경제는 이런 위험을 줄여서 점진적이고 질서 있는 정치개혁을 가능하게 할 것이다.

> 높아지는 생활수준의 가치는 그것이 개인들이 사는 방식에 제공하는 구체적 개선들에만 있는 것이 아니라 그것이 시민들의 사회적·정치적, 그리고 궁극적으로 도덕적 성격을 다듬어내는 방식에도 있다. 경제성장은 — 시민들의 분명한 다수에게 높아지는 생활수준이라는 뜻에서 — 흔히 더 큰 기회, 다양성의 허용, 사회적 이동성, 공평을 지키려는 결의, 그리고 민주주의에 대한 신봉을 함양한다. 계몽운동 이래, 서양의 사고는 이런 경향들 하나하나를 긍정적으로, 그리고 명시적으로 도덕적인 맥락에서 바라보았다.
>
> 바로 이들 차원들에서 이미 큰 진전들을 이룬 사회들에서도, 예컨대 오늘날의 서양 민주주의 사회들의 대부분에서도, 그들의 생활수준들이 높아지면, 더욱 큰 진보를 이룰 가능성이 커진다. 그러나 생활수준이 정체하거나 낮아지면, 대부분의 사회들은 이들 목표들의 어느 것을 향한 진보를 거의 이루지 못하고, 너무도 많은 경우에서 그들은 분명히 퇴보한다. — 벤저민 프리드먼(Benjamin M. Friedman), 《경제성장의 도덕적 결과들(*The Moral Consequences of Economic Growth*)》

이런 전망은 중국이 점차 정상적 국가로 변모하리라는 것을 뜻한다. 미국 저널리스트 필립 팬(Philip P. Pan)의 말대로, 중국은 지

political freedom will steeply grow. The process in which oppressive regime allows freedom to its citizens always carries the danger of developing into an explosive event. A vitalized and expanding economy would reduce such danger and would make gradual and orderly political reform possible.

> The value of a rising standard of living lies not just in the concrete improvements it brings to how individuals live but in how it shapes the social, political, and ultimately the moral character of a people.
>
> Economic growth – meaning a rising standard of living for the clear majority of citizens – more often than not fosters greater opportunity, tolerance of diversity, social mobility, commitment to fairness, and dedication to democracy. Ever since the Enlightenment, Western thinking has regarded each of these tendencies positively, and in explicitly moral terms.
>
> Even societies that have already made great advances in these very dimensions, for example most of today's Western democracies, are more likely to make still further progress when their living standards rise. But when living standards stagnate or decline, most societies make little if any progress toward any of these goals, and in all too many instances they plainly retrogress.
>
> - from *The Moral Consequences of Economic Growth*
>
> by Benjamin M. Friedman

This view indicates that China would steadily transform into a regular country. As Philip P. Pan, an American journalist says, China is now undertaking "the largest and perhaps most successful

금 "세계에서 가장 크고 어쩌면 가장 성공적인 권위주의 실험(the largest and perhaps most successful experiment in authoritarianism in the world)"을 하고 있다. 앞으로 중국은 앞선 사회들에 익숙한 사회적 문제들을 만날 것이고, 아마도 비슷한 방식으로 대응하게 될 것이다. 그런 변모는 우리가 중국을 보다 잘 이해 하도록 만들 것이다. 불행하게도, 이해하기 쉬운 국가가 꼭 덜 위험한 것은 아니다.

experiment in authoritarianism in the world". From here on, China will encounter problems familiar to developed societies and probably react similarly. Such a transformation will help Koreans understand China better. Unfortunately, however, a country easier to understand is not necessarily a country less dangerous.

제3장 강대국으로서의 중국

중국의 경제가 커지면서, 중국의 국제적 영향력도 자연스럽게 커졌다. 어느 사이엔가 중국이 미국 다음가는 강대국이라는 점을 모든 나라가 인정하게 되었다. 중국의 이웃인 우리는 그 점을 특히 절실하게 느낀다.

자신의 지위가 높아지자, 중국의 태도도 빠르게 바뀌었다. 그동안 중국은 미국과의 마찰을 피하면서 실력을 배양하는 정책을 펴왔다. 1980년대만 하더라도, 중국은 뚜렷한 외교정책을 펴지 않았다. 실은 성장정책 자체가 외교정책이었다. 미국의 기술과 자본이 중국의 성장에 긴요했으므로, 중국은 자신의 전략에서 차지하는 미국의 지위를 깊이 인식했다. 그래서 거의 모든 분야에서 중국은 미국을 지지하거나 마찰을 피해왔다.

이제 자신의 힘과 영향력이 충분하다고 판단한 듯, 중국은 드러내놓고 강대국의 행태를 보이기 시작했다. 얼마 전 후진타오(胡錦濤) 주

Chapter 3 China as a Superpower

As China's economy grew, so did its international influence. Since a certain point in time, all countries came to acknowledge China as the power next in line after the United States. China's neighbor Korea is acutely aware of this fact.

As its status rapidly rose, China's attitude as rapidly evolved. China had so far tried to pursue a policy of building up its capacity while avoiding confrontation with the US. Even as late as the 1980s, China did not seem to have a clear foreign policy. In fact, its economic growth policy was its foreign policy. Due to the critical necessity of American technology and capital for her own growth, China was keenly conscious of the position the US held in its strategy. Accordingly, in nearly all areas of mutual interest, China either supported the American policy or avoided frictions with it.

Now having decided that it possessed sufficient power and influence, China has begun to openly act as a Great Power. Recently, Chinese President Hu Jintao mentioned "the glorious rise of the

석은 "중화민족의 위대한 부흥"을 말하면서 "국제무대에서 적극적 역할을 한다"고 선언했다.

중국이 세계무대에서 보다 큰 역할을 해야 한다고 외치는 중국 지식인들의 목소리도 부쩍 높아졌다. 주로 연구소에서 일하면서 중국 정부의 정책수립에 영향을 미치는 이들은 '신공산주의자들(neocomms)'이라는 이름까지 얻었다. 그들은 지금 중국 정부가 추구하는 정책이 지나치게 미국의 눈치를 본다고 비판하면서 보다 적극적인 정책을 세우라고 촉구한다.

중국의 국제적 위상이 높아지면서, 특히 큰 주목을 받는 것은 중국의 군사력이다. 빠른 경제성장 덕분에, 중국은 그동안 군사력을 예상보다 훨씬 빠르게 늘려왔다. 2007년 11월 미국 국회에 낸 보고서에서 미국과 중국 사이의 관계를 검토한 위원회는 "중국의 군사 현대화의 속도와 성공은 미국 정부의 추산을 계속적으로 넘어선다"고 경고했다.

중국의 큰 군사적 잠재력은 성공적 우주탐사에서 인상적으로 드러났다. 현대의 군대는 통신과 첩보를 맡은 인공위성들에 크게 의존한다. 중국은 그런 인공위성들을 설치하고 공격 할 수 있음을 이미 과시했다.

동아시아의 국가들에 당장 걱정스러운 것은 중국 해군력의 강화다. 태평양 건너편에 있는 미국이 아시아에서 작전을 펼치려면, 해군력에 의존해야 한다. 따라서 중국 해군력의 강화는 미국의 억지력을 크게 약화시킨다.

Chinese people" and declared that China will "play an active role in international stage."

The voices of Chinese intellectuals demanding China's bigger presence in the world have also become louder. These people, who usually work in research institutes and contribute to formulating government policies, have even earned the nickname, "Neocomms". They criticize the Chinese government for being unnecessarily soft in order to please the United States and are urging for more aggressive policies.

China's international status being elevated, much attention has been directed at its military. Thanks to its rapid economic growth, China has been able to increase its military strength much faster than anticipated. The US-China Economic and Security Review Commission reported to the US Congress on November 2007 that "the pace and success of China's military modernization continue to exceed US government estimates."

China's vast military potential was impressively demonstrated with the success of its space exploration program. Modern warfare relies heavily on satellites for communication and intelligence. China has already showed off its ability to set up and attack such satellites.

The most pressing concern for East Asian countries is the rise of Chinese naval power. The US relies on its fleets to effectively conduct operations in Asia from across the Pacific. The reinforcement of the Chinese navy greatly negates the effectiveness of American deterrence.

Today a resurgent, confident and globalizing China is rebuilding

오늘날 다시 일어서는, 자신 있고 세계화하는 중국은 해군력을 다시 세우고 있다.

일어서는 아시아의 경쟁국인 인도와 마찬가지로, 중국은 이미 대단한 육군을 지녔다.

그러나 그 두 나라는 빠른 경제성장이 그들의 연해로부터 멀리 힘을 투사할 수 있는 대양을 누비는 '대양(大洋)' 해군들을 건설한다는 오래 품어온 꿈을 이룰 돈을 마련해준다는 것을 발견하고 있다. —《이코노미스트(*The Economist*)》, 2008년 6월 7일자.

중국의 흥기는 여러 심각한 물음을 던진다. 세상에 강대국으로 우뚝 선 중국은 어떤 모습일까? 제국이 된 중국은 어떤 국제질서를 추구할까? 다른 나라들과의 관계는 어떠할까? 특히 미국과의 관계는?

제국은 자연스럽게 제국처럼 행동한다. 따라서 중국은 제국주의를 점점 드러내놓고 추구하면서 '중국 중심의 질서(Sinocentric order)'를 세우려 할 것이다. 이런 상황은 지금 세계에서 가장 강대한 나라인 미국과 중국 사이의 관계를 자연스럽게 대립적으로 만든다.

중국제국의 흥기는 미국제국의 상대적 쇠퇴를 뜻한다. 실은 그런 현상은 일반적 추세의 한 부분이다. 지난 반세기 동안, 세계의 많은 나라들이 이전에는 생각할 수 없을 만큼 빠른 경제성장을 이루었다. 2006년과 2007년에 무려 124개국이 4퍼센트 이상의 경제성장률을 보였다. 패리드 자카리아가 '나머지 세계의 흥기(the rise of the rest)'라고 부른 이런 추세는 세계에서 미국이 차지하는 몫이 줄어든다는

its naval strength. Like India, its rising Asian rival, it already has an impressive army. But both countries are finding that rapid economic growth is providing the money to realize long-cherished dreams of building ocean-going "blue-water" navies that can project power far from their home shores.

- From 'The Economist', June 7th-13th 2008

The ascendancy of China raises a number of important questions. How would China appear as a global power? What kind of world order will China pursue as an empire? What will its relations with other countries be like, especially with the US?

An empire naturally behaves like an empire. China will, therefore, increasingly reveal its imperialistic motives to establish a "Sino-centric order." And China's relations with the US, presently the greatest power, will become more and more confrontational.

The rise of the Chinese empire means the comparative decline of the American empire. In fact, this phenomenon is part of a more general trend. For the past half a century, many countries in the world have achieved economic growth at a pace unimaginable in the past. In 2006 and 2007, as many as 127 countries reached growth rates of over 4%. This trend, which Fareed Zakaria called "the rise of the rest", signals the decline of America's share in the global economy.

Of course, the US is still the most powerful country in the world. History shows that the US possesses immense potential. The American portion of the world economy has been both large and stable throughout the past century. For the last 125 years, the

것을 뜻한다.

물론 미국은 아직 세계에서 가장 강력한 나라다. 역사는 미국의 저력이 대단함을 보여준다. 지난 세기 내내 미국이 세계 경제에서 차지한 몫은 크고 안정적이었다. 지난 125년 동안 세계 인구의 5퍼센트가량 되는 미국 사람들은 세계 생산량의 20~30퍼센트를 생산했다. 앞으로 다른 나라들이 빠르게 발전하면서, 미국의 몫은 점점 줄어들 테지만, 미국이 갑작스럽게 쇠퇴하리라고 볼 근거는 없다.

실은 미국이 앞으로도 활기차리라고 보는 편이 옳을 것이다. 미국이 어느 나라보다 열린사회이기 때문이다.

역사적으로, 미국은 정부 프로그램들의 창의성 덕분이 아니라 사회적 활기 덕분에 성공했다. 미국은 자신을 세계에—상품들과 용역들에, 아이디어들과 발명들에, 무엇보다도 사람들과 문화들에—연 덕분에 번영했다. 이런 개방성은 우리로 하여금 새로운 경제적 시기들에 빠르고 유연하게 대응하고, 변화와 다양성을 주목할 만큼 쉽게 관리하고, 개인적 자유와 자율의 범위들을 넓히도록 허용했다. 그것은 미국으로 하여금 첫 보편적 국가를, 세계 모든 곳에서 온 사람들이 일하고, 교류하고, 섞이고, 공통의 꿈과 공통의 운명을 나눌 수 있는 곳을 창조하도록 허용했다. —패리드 자카리아, 앞의 책.

실제로 지금 중국은 미국에 정색하고 맞서기 어렵다. 군사적으로나 경제적으로나 문화적으로나 중국은 아직 미국에 훨씬 뒤진다. 국제정치에서도 미국이 해온 역할을 중국이 대신할 수는 없다. 중국이

American population, which consists only 5% of the world's total population, managed to produce approximately 20~30% of the total global output. Although the rapid development of other countries will gradually decrease America's share of the world affairs, it is still groundless to predict a sudden decline of American power.

Actually, more accurate prediction would be to say that the US will continue to be full of vigor. The US is more open than any other country in the world.

> But historically, America has succeeded not because of the ingenuity of its government programs but because of the vigor of its society. It has thrived because it has kept itself open to the world - to goods and services, to ideas and inventions, and, above all, to people and cultures. This openness has allowed us to respond quickly and flexibly to new economic times, to manage change and diversity with remarkable ease, and to push forward the boundaries of individual freedom and autonomy. It has allowed America to create the first universal nation, a place where people from all over the world can work, mingle, mix, and share in a common dream and a common destiny.
>
> - From *The Post-American World* by Fareed Zakaria

Objectively, it is difficult for China, at present, to seriously face off the US. China still trails the US in terms of economy, military might, and cultural influence. In international politics also, China cannot take up the role carried out by The US. Closing the gaps will not be easy for China and take much longer than is widely believed.

At any rate, the recent growth of large developing countries

그런 격차를 줄이는 일은 쉽지 않고, 흔히 여겨지는 것보다 훨씬 오래 걸릴 것이다.

그래도 근년에 중국, 인도, 러시아, 브라질과 같은 거대한 개발도상국들의 빠른 성장으로 미국의 국제정치적 힘은 눈에 띄게 약해졌다. 특히 이라크와 아프가니스탄에서 국가 건설이 어려움을 겪자, 국제정치에서 미국이 지닌 영향력은 크게 줄어들었다. 지금 미국의 처지는 폴 케네디(Paul Kennedy)가 경고한 '너무 확장된 강대국(overextended Great Power)'들이 맞았던 위기와 아주 비슷하다. 군사력의 유지에 드는 비용은 점점 늘어나는데, 온 세계에 걸친 자신의 이익을 지키기는 점점 어려워지는 것이다.

한 세대 뒤에 중국이 미국을 앞지르리라는 예측들이 나오므로, 미국은 당연히 중국의 부상에 대응하는 길을 모색한다. 그런 모색에서 나온 전략은 중국의 빠른 발전에서 위협을 느끼는 나라들과의 연합이다. 일본, 인도, 오스트레일리아, 베트남이 그런 연합의 후보들로 꼽힌다. 미국은 특히 땅이 넓고 인구가 많은 인도의 역할에 큰 기대를 걸고 있다.

like China, India, Russia, and Brazil has taken a noticeable toll on American influence in international politics. Especially, involvement in the difficult reconstruction in Iraq and Afghanistan has greatly reduced the American influence in global politics. What the US is experiencing now is quite similar to that which overextended Great Powers used to face, as Paul Kennedy pointed out. While expenditures for maintaining military strength increase, it is becoming harder for the US to protect its far-flung outposts and interests across the world.

Keeping in mind the predictions of China surpassing the US in a generation, the US naturally seeks countermeasures. The strategy resultant from such seeking is an alliance of countries feeling threatened by China's ascendancy. Candidates for such an alliance are Japan, India, Australia, and Vietnam. The US is especially looking towards India, which possesses both a large population and vast lands.

제4장 미국의 제국주의

중국의 흥기와 미국의 상대적 쇠퇴는 세계 전체에 좋은 소식이 아니다. 미국은 역사상 제국주의적 특질을 가장 적게 보인 제국이었다. 세계가 '미국 중심의 평화(Pax Americana)'속에서 역사상 가장 큰 번영과 발전을 누린 것은 미국의 그런 특질에 크게 힘입었다.

제국주의(imperialism)는 감정이 많이 담긴 용어다. 그 말을 처음 쓴 사람들이 그것이 가리키는 현상을 나쁜 행태로 비난했기 때문이다. 마르크스주의자들이 제국주의가 자본주의의 본질이라고 주장한 뒤, 이런 경향은 더욱 심해졌다. 그러나 제국주의는 문명만큼 오래되었고 나라들 사이의 관계에서 늘 나온 행태였다. 고대에서 현대에 이르기까지 모든 제국주의는 목적만이 아니라 대부분의 수단들도 공유했다. 그런 사정을 고려해서, 한스 달더(Hans Daalder)는 "그 개념은 주로 종속된 정치적 사회들에 대한 공식적 지배권을 세우거나 유지하려는 시도들을 가리키지만, 그것은 또한 한 정치적 공동체가 다

Chapter 4

American Imperialism

The rise of China and America's comparative decline is not welcome news for the world. The United States has been the least imperialistic empire in history. The prosperity and growth the world witnessed during the 'Pax Americana was largely thanks to this characteristic of the US.

Imperialism is a word fraught with emotional connotations. From the first people used the word to describe something they deemed bad. After the Marxists labeled imperialism as the fundamental form of capitalism, this trend was reinforced. However, imperialism is a feature that has existed since the beginning of civilization and has continually manifested itself in the relationships between countries. From the ancient to contemporary times, all forms of imperialism have shared their goals, as well as most of their means. Considering such circumstances, Hans Daalder observed, "the concept refers primarily to attempts to establish or retain formal sovereignty over subordinate political societies, but it is also often equated with the

른 공동체에 대해서 어떤 형태로든지 정치적 통제나 영향력을 행사하는 것과 흔히 동일시된다"고 정의했다.

미국의 제국주의는 미국이 제국의 모습을 갖추면서 나왔다. 미국 제국은 대체로 세 단계의 확장을 통해 이루어졌다. 첫 단계는 대서양 연안 13개 주들에서 태평양 연안까지 영토를 확장한 것이다. 다음 단계는 태평양과 카리브 해에서 식민지들과 보호령들을 얻어서 태평양과 북대서양을 자신의 영향 아래 둔 것이다. 셋째 단계는 제2차 세계대전과 냉전을 거치면서 온 세계에 동맹국들과 군사기지들을 지니게 된 것이다.

이처럼 빠르게 영토와 영향권을 확장하면서도, 미국은 제국주의를 추구하지 않겠다고 늘 진지하게 말해왔다. 그리고 늘 자신의 말대로 행동하지 않았다면, 적어도 자신의 말을 믿었다. 바로 이 점이 제국으로서의 미국을 규정한 특질이었다.

이 점을 먼저 통찰한 사람들 가운데 하나인 월터 리프먼(Walter Lippmann)은 미국이 다른 나라들보다 힘이 훨씬 커진 시기인 1926년에 "우리가 실은 크고 확장되는 세계적 강대국인데도, 우리는 우리 자신을 일종의 크고 평화로운 스위스라고 계속 생각한다"고 지적했다. 실제로, 영국과는 달리, 미국은 제국주의를 찬양한 지식인 집단을 낳지 않았다.

덕분에 미국의 제국주의적 지배는 가장 선량한 종류였다. 미국은 제2차 세계대전에서 적국 일본과 독일에 대해서 유례없을 만큼 너그러웠다. 일본과 독일이 먼저 공격해서 일어난 전쟁이었지만, 미국은

exercise of any form of political control or influence by one political community over another."

American imperialism manifested itself with the appearance of the American empire. The American empire was created through three stages. The first stage was the expansion of its boundaries beyond the thirteen original colonies to the Pacific coast. The second leg was the expansion of its sphere of influence to include the Pacific and North Atlantic oceans through the acquisition of colonies and protectorates in the Pacific Ocean and Caribbean Sea. The third phase was the acquirement of allies and military bases around the world over the course of the Cold War.

Despite its rapid growth in terms of territory and sphere of influence, the United States has always denied it pursued an imperialist foreign policy. They believed so, even when their actions did not reflect their claims. This is what characterizes the American empire.

This was pointed out by Walter Lippmann, one of those who first realized it, in 1926, when the US had become a Great Power. He commented, "We continue to think of ourselves as a kind of great, peaceful Switzerland, whereas we are in fact a great, expanding world power." Indeed, in contrast to Britain, the US never produced an intellectual group that extolled imperialism.

Accordingly, American imperialism was of the most accommodating kind. The US showed unprecedented generosity towards Japan and Germany after the Second World War. Although the US had been subject to preemptive attacks from Japan and Germany, the US did not ask for reparations and, instead, provided

일본과 독일에 배상을 요구하지 않았고, 오히려 너그러운 원조를 통해서 사회의 재건을 도왔다. 이어 아무런 대가를 요구하지 않고 점령지에서 물러났다.

한반도에서도 미국은 제국주의와는 거리가 먼 태도를 보였다. 북한을 점령한 소련이 흥남의 첨단 공장들의 설비를 뜯어가는 동안, 미국은 남한을 경제적으로 원조했다. 소련의 반대로 북한에서 국제연합이 주관하는 자유선거가 실시되지 못하자, 미국은 자신이 점령한 남한에 민주적 정권이 나오도록 도왔고, 대한민국이 세워지자, 선뜻 물러났다.

미국의 제국주의가 그렇게 비공격적 특질을 지녔다는 점을 우리는 한국전쟁에서 선명하게 보았다. 미국은 북한의 침입을 받은 한국을 구하려고 전쟁에 참가했다. 그러나 그 참전은 처음부터 제한된 것이었다. 그 점은 중공군의 참전에 대한 대응에서 괴로운 모습으로 드러났다.

1951년 4월 11일, 국제연합군 총사령관 더글러스 맥아더(Douglas MacArthur) 원수는 해리 트루먼(Harry S. Truman) 대통령에 의해 해임되었다. 그의 해임은 자체로 중요했을 뿐 아니라 미국의 정치에도 큰 영향을 미친 사건이었다.

맥아더가 해임된 까닭은 그가 6·25전쟁을 '제한전(limitedwar)'으로 치르려는 트루먼의 정책에 드러내놓고 반대한 것이었다. 한국에 침입했던 북한군이 국제연합군에 궤멸되었을 때, 갑자기 중공군이

economic aid to help with the reconstruction of the two war-torn countries. Afterwards, the US withdrew its troops without asking for any compensation whatsoever.

On the Korean Peninsula, the US again demonstrated attitudes far from imperialism. While the Soviet Russia was busy confiscating the advanced industrial facilities at Hungnam in North Korea it had occupied after the defeat of Japan, the US provided South Korea it occupied with economic aid. Once the Soviet Russia made it clear that free elections supervised by the UN would not take place in North Korea, the US helped a democratic government emerge in South Korea. When the Republic of Korea was established, it promptly pulled its army out of the peninsula.

We can clearly discern such lack of aggressiveness of American imperialism in the Korean War. The US entered the war to succor South Korea threatened by the invading North Korean forces. While conducting a defensive war, it pursued a policy of limited engagement. Such policies were reflected in the US's response to the Chinese intervention.

On April 11th, 1951, General Douglas MacArthur, the Supreme Commander of the UN forces, was fired by President Harry S Truman. His dismissal was an event important in itself but in American politics as well.

General MacArthur was fired because he openly opposed President' Truman's policy of 'limited war'. The UN forces, after having successfully routed the North Korean invaders, were hastily retreating before the onslaught of the massive Chinese communist

한반도로 침입해서, 국제연합군은 전반적으로 밀리고 있었다. 당시 미국은 중국보다 힘이 월등했다. 따라서 싸움을 전면전으로 확대하고 원자탄을 사용하면 중국을 쉽게 이길 수 있었다. 그러나 트루먼과 미군 합동참모본부는 그럴 생각이 없었다.

트루먼 정권은 두 가지 이유에서 중국에 대한 전면전을 꺼렸다. 먼저, 미국의 우방들이 확전과 원자탄 공격에 반대했다. 특히, 클레멘트 애틀리(Clement Richard Attlee)의 노동당 정권이 들어선 영국은 이념적 성향과 홍콩에 대한 고려 때문에 줄곧 중국에 대해 유화적 태도를 보였다. 다음엔, 트루먼 정권은 중국에 대한 원자탄 공격이 소련의 서유럽에 대한 보복을 부를까 걱정했다. 당시 미국은 소련보다 17배나 많은 원자탄을 보유했지만, 트루먼 정권은 '제3차 세계대전'을 일으킬 위험이 있는 일은 극력으로 피했다.

그러나 이런 태도는 본질적으로 모순을 안았다. 맥아더가 자신의 회고록에서 지적한대로, "소련이나 중공의 개입은 한국에 개입한다는 애초의 결정에 내재한 위험이었다." 차분히 따지면, 소련이 한국에 개입할 가능성도 낮았다. 무엇보다도, 시베리아를 가로지르는 긴 철도 하나에 의지한 소련의 보급로는 너무 부족하고 공격에 취약했다. 소련이 다른 지역에서 개입할 가능성도 그리 높지 않았다. 그 점에선 맥아더의 판단이 트루먼 정권의 판단보다 현실적이었던 것으로 보인다. 인천상륙작전과 흥남 철수작전을 지휘했고 휴전회담에서 국제연합군을 대표했던 터너 조이(C. Turner Joy) 제독도 중국에 대한 공격이 소련의 개입을 부르리라고 생각한 미군 장군들은 한 사

forces. At the time, the US was much more powerful than China. If the US had pursued an all-out confrontation along with the use of atomic bombs, it would have easily defeated China. However, that was not what Truman and the Joint Chiefs of Staff wanted.

The Truman administration wanted to avoid a total war with China for two reasons. First, America's allies opposed the escalation of the war and the use of atomic bombs. In particular, Britain, where Clement Richard Attlee's Labour Party had recently taken power, adopted an appeasement policy to China because of its ideological leanings and its interests in Hong Kong. Second, the Truman administration feared that an atomic strike against China would lead to Russian retaliation on Western Europe. The US possessed seventeen times more atomic bombs than the Soviet Union but the Truman administration avoided anything that might lead to a Third World War.

However, this policy was fundamentally flawed. As General MacArthur pointed out in a magazine interview in 1956, "the entry of Soviet Russia, or Red China, was a risk inherent in [Truman's] original decision to intervene in Korea." In fact, if one carefully assesses the facts, the odds of Soviet intervention were very low. Above all, the Soviet Union's supply line that depended on a single trans-Siberian railway was too inadequate and quite open to attack. Soviet intervention elsewhere was also highly improbable. Tactically speaking, MacArthur's opinions seem to have been more realistic than the Truman administration's. Admiral Joy, who had commanded the operations for both Incheon landing and Hungnam evacuation and had represented the United Nations Command at

람도 없었다고 회고했다.

그러나 트루먼 정권이 전면전을 꺼린 결정적 이유는 미국에 전면전을 치를 만큼 굳은 정치적 의지가 없었다는 사실이었다. 제2차 세계대전과는 달리, 미국 시민들은 한국이라는 나라를 잘 알지 못했고 먼 땅에서 일어난 전쟁에 관심이 적었다. 한국전쟁은 처음부터 '잊힌 전쟁(The Forgotten War)'이었다. 그 점에선 트루먼 대통령의 판단이 옳았다 할 수 있다.

어쨌든, 맥아더는 트루먼의 전략이 치명적 오류라고 판단했다. 그는 제한전이 "새로운 그리고 피를 더 흘리는 전쟁을 부를" 따름이라고 주장했다. 그는 제한전이 이미 국제연합군의 사기를 떨어뜨렸다고 주장했다.

그가 대안으로 내놓은 전략은 중국에 대한 전면전이었다. 만주의 비행장들을 공격하고 중국 연안을 봉쇄하고 대만의 국부군을 동원해서 중국 본토에 전선을 형성한 다음, 50개가량의 원자탄을 중국 도시들에 투하하는 것이었다. 제한전을 적극적으로 옹호했던 매슈 리지웨이(Matthew B. Ridgway) 장군도 그의 회고록에서 중공군이 미군을 기습 공격했을 때는 원자탄의 사용을 포함한 전면전을 펴는 것이 정당화될 수 있었다고 인정했다.

이 과정에서 맥아더는 거듭 공개적으로 대통령의 지시를 어겼다. 치명적이었던 것은 그가 합참의 지지를 얻지 못했다는 사실이다. 당시 합참의장이던 오마 브래들리(Omar Bradley) 장군은 의회 청문회에서 중국에 대한 전면전은 서유럽을 소련의 위협에 내맡기는 일이

the armistice talks, also recollected, "I know of not a single senior military commander of United States forces in the Far East - Army, Navy, or Air Force - who believed the USSR would enter war with the United States because of any action we might have taken relative to Red China."

In fact, the decisive reason the Truman administration tried to avoid an all-out war was the fact that there was no domestic political will to support one. Unlike the Second World War, American citizens were unfamiliar with Korea and had little interest in the war in a distant land. From the very beginning, the Korean War was called "The Forgotten War." From a political point of view, President Truman was right.

Nevertheless, MacArthur believed that Truman's strategy was a grave mistake. He maintained, "In war there is no substitute for victory. There are some who for varying reasons would appease Red China. They are blind to history's clear lesson, for history teaches with unmistakable emphasis that appeasement but begets new and bloodier wars." He went on to claim that their goal of fighting a limited war had demoralized the UN coalition forces.

What he proposed as an alternative was a total warfare against China. He suggested attacking airfields in Manchuria, blockading the Chinese coast, establishing another front on the Chinese mainland with the Nationalist Army in Taiwan, and dropping 50 atomic bombs on various Chinese cities. Even General Matthew B. Ridgway, who actively advocated the limited war, admitted in his memoirs, "When Communist China launched her secretly massed armies against our forces in North Korea in the surprise offensive of November-

라고 말했다. 중국과의 전면전은 "잘못된 곳에서 잘못된 시기에 잘못된 적과 치르는 잘못된 전쟁(the wrong war at the wrong place at the wrong time and with the wrong enemy)"이 되리라는 그의 주장에 맥아더는 적절한 대응을 하지 못했다. 청문회가 끝나자, 맥아더에 대한 미국 사회의 지지는 사라져버렸다.

전략에 관한 대결에서 맥아더는 트루먼에게 졌다. 그러나 그 뒤의 역사는 그의 주장에 일리가 있었음을 보여주었다.

트루먼의 희망과는 달리, 제한전은 이내 중국과의 휴전을 불러오지 못했다. 휴전협상은 1951년 7월에 시작되었지만, 전쟁은 두 해 동안 이어졌다. 협상에서 공식적으로 장애가 된 것은 중공군과 북한군 포로들의 강제송환 여부였다. 그러나 실질적 장애는 제한전과 휴전협상이 병행되는 상황에선 중국이 미국의 확전을 걱정하지 않게 된 것이었다. 인명피해를 걱정하는 미국과 달리, 중국은 인명피해가 많이 나는 전쟁을 선호했고, 미국의 막강한 전력이 모두 동원되지 않는 제한전은 중국의 그런 태도에 맞는 형태의 전쟁이었다.

미국이 원자탄을 사용할 뜻이 없고 제한전을 지향한다는 사실을 중국은 일찍부터 알고 있었다. 미국 정부의 의도에 관한 정보가 샌 곳은 분명히 영국이다. 당시 영국의 노동당 정권에는 소련의 첩자들이 많이 침투해 있었다. 게다가 영국은 전쟁에 참가한 동맹국으로서 미국의 판단과 결정에 큰 영향을 미쳤다. 특히 원자탄의 사용을 적극적으로 말렸다.

중국이 휴전회담을 지연시키자, 맥아더가 물러난 지 몇 달 지나지

December 1950, there would have been much justification for an open declaration of war, even for the dropping of the A-bomb on her troops south of the Yalu and her military bases north of that river."

During the panicked retreat of the UN forces defeated by the Chinese communist forces, MacArthur repeatedly and openly disobeyed the president's orders. However, he had failed to get the support of the Joint Chiefs of Staff, which proved to be fatal to his cause. General Omar Bradley, the then-Chairman of the Joint Chiefs, told the Congressional committee that engaging China in an all-out war would leave Western Europe threatened by the Soviet Union. When General Bradley described a war with China as "the wrong war at the wrong place at the wrong time and with the wrong enemy," MacArthur failed to come up with a convincing counter-argument. After the Congressional hearing, support for MacArthur in American society had vanished.

MacArthur lost to Truman in the argument for military strategy. But history after his dismissal shows us that MacArthur did have a point.

Despite Truman's hopes, the limited war did not result in a speedy truce with China. Although negotiations for peace began in July, 1951, the war dragged on for another two years. The official problem that obstructed the negotiations concerned with the repatriation of Chinese and North Korean prisoners of war. But the real problem was that China was no longer worried about having to deal with the full might of the US, thanks to the American limited war policy. Unlike the US, who sought to minimize casualties, China preferred a war that was costly in terms of human life. With the US conducting

않아서 미국은 맥아더의 전략을 진지하게 검토하기 시작했다. 1952년 1월엔 트루먼 대통령 자신이 중국의 태도에 변화가 없으면 맥아더가 주장한 전략을 실행하겠다는 최후통첩을 소련에 보내자고 제안했다. 석 달 뒤엔 합참이 원자탄의 전술적 사용을 추천했다. 당시 국제연합군을 지휘한 마크 클라크(Mark Clark) 장군도 원자무기를 사용하는 계획을 미국 정부에 건의했다. 트루먼의 후임자인 드와이트 데이비드 아이젠하워(Dwight David Eisenhower) 대통령은 협상이 깨졌을 때 원자무기를 사용하는 방안을 진지하게 검토했다.

영국 경제사가 닐 퍼거슨(Niall Ferguson)은 맥아더의 주장이 전략적 타당성을 지녔을 가능성을 제기했다.

> 중국으로 하여금 포로들의 자발적 송환 문제에서 마침내 물러서도록 설득한 것은 바로 이런 뒤늦은 위협이었을 수 있다. 만일 그렇다면, 맥아더의 주장은 적어도 부분적으로는 입증된 셈이다. 제한전은 전쟁의 종결을 이루는 데 성공하지 못했다. 원자전으로의 확대의 위협만이 성공했다. 맥아더의 주장을 번복함으로써, 트루먼과 합참은 자신들도 모르는 새 전쟁을 두 해 넘게 연장시켰다. — 닐 퍼거슨, 《거인: 미국제국의 대가(*Colossus: The Price of America's Empire*)》

트루먼이 인식하지 못했던 것은 중국 공산당 정권이 미국과의 대결을 피할 수 없다고 보고 준비해왔다는 사실이었다.

중국 역사학자 천지안(陳兼)의 지적대로, "한국 위기에 대한 베이

a limited war, China got what it wanted.

China knew, very early on, that the US had no intention of using atomic bombs and that it preferred a limited war. Information about the US government's intentions was almost certainly leaked out in Britain. The Labour Party of Britain had, at the time, been infiltrated by numerous Russian spies. Also, as a major participant in the war, Britain greatly influenced the American decisions. In particular, it actively opposed the use of atomic weapons.

As China kept on delaying the process of negotiations for truce, merely months after MacArthur's dismissal the US began to seriously reevaluate MacArthur's strategy. In January of 1952, President Truman proposed that the US send an ultimatum to the Soviet Union threatening to do as MacArthur had urged should there be no change in China's attitude. Three months later, the Joint Chiefs of Staff recommended the use of tactical nuclear weapons. Even General Mark Clark, the Supreme Commander of the UN forces, suggested the use of atomic bombs to the government. President Dwight Eisenhower, Truman's successor, seriously considered the use of atomic bombs in the case that negotiations broke down.

The British economist Niall Ferguson persuasively delineates the merits of MacArthur's proposed plan.

> It may have been precisely this belated threat that persuaded the Chinese finally to back down on the issue of voluntary repatriation of prisoners. If so, then MacArthur was at least partly vindicated. Limited war had not succeeded in securing an end to the war; only the threat of an atomic escalation had. By overruling MacArthur, Truman and the Joint

징의 전략은 처음부터 성격에서 공격적이었다." 원자탄을 쓰지 않겠다고 트루먼이 미리 자신의 선택을 제약한 것은 중국의 전략에 스스로 말려든 일이었다.

그래서 미군 사상자들의 60퍼센트 가량이 맥아더가 해임된뒤 이어진 제한전에서 나왔다. 인명에 관한 한, 제한전은 제한적이 아니었다.

결국 미국은 이길 수 있었던 전쟁을 비기고 끝냈다. 엄청난 희생을 치르고서도, 막상 얻은 것은 너무 적었다. 거의 무너졌던 북한은 되살아났고, 한반도는 영구적으로 분단되었다.

어떤 면에선 한국전쟁이 드러낸 것은 미국 공화국의 주목할 만한 자기 제약적 성격이다. 1951년에 미국은 마오(毛)주의 중국에 대해 결정적인 군사적 타격을 줄 군사적 능력과 시민들의 지지를 지녔었다. 다른 많은 제국들은 원자무기 경쟁에서 미국이 지녔던 큰 우위가 제공한 기회의 창을 물리치기 어려웠을 터이다. 그러나 트루먼은 물러섰고, 그에 대항한 장군은 뜻을 이루지 못했다. —닐 퍼거슨, 같은 책.

늘 제한전을 추구하는 미국의 치명적 약점은 베트남 전쟁에서 다시 드러났다. 1968년 1월 31일, 북베트남 정규군과 베트콩은 남베트남 전역에서 미군과 남베트남군에 대해 총공세를 폈다. 이 '테트 공세'에 동원된 공산군은 8만 명이 좀 넘었다고 추산되는데, 이들 가운데 4만 명이나 넘게 죽었다. 이처럼 공산군이 참패했지만,

Chiefs of Staff had unwittingly prolonged the war for more than two years.

- from Colossus: *The Price of America's Empire* by Niall Ferguson

What Truman had failed to realize was that the Chinese communist government had entered the war after having decided that a showdown with the US was inevitable. As Chen Jian, a Chinese historian, pointed out, "Beijing's strategy toward the Korean crisis was thus belligerent in nature from the outset." Truman's self-imposed restrictions resulting from his decision not to use atomic weapons had simply led to him playing into the hands of the Chinese.

As a result, 60 percent of American casualties came out during the limited war that took place after MacArthur's dismissal. As far as human lives are concerned, limited war was by no means 'limited'.

Eventually, the US ended a war it could have won in a draw. It had gained very little from such bitter struggle. North Korea was revived from the imminent collapse and the Korean Peninsula remained indefinitely divided.

In some ways what the Korean War revealed was the remarkable self-limiting character of the American Republic. The United States in 1951 had both the military capability and the public support to strike a decisive military blow against Maoist China. Many another imperial power would have been unable to resist the window of opportunity afforded by America's huge lead in the atomic arms race. Yet Truman drew back, and the general who defied him was thwarted.

마음이 흔들린 미국 정부는 사령관 윌리엄 웨스트모어랜드(William Westmoreland) 장군의 증군 요청을 거부하고 북베트남에 유화적 태도를 보이기 시작했다. 결국 미국은 우방 남베트남을 버리고 떠났다. 이길 기회가 왔을 때, 의지가 약해져서 기회를 이용하지 못하고 스스로 패배의 길로 들어선 것이다.

지금 많은 사람들이 미국에 대해 거센 반감과 적대적 태도를 보인다. 이런 반미감정은 미국의 운신과 선택을 크게 제약하고 미국의 실익에 직접적으로 해를 끼친다.

반미감정은 흔히 조지 부시 정권의 오만과 실책으로 설명된다. 특히, 이라크 전쟁이 가장 중요한 요인으로 꼽힌다. 물론 그런 진단이 그른 것은 아니다. 그러나 반미감정은 이라크 전쟁 이전에도 있었다. '9·11 참사'가 일어난 뒤, 프랑스 철학자 장 보드리야르(Jean Baudrillard)가 《르몽드*(Le Monde)*》에 실린 글에서 비행기들이 두 건물 속으로 뚫고 들어가는 광경을 보고 '엄청난 환희'를 느꼈다고 밝힌 것을 기억하는가? 그런 감정은 물론 보드리야르나 프랑스에 국한된 것은 아니었다.

반미감정을 부른 근본적 요인은 냉전에서 미국이 이긴 것이다. 미국 정치학자 앤서니 블링켄(Anthony Blinken)의 말대로, "소련이 무너진 순간 반미주의의 새로운 물결은 피할 수 없었다." 소련이 무너지자, 소련의 위협에 대처하기 위해 미국의 지도적 지위를 인정했던 유럽 국가들은 이내 미국에 대한 반감을 드러냈고 미국을 자유롭게 비판할 수 있다고 느꼈다. 1970년대에 미군이 철수하면 자신이 '핀란

- From the same book by Niall Ferguson

America's mistake of always fighting a 'limited war' proved to be fatal once again in the Vietnam War. On January 31st, 1968, Vietcong and North Vietnamese regulars mounted a full scale assault on US and South Vietnamese forces all across South Vietnam. In this 'Tet Offensive', Vietnamese communist forces estimated to be eighty thousand were committed, out of which over forty thousand were killed. The communist forces had been utterly defeated, but the shaken American government failed to provide General William Westmoreland, the commander in chief, with the additional troops he had requested and instead started to placate the North Vietnamese. In the end, the US abandoned its South Vietnamese ally and left Vietnam. The US had been given the opportunity to win, but let it slip by for want of strong will and took the path to defeat.

Many people nowadays show hostility and animosity towards the US. Such anti-American sentiments put severe limitations on the decisions and actions of the US and negatively affect US interests.

These anti-Amercan sentiments are commonly attributed to the arrogance and mistakes of the George W. Bush administration. Especially, the Iraq War is considered a major factor. These assessments hold truth, of course, but anti-American sentiments existed long before the Iraq War. Do you remember the column on 'Le Monde' by the French philosopher Jean Baudrillard shortly after the 9/11 terrorist attacks, where he declared he had felt "prodigious jubilation" at the sight of the airplanes breaking through the two buildings? Such sentiment was by no means limited to Baudrillard

드화'된다고 걱정했던 독일에서 베를린 장벽이 무너지자 반미주의가 거세게 일었다는 사실은 시사적이다.

더 깊은 수준에서 반미감정은 '미국의 세기(American Century)'에 많은 것을 잃은 유럽의 강국들이 품게 된 울분과 시기에서 나왔다. 미국이 초강대국으로 떠오르면서, 영국, 프랑스, 독일과 같은 유럽의 강국들은 광대한 식민제국, 영토와 경제적 힘을 다 잃었다. 놀랍지 않게도, 미국에 대한 반감과 비난은 세계의 평화와 번영에 대한 미국의 엄청난 공헌을 당연한 것으로 여기고 미국의 결점들을 터무니없이 부풀린다. 사정이 그러하므로, 반미감정은 미국이 유일한 초강대국이 되었다는 사정에 따르는 비용이라 할 수 있다.

아마도 반미감정은 미국에 맞서는 초강대국이 출현해야 줄어들 것이다. 많은 사람들이 예상하는 것처럼, 중국이 초강대국으로 떠오르면, 냉전 시기처럼 미국의 보호를 필요로 하는 나라들에선 반미감정이 다시 잠복할 것이다.

앞에서 살핀 것처럼, 미국의 제국주의는 가장 선량한 종류였고, 덕분에 세계는 '미국 중심의 평화'속에서 번영했다. 이제 반미감정에 휩쓸려 미국의 쇠퇴를 바라는 것은 참으로 어리석은 일이다.

> 미국의 비판자들은 그들이 바라는 것을—더욱 제약된, '상자 속에 다시 들어간,' 다른 나라들에 공손한, 또는 아예 덜 성공적인 미국을—그들이 정말로 원하는지 조심스럽게 살펴야 한다. 만일 이런 상황이 그들을 더 낫게 만들리라고 그들이 생각한다면, 그들은 자신들을 속이는

or to France.

The fundamental source of anti-American sentiments is the fact that the US won the Cold War. As the American political scientist Anthony Blinken said, "The wave of anti-American sentiment was inevitable since the moment the Soviet Union collapsed." When the Soviet Union collapsed, European countries who had accepted the American leadership against the Soviet threat began to criticize the US, feeling that such criticism was now acceptable. The story of how Germany that had, in the 1970s, worried about experiencing 'Finlandization' should American troops pull out, experienced a surge of anti-American sentiments after the Berlin wall was torn down is revealing.

On a deeper level, anti-American sentiments emanate from the jealousy and resentment of former European powers that had been eclipsed during 'The American Century'. While the United States established itself as the preeminent superpower, traditional European powers like Britain, France, and Germany lost most of their vast colonial empires, territories, and economic power. Not surprisingly, anti-American resentments and criticisms exaggerate America's faults while taking for granted the amazing contributions towards world peace and prosperity the US has made. It could be said that the anti-American sentiments are the price the US had to pay to be a superpower.

Almost certainly, the anti-American sentiments will diminish only with the appearance of an opposing superpower. As many predict, when China ascends to superpower status, anti-American sentiments will submerge in countries in need of American assistance, as it was

것이다. —브론웬 매독스(Bronwen Maddox), 《미국을 위한 변론(*In Defense of America*)》 during the Cold War.

As described above, the American imperialism has been that of the most virtuous kind. Thanks to it, the world has been able to prosper during the Pax Americana. Being swept along by anti-American sentiments now and wishing for the decline of the US is foolish.

> Critics of America should consider carefully whether they really want what they have wished for: an America more restrained, "back in its box" deferential to other countries – or even, less successful. They are deluding themselves if they think this would make them better off.
>
> - from *In Defense of America* by Bronwen Maddox

제5장 중국의 제국주의

중국은 제국주의를 전통으로 지녀온 나라다. '중심적 나라'라는 뜻을 지닌 중국이라는 이름은 중국의 인종중심주의를 드러낸다. 자신을 '천하(天下)'라고 부르는 관행은 중국이 자신을 문명세계의 전체라고 여겨왔음을 보여준다. 기원전 4세기 진시황제가 중국 대륙 전체를 아우르는 제국을 세운 뒤, 중국은 줄곧 제국을 이루었다. 제국의 몰락에 따른 일시적 분열은 이내 다른 제국의 등장으로 이어졌다. 그런 역사는 중국으로 하여금 줄곧 제국주의를 추구하도록 만들었다. 근대에 중국이 침체하면서, 그런 성향이 숨어 있었을 뿐이다.

그런 상황은 근대 이후의 중국 지도자들을 열정적 민족주의자들로 만들었고, 그들은 중국의 지위를 되찾으려는 제국주의적 목표를 추구했다. 특히 마오쩌둥(毛澤東)이 이끈 공산당은 중국의 오랜 제국주의 전통에 큰 영향을 받았고 '중국 중심적 질서'를 줄기차게 추구했다.

Chapter 5

Chinese Imperialism

China has historically been an imperialistic country. The word China, which means "Central Country", illustrates Chinese belief of racial superiority. Also, the practice of calling itself "Under Heaven" shows how China has traditionally thought of Chinese culture as the embodiment of human civilization. Ever since King Zheng of Qin kingdom established an empire encompassing the entire Chinese mainland and took a new title for himself, First Emperor, in the 4th century BC, China took on the form of empire. The temporary chaos resulting from the collapse of an empire soon led to another empire. Its history has, therefore, led China to practice imperialism for a long time. The difficulties China faced in the early modern period made this imperialistic characteristic submerge.

This situation has turned Chinese leaders into ardent nationalists and they pursue imperialistic agenda of regaining China's former status. In particular, the Chinese Communist Party(CCP) under Mao Zedong's leadership was heavily influenced by Chinese imperial

반어적(反語的)으로, '구세계(舊世界)'와의 총체적 단절을 이루려는 욕망은 중국 공산당이 무거운 문화적-역사적 짐을 물려받았음을 보여준다. 중국혁명을 온 아시아의 또는 온 세계의 혁명으로 만들려는 중국 공산당 지도자의 열성에서, 우리는 근대에 서양의 중국 침입으로 심각하게 도전받은 오래된 전통, 즉 낯익은 중국적 인종중심주의와 보편주의의 재현을 본다. —천지안, 《중국이 한국전쟁에 이른 길(*China's Road to the Korean War*)》

이제 세계에서 가장 강대한 제국을 꿈꾸는 중국이 추구할 제국주의는 어떤 모습일까? 지금까지 나온 증거들은 중국의 제국주의가 부정적 특질들을 많이 지니리라는 것을 가리킨다. 제국주의야 원래 다른 나라들로부터 환영받기 어렵지만, 중국의 제국주의는 미국의 그것과는 비교가 되지 않을 만큼 일방적이고 압제적이고 공격적일 것이다.

중국은 압제적인 나라다. 공산당이 지배하는 사회는 본질적으로 압제적일 수밖에 없지만, 중국 공산당 정권은 특히 무자비했다. 그들은 1950년대 초엽의 토지개혁과 지주계급의 숙청, 1957년의 '반우파 투쟁,' 1957년에서 1958년에 걸친 '대약진 운동,' 그리고 1960년대 후반의 '문화혁명'을 통해서, 수천만 인민들을 학살하거나 굶어 죽게 만들었다. 그러나 공산당 정권은 그런 역사적 사실들을 감추고 권력을 독점해온 까닭에, 인민들은 기본적 자유와 권리조차 제대로 누리지 못한다. 비록 지난 한 세대 동안 중국이 이룬 경제적 성취가 워낙 커서 공산당 정권에는 밝은 후광이 어리지만, 그 정권이 중

culture and continually advocated a Sino-centric order.

> Ironically the desire to make a total break with the 'old world' reveals the CCP's inheritance of a heavy cultural-historical burden. In the CCP leaders' eagerness to make the Chinese revolution Asian-wide or even worldwide, we see the reemergence of a familiar Chinese ethnocentrism and universalism, and age-old tradition seriously challenged during modern times by the Western invasion of China.
>
> \- from *China's Road to the Korean War* by Chen Jian

Now, what kind of imperialism does China, which aims to become the world's most powerful empire, seek to practice? Evidence seen up until now points to an imperial power with many negative characteristics. Imperialism is, of course, usually unwelcome, but Chinese imperialism will be exceptionally oppressive, aggressive, and arbitrary.

China is a highly oppressive country. Societies ruled by a communist party are naturally so, but the Chinese Communist Party was especially repressive. Through the land reforms of the early 1950s, purging of the land owning class, the 'Anti-Conservative Movement' of 1957, the 'Great Leap Forward' movement, and the 'Cultural Revolution' of the late 1960s, they starved and slaughtered tens of millions of peasants. However, the Communist Party hid these facts and monopolized political power, depriving the people of basic freedoms and rights. Although the Communist Party is perceived to be a force that benefited China due to the economic success it achieved during the past generation, the fact remains that

국 역사에서 인민들에게 가장 큰 괴로움을 준 정권이라는 사실은 그대로 남는다. 영국 역사가 오드 안 웨스타드(Odd Arne Westad)의 지적대로, "국공내전의 반어(反語)는 중국 사람들이, 국가권력에 대한 성공적 저항을 그 국가 안에서 자신들의 보다 큰 영향력을 창조하는 데 쓰는 대신, 국민당보다 더 야만적이고 착취적인 대안정권을 지지하게 되었다는 것이다."

이렇게 압제적인 나라가 밖으로 너그럽고 협력적인 정책을 추구할 리 없다. 실제로 중국은 공산당 정권 수립 이래 줄곧 둘레의 나라들과 영토 분쟁을 일으키면서 가장 나쁜 형태의 제국주의를 추구해왔다. 인도, 미얀마, 소련, 베트남, 일본과 영토 분쟁을 벌였고, 타이완에 대한 무력 침공을 준비하고 있다. 특히 북한을 도와서 한국전쟁을 일으켰고 북한이 패배한 뒤에는 공식적으로 국제연합군에 맞서 한국에 침입했다.

오래된 티베트와 신장 문제도 본질적으로 중국의 민족주의와 제국주의에서 나왔다. 독립 또는 자치를 요구하는 두 지역에 대해 중국 공산당 정권이 무력으로 탄압하면서 한족의 이주를 통한 민족적 동화정책을 펴온 것에 대한 국제적 비난이 거세지만, 그런 정책을 처음 편 것은 실은 장제스(蔣介石)의 국민당 정권이었다. 장제스는 그 두 지역이 중국의 변두리에 자리 잡았고 역사적으로 독립이나 자치를 누린 기간이 많았으며 청(淸)이 쇠퇴한 뒤엔 실질적으로 자치를 누렸다는 사실을 인정하지 않았다. 그는 청이 차지했던 영역을 모두 중국이 되찾아야 한다고 믿었다. 이런 신념이 워낙 굳었으므로, 그는 자신의

it is the most oppressive government in the history of China. As Odd Arne Westad, a British historian, pointed out, "The irony of the civil war era is that the Chinese, instead of using successful resistance against state power to create more influence for themselves within the state, ended up supporting an alternative regime that was, if anything, more brutal and exploitative than the GuoMinDang (Chinese nationalist party) had been."

There is no reason to believe that such a barbaric and oppressive country would exercise a forthcoming and cooperative foreign policy. In fact, the Chinese Communist Party has been continually involved in territorial disputes with neighboring countries ever since its establishment, demonstrating the worst possible form of imperialism. It has been entangled in border disputes with India, Burma (Myanmar), the Soviet Union, Vietnam, and Japan, and is preparing for an invasion of Taiwan. Also, it helped North Korea invade South Korea and fought against UN forces after the defeat of the North Korean army.

The long-term problems regarding the Chinese provinces of Tibet and Xinjiang are also products of China's nationalism and imperialism. Although the Chinese Communist Party's forceful suppression of these two provinces' demands for independence and autonomy and their policy of assimilation through migration of Han people were met with fierce international criticism, it was the Chinese Nationalist Party led by Chiang Kai-Shek that first carried out such actions. Chiang Kai-Shek did not acknowledge the fact that the two provinces, being located at the outskirts of China, had historically enjoyed long periods of autonomy, and that after the

운명이 걸린 국공내전 내내 신장에 9만 명의 병력을 주둔시켰다.

청의 영역을 모두 되찾아야 한다는 신념에선 국민당 정권과 공산당 정권이 같았다. 그래서 공산당 정권은 이미 독립한 몽골조차 중국의 일부가 되어야 한다고 주장했고 소련의 반대에 부딪힌 뒤에야 그런 주장을 거두어들였다.

반어적으로, 중국 공산당은 처음엔 소수민족의 자치와 독립에 대해 호의적이었다.

> 공산주의자들이 국가적 수준에서 권력을 세우는 일과 거리가 멀었던 1920년대와 1930년대에, 공산당은 중국에서 분리해서 자신들의 독립국가들을 세울 소수민족들의 권리를 일반적으로 지지했다. 1922년의 제2차 전당대회는 사회주의 중국을 연방공화국으로 묘사했고, 단명했던 중국소비에트공화국의 1931년 헌법은 모든 소수민족들의 완전한 분리 권리를 포함했다. 타이완의 독립운동은 1941년까지도 중국 공산당의 칭송을 받았다. —오드 안 웨스타드, 《결정적 조우들: 중국의 내전, 1946~1950(*Decisive Encounters: The Chinese Civil War, 1946~1950*)》

마르크스주의에서 나왔음이 분명한 그런 낭만적 태도는 중국 공산당이 일본과의 전쟁을 치르면서 바뀌었다. 모든 권력과 결정이 중앙으로 집중되는 전체주의 사회에선 어차피 자치는 허용될 수 없다. 이처럼 민족주의와 제국주의의 전통에 특수한 지역들의 자치를 허용할 수 없다는 공산주의 이념이 겹쳤으므로, 앞으로 두 지역에 대한

decline of the Qing dynasty had virtually gained independence. He believed that China should regain all the lands the Qing dynasty had occupied. His belief in this was so strong that he persistently stationed ninety thousand troops in Xinjiang even while the Chinese Civil War, which would decide the fate of him and the Nationalist Party, raged on in other parts of China.

The Nationalist Party and the Communist Party both thought that all of Qing's territory must be reclaimed. And the Communist Party asserted that an already independent Mongolia should be incorporated into China and only withdrew the claim after the Soviet Union objected.

Ironically, the Communist Party had been inclined towards giving independence and autonomy to minorities at first.

> During the 1920s and 1930s, when the Communists were far from establishing their power at a national level, the party had generally been supportive of minorities' rights to secede from China and form their own independent states. The second party congress in 1922 had envisaged socialist China as a federal republic, and the 1931 constitution of the short-lived Chinese Soviet Republic included the full right of secession for all minorities. Taiwan's independence movement had been lauded by the CCP as late as 1941.
>
> - from *Decisive Encounters: The Chinese Civil War, 1946 – 1950*
>
> by Odd Arne Westad

Such idealistic thinking, most likely resultant from Marxist ideology, changed after the Chinese Communist Party waged war

중국의 억압적 지배는 점점 강화될 것이다.

근년에 중국은 강대국의 지위를 누리면서도 강대국의 책임을 인식하지 못하고 아주 이기적인 행태를 보여 왔다. 파키스탄의 핵무기 개발을 도와서 핵무기 확산의 원인을 제공한 것에서부터 근년에 수단의 자원을 얻기 위해 다르푸르(Darfur)의 비극을 외면한 것에 이르기까지, 중국의 비양심적 태도는 헤아릴 수 없이 많다. 환경을 가장 많이 오염시키는 나라지만, 그것을 줄이려는 노력은 거의 없다.

앞으로 중국은 제국주의를 더욱 공격적으로 추구할 것이다. 중국의 공산당 정권이 민족주의로 자신을 정당화하기 때문이다. 강대국의 민족주의는 궁극적으로 제국주의의 모습을 하게 마련이다.

중국은 1970년대 말엽 덩샤오핑(鄧小平)의 집권 시절에 명령경제를 버리고 시장경제를 골랐다. 공산주의의 핵심인 명령경제를 버림으로써 공산당 정권은 전제적 통치의 정당성을 완전히 잃었다. 실제로 중국 공산당은 세계에서 가장 정예주의적인 집단들 가운데 하나다. 공산당은 13억 인구에서 뽑힌 약 300만 명의 당원들로 이루어졌는데, 당원들은 도시에서 자라나고 교육을 잘 받은 남녀들로서 다수 인민들을 대표하지 못한다.

사정이 그러하므로, 중국 공산당 정권은 자신이 잃은 정당성을 민족주의를 통해서 되찾으려 한다. 공산당 정권은 마오쩌둥이 이끈 공산군이 '중일 전쟁'에서 이김으로써 비로소 새로운 중국이 나올 수 있었다는 주장으로 자신에게 정당성을 부여한다. 그리고 앞으로 공산당 정권이 중국을 가장 강대한 나라로 만들리라는 약속을 내놓아

against Japan during the Second World War. Autonomy was out of the question in a totalitarian society where all powers and decisions were centralized. Since such communist ideology of disallowing specific regions being granted autonomy and traditional nationalism and imperialism go hand in hand, Chinese oppression of these two regions is expected to intensify.

Recently, China has displayed selfishness through failing to acknowledge the responsibilities of being a Great Power. Ranging from proliferating nuclear weapons by aiding Pakistan with its nuclear weapons program, to disregarding the Darfur crisis in order to acquire raw materials from Sudan, China has displayed poor moral judgment time and time again. Also, it is the biggest contributor of greenhouse gases, but has yet to do anything about the situation.

China will continue to aggressively pursue imperialism since the Chinese Communist Party justifies itself through nationalism. A Great Power's interpretation of nationalism is bound to take on the form of imperialism.

In the late 1970s when Deng Xiaoping was in power, China abandoned a centrally planned economy and adopted a market-based economy. The Communist Party lost all justification for its totalitarian rule by abandoning a planned economy, which is one of communism's defining characteristics. In truth, the Chinese Communist Party is one of the most elitist groups in the world. It is comprised of 3 million select members from a population of 1.3 billion. These selected individuals are well-educated men and women from urban areas, and therefore do not effectively represent the people.

대중의 지지를 얻으려 한다. 1989년 공산당 정권이 톈안먼(天安門) 학살로 민주화 운동을 탄압하자, 서방은 공산당 정권을 제재했다. 공산당 정권은 자신에 대한 제재를 중국 전체에 대한 제재라고 설명하면서, 1900년 '의화단(義和團)의 난'을 진압하려고 열강이 중국에 군대를 보냈던 일과 성격이 같다고 선전했다. 토머스 크리스텐슨(Thomas Christensen)의 적절한 표현대로, "중국 공산당은 이미 공산주의자가 아니므로, 그것은 더더욱 중국적이어야 한다." 민족주의를 이용해서 전제적 정권의 정당성을 확보하려는 공산당 정권의 시도는 대체로 성공했고, 그런 성공은 대중의 민족주의를 한층 거세게 만들었다. 앞으로 경제가 발전해서 자유에 대한 중국 시민들의 열망이 커지면, 공산당 정권은 민족주의를 더욱 부추길 수밖에 없을 것이다.

그러나 대중의 민족주의적 열정을 부추기는 중국 공산당 정권의 전략은 큰 위험을 안고 있었다. 민족주의적 열정은 정치적 열정들 가운에 가장 거세다. 그것은 인종적 열정이나 계급적 열정을 늘 압도한다. 당연히, 다루기 어렵다. 많은 사람들이 섣불리 그것을 일으켰다가 제어하지 못하고 끝내 자신과 둘레를 태웠다.

프랑스 사상가 쥘리앵 방다(Julien Benda)의 지적대로, 민족주의적 열정을 그렇게 거세게 만드는 것은 현대 사회에서 대중이 정치과정에 적극적으로 참여한다는 사실이다. 대중은 나라의 이익이 무엇인지 제대로 알지 못하며 알려고 하지도 않는다. 그들은 자신들이 나라에 대해서 품은 자존심만을 끔찍이 생각하며 나라의 명예와 자존에 대한 모욕이나 훼손에 민감하게 반응한다. 그래서 대중이 경험하는

Taking into mind such shortcomings, the Communist Party invokes nationalistic sentiments to rationalize its continued reign. The Communist Party justifies itself by claiming that the new China owes its existence to the victory of the Communist army in the Sino-Japanese War. It goes on to make promises of making China the most powerful country in the world in order to attract popular support. In response to the Communist Party's suppression of democracy through the Tiananmen Square Incident, the West sanctioned the communist regime. The communist regime maintained that sanctions directed against its applied to China as a whole, and likened the situation to the Western world's response to the Boxer Rebellion of 1900, when various Western powers had sent their armies to China. As Thomas Christensen properly expressed, "Since the Chinese Communist Party is no longer communist, it must be even more Chinese."

The Chinese Communist Party's attempts to justify its totalitarian regime through nationalism were generally successful, and this success reinforced the Chinese people's sense of nationalism. In the future, when China reaches a higher level of economic prosperity and citizens' desire for freedom increases, the Party will be forced to incite an even fiercer nationalist sentiment.

But the Communist Party's strategy of continually inciting nationalistic impulses contains an inherent danger. Nationalism is the most potent political passion. It constantly overshadows racial and social class struggles. Naturally, it is difficult to manage. Many who had rashly attempted to kindle it were unable to control it and ended up burning themselves and people around them.

민족주의적 감정은 본질적으로 민족적 자존심에 관한 것이고 오직 부차적으로만 나라의 이익에 관한 것이다.

현대의 전쟁들이 총력전이 되어 근대 이전의 전쟁들보다 훨씬 참혹해진 데는 이런 사정이 작용했다. 대중이 정치에 참여하면, 이익보다 명예를 앞세우게 되어, 국가들 사이의 합리적 타협은 무척 어려워진다. 프랑스혁명의 지도자 미라보(Mirabeau)는 자유로운 나라들 사이의 전쟁은 국왕들의 전쟁이 아쉬워지도록 만들리라고 예언했다.

게다가 역사적 정황은 중국에서 낭만적 애국심이 유난히 번창하도록 만든다. 민족주의적 열정은 사람들로 하여금 자신들의 역사를 의식적으로 되살아보려는 결심을 낳는다. 그래서 오래전에 자신들의 선조가 품었다고 여겨지는 열망을 자신들도 함께 품으려 애쓰며 그 열망을 실제로 이룰 '역사적 권리'가 있다고 믿는다. 고대부터 줄곧 아시아의 문화적·정치적 중심이었다가 근대에 서양 열강과 일본의 침략을 받은 역사 때문에, 중국 사람들은 찬란했던 역사를 되살아보고 싶은 열망이 유난히 크다. 이런 낭만적 애국심은 필연적으로 제국주의적 특질을 지니게 되어 둘레의 나라들과 부딪치게 된다.

근년엔 중국 정부도 이 점을 인식하기 시작했다. 2005년 4월 일본의 침략에 관한 사실들을 숨기거나 왜곡한 역사 교과서가 일본에서 출간되자, 중국에선 일본에 항의하는 목소리들이 나왔다. 처음에 중국 정부는 이런 항의들을 격려하는 듯했다. 반일 시위는 이내 널리 퍼지고 격렬해져서, 난폭한 시위들이 나오고 일본 대사관에 대한 습격이 시도되고 일본 상품 불매운동이 일었다. 이런 민족주의적 열정

As the French philosopher Julien Benda points out, nationalistic passion is strong in modern society because the common people are deeply involved in politics. They do not know what would benefit the nation nor bother themselves to find out. They only think of their wholehearted dedication to their country and respond most acutely to insults against their country's honor. Therefore, nationalism the common people experience is primarily about national pride and secondly about national interests.

This kind of pride has transformed modern warfare into a form of total war, which is much more destructive than pre-modern warfare. If the general populace is involved in the political process, countries have a much more difficult time trying to reach a rational agreement because honor is placed ahead of interest. Comte de Mirabeau, who initially led the French Revolution, predicted that the wars of the free nations would cause the wars of the Kings to be regretted.

Additionally, its historical background makes China a breeding ground for romantic patriotism. Nationalism causes people to try to relive their country's glorious past. People aspire to hold the same aspirations as their ancestors supposedly did and believe that they have a 'historical right' to pursue these goals. Due to its previous status as a major cultural and political center since ancient times, and its modern struggles against invading colonial powers, China has a particularly strong desire to relive its glorious past. This kind of romantic patriotism inevitably takes on imperialistic characteristics and leads to clashes with neighboring states.

Lately, the Chinese government has also become aware of this fact. In April 2005, when Japanese history textbooks failed to

의 폭발에 놀라서, 중국 정부는 반일 시위를 억제하기 시작했다.

그러나 상황은 오히려 위험해지고 있다. 중국이 강대국으로 일어서면서, 중국 사람들의 자부심과 애국심은 가파르게 늘어났고 민족주의 세력은 빠르게 커졌다. 특히 인터넷을 통해서 활동하는 극단적 민족주의자(hypernationalist) 집단들은 세력이 커져서, 중국 정부의 정책이나 행태에서 중국의 명예를 조금이라도 깎는 것처럼 보이는 경우가 나오면, 이내 정부를 비난한다. 방다의 말대로, "현대 시민은 국가적 명예가 요구하는 것을 자신이 느낀다고 주장하며, 만일 지도자들이 그것과 다른 생각을 지녔으면, 그들과 맞설 준비가 되어 있다."

중국 정부는 이런 상황에 대처할 길을 아직 찾지 못한 듯하다. 중국 정부는 민주주의 국가가 아니므로 그런 민족주의적 열정을 품은 대중에 대처한 경험이 거의 없다. 중국 정부는 일본과 미국에 대해 극도의 반감을 드러내는 극단적 민족주의자 집단들에 대해서 아주 무력하다. 공산당 정권에 대한 비판은 허용되지 않지만, 극단적인 민족주의적 열정에서 중국 정부의 정책이나 행태를 비판하는 것은 정부도 감히 막지 못한다.

앞으로 공산당 정권이 장악한 중국 정부는, 바라든 바라지 않든, 민족주의에 바탕을 둔 제국주의적 정책을 따를 것이다. 정권의 정당성을 민족주의에서 찾아야 한다는 정치적 필요는 대중의 민족주의에 호소하는 정책을 필연적으로 만들 테고, 그렇게 북돋우어진 대중의 민족주의적 열정은 중국 정부가 공격적 제국주의를 추구하도록

truthfully describe the Japanese invasion, criticism against Japan was voiced. At first, the Chinese government seemed to support these critics. The anti-Japan movement became widespread and violent, resulting in violent protests, attempted assaults on the Japanese embassy, and a boycott of Japanese goods. The Chinese government, startled by such an explosive demonstration of nationalism, began to suppress anti-Japan protests.

The situation is becoming more and more volatile. As China emerged as a Great Power, the pride and patriotism of the Chinese people have reached newer heights, and nationalism has more supporters than ever. Particularly, the hyper-nationalist group operating through the Internet has gained in strength and criticizes the government whenever they feel that government policy or action dishonors China in any way. As Benda wrote, "The modern citizen claims to feel for himself what is demanded by the national honor, and he is ready to rise up against his leaders if they have a different conception of it."

The Chinese government currently seems at a loss in dealing with this situation. Not being a democratic country, China has rarely had experience dealing with a nationalistic people. The Chinese government is not so powerful against those who express extremely antagonistic views of Japan and the United States. Although criticism of the Communist Party is prohibited, not even the government can bar criticism against the Chinese government's actions and policies stemming from extreme nationalism.

In the future, the Communist controlled Chinese government, whether it desires it or not, will pursue imperialist policies based on

강요할 것이다.

nationalism. The political need to justify itself through nationalism will make policies that appeal to the people's nationalistic passion necessary. This nationalistic passion will, in turn, force the Chinese government to pursue increasingly more aggressive imperialism in the days to come.

제6장 한반도의 지정학

한반도의 지정학적 상황에서 가장 두드러진 특질은 동아시아가 하나의 공동체가 아니라는 사실이다. 뛰어난 경제적 성취에도 불구하고, 그동안 동아시아의 여러 나라들은 정치적으로 이룬 것이 거의 없다. 동아시아의 주요 국가들인 중국, 일본, 한국, 북한, 몽골은 아직도 과거의 유산에 얽매여 있다. 나라마다 자신이 해석한 역사가 옳다고 우기면서 다른 나라들의 역사적 해석을 비난한다. 과거에 대한 해석이 그렇게 다르니, 앞으로 함께할 전망은 엄두도 내지 못한다.

이런 사정은 쓰디쓴 대립과 전쟁의 역사를 덮고 새로운 공동체를 이룬 유럽의 경험과 아픈 대조를 이룬다. 가까이 동남아시아 국가들이 아세안(ASEAN)을 이루어 지역공동체로 자라나는 상황과도 대조적이다. 북아메리카의 북미자유무역협정(NAFTA), 라틴아메리카의 남미공동시장(MERCOSUR)과 남아프리카의 남아프리카 개발공동체(SADC, Southern African Development Community)도 상당히 성공

Chapter 6 Geopolitics on the Korean Peninsula

The most distinctive feature of the geopolitical situation of the Korean Peninsula is the lack of a unified East Asian community. Despite remarkable economic achievements, the countries of East Asia have very little to show for political cooperation. The major East Asian countries - China, Japan, South Korea, North Korea, and Mongolia - are still preoccupied with historical disputes. Each nation asserts that its interpretation of history is correct and criticizes the versions of history other countries come up with. With such different interpretations of the past, they can hardly hope to discern a common future.

This situation sadly contrasts with the successful community European countries have formed, overcoming their bitter historic rivalries and conflicts. The nearer example of South East Asian countries forming a community through ASEAN is another reminder of East Asia's political fragmentation. North America's NAFTA, Latin America's MERCOSUR, and Southern Africa's SADC (South

적으로 움직인다. 자연히 지역의 다양한 문제와 과제들을 그런 지역 연합을 통해서 풀려는 경향이 점점 짙어진다. 지난 7월 파리에서 유럽과 지중해 연안 40여 개 국가들이 모여 '지중해연합(Union for the Mediterranean)'을 결성한 것은 그런 추세에 운동량을 더할 것이다.

이런 지역공동체에선 양자적 관계를 다자적 관계가 보완한다. 약한 나라들이 연합해서 힘센 나라의 전횡을 누그러뜨리기도 한다. 자연히 나라들 사이의 이해가 비교적 합리적이고 효과적으로 조정된다. 불행하게도, 가까운 미래에 동아시아에서 지역공동체가 나올 가능성은 크지 않다. 이런 상황에서 중국의 압도적 영향력은 제어되지 않은 채 둘레에 미친다.

중국과 긴 국경을 공유하므로, 한반도는 중국의 공격적 제국주의의 영향을 가장 먼저 그리고 가장 크게 받는다. 역사적으로, 한반도는 중국의 그늘을 벗어난 적이 드물었다. 한(漢)의 침입으로 고조선이 무너진 뒤, 중국의 정치적 영향으로부터 비교적 자유로웠던 삼국시대를 빼놓고는, 중국에 조공함으로써 중국과의 관계를 평화적으로 유지해왔다. 중국에 대한 그런 예속은 19세기 말엽 청일전쟁에서 일본이 승리함으로써 비로소 끝났다. 중국이 다시 강성해지자, 중국은 한반도에 대한 영향력을 빠르게 늘렸다. 이미 북한에 대한 중국의 영향력은 거의 절대적이어서 북한은 실질적으로 중국의 속국이 되었다. 한국도 중국의 자장(磁場) 안에 들었다.

우리 마음을 스산하게 하는 것은 중국 공산당 정권이 집요하게 한

African Development Community) are also examples of successful regional communities. Naturally, the trend to solve multifarious regional problems through regional community deepens. The formation of the 'Union for the Mediterranean', a union of forty European and Mediterranean countries, which took place last July, will add momentum to this trend.

In a regional community, bilateral relationships are supplemented with multilateral relationships. Sometimes, weaker countries can form a coalition to discourage a stronger country from exercising tyrannical influence. Naturally, countries reach a more rational and effective agreement. Unfortunately, the probability of a regional community emerging in East Asia is low. Under these circumstances, China's overwhelming influence will go unchecked and will continue to affect surrounding nations.

Since Korea shares an extensive border with China, Korea will be the first to be affected by China's aggressive imperialism, and also to the greatest extent. For the most part of history, the Korean peninsula has been overshadowed by China. Since the Ancient Chosun Kingdomn perished in war with the Han Empire of China, except for the Three Kingdom period that was relatively free from the Chinese political influence, Korea maintained peaceful relations with China only by sending tributes to the Chinese crown. Such subordination to China ended only with the Japanese victory over the Qing dynasty in the First Sino-Japanese War. As China became powerful once again, it quickly reestablished its influence over the Korean peninsula. Now China's influence over North Korea is almost absolute and North

반도에 대한 영향력을 키워왔다는 사실이다. 한국전쟁에서 중공군이 1950년 10월에 압록강 너머로 침입해서 유엔군과 싸워 한반도의 통일을 방해했다는 것은 잘 알려졌다. 그러나 애초에 38선을 넘은 북한군의 주력이 실은 중공군이었다는 사실은 거의 알려지지 않았다.

1950년 6월 북한군이 한국을 침입했을 때, 중공군 출신 조선인 병사들은 북한군의 3분의 1가량 되었다. 그들은 '국공내전'에서 얻은 전투경험을 지녔고 북한군의 놀랄 만한 전투력의 원천이었다. 그들은 뿔뿔이 북한에 들어온 것이 아니라 조직적으로 북한군에 편입되었다. 북한군 5사단, 6사단, 7사단은 아예 중국에서 편성되어 뒤에 이름만 북한군 편제를 따랐다.

더욱 놀라운 것은 5사단의 전신인 중공군 164사단과 6사단의 전신인 중공군 166사단이 1949년 7월에 편성되어 북한으로 들어왔다는 사실이다. 중국이 국가 수립을 선포한 날이 1949년 10월 1일이었으니, 국가가 공식적으로 수립되기도 전에 중국은 한국을 병탄하려는 북한을 돕고 있었던 것이다.

북한이 남한을 침공하자, 중국은 이내 동북 지역의 국경을 방어하는 임무를 띤 군대를 편성했다. 중국 공산당은 북한이 남한을 침공한 지 2주가 채 되지 않은 시점에 이 군대의 편성을 결정했고, 1950년 7월 말까지 배치를 끝냈다. 4개 군으로 이루어진 이 큰 군대의 주요 임무는 물론 동북 지역의 방어였지만, 중국 공산당 지도부는 이 군대에 처음부터 그런 방어적 임무를 훌쩍 넘어 한국전쟁에서 미국과 싸우라는 공격적 임무도 부여했다. 그리고 북한의 파병 요청이 있기도

Korea is virtually China's satellite state. South Korea also is within China's sphere of influence.

What is most troubling is the fact that the Chinese Communist government has persistently extended its influence over the Korean peninsula. It is well known that the Chinese forces intervened in October, 1950 after the collapse of the North Korean in the Korean War to oppose the UN forces, thereby obstructing the unification of the Korean peninsula. It is less well known that the core of the North Korean army that first crossed the 38th parallel to invade South Korea was provided by Chinese communist forces.

In June 1950, when the North Korean army invaded South Korea, Chinese Communist soldiers of Korean descent accounted for a third of the North Korean army. They possessed combat experience from the Chinese Civil War and were the source of the North Korean army's astonishing combat effectiveness. They did not individually enter North Korea but were systematically incorporated into the North Korean army. The 5th, 6th, and 7th Divisions of the North Korean army were, in fact, formed in China and were later merely placed under North Korean command.

What is more amazing is that the 5th Division of the North Korean Army, the former 164th Division of the Chinese Communist Army, and the 6th Division of the North Korean Army, the former 166 Division of the Chinese Communist Army, were formed in July, 1949 to be sent to North Korea. Since China declared the establishment of the People's Republic of China on October 1st, 1949, China seems to have been helping North Korea annex its Southern neighbor even before it officially announced the founding of its own country.

전에 한국전쟁에 개입할 준비를 시작했다.

이런 사실은 놀랍다. 그러나 중국 공산당이 동아시아의 사회주의 혁명에서 주도적 역할을 해야 한다고 스스로 믿었다는 사실을 고려하면, 이런 사실은 놀랍기보다 자연스럽다. 그래서 마오쩌둥을 비롯한 중국 공산당 지도부는 이미 1949년 말엽에 타이완, 베트남, 조선에서 미국과 대결한다는 방침을 세웠다.

휴전 직전, 전선에 배치된 공산군은 중공군 7개 군과 북한군 2개 군단이었고 예비 병력은 중공군 11개 군과 북한군 1개 군단이었다. 중공군의 침입 뒤 공산군의 주력은 내내 중공군이었던 셈이다.

이런 상황은 한반도의 운명을 결정한 휴전회담을 실질적으로 미국과 중국 사이의 협상으로 만들었다. 리지웨이는 "공산주의자들의 수석대표는 북한 인민군의 참모장인 남일(南日) 중장이었다. 그러나 공산군 측의 실세는 분명히 중국 '지원군'의 참모장 셰황(解方) 장군이었다"고 회고했다.

이처럼 중국 공산당 정권이 한국전쟁에서 북한을 도운 것은 동북 지역을 방어하려는 군사적 이유와 공산주의 이념을 공유하는 이웃 나라를 도우려는 정치적 이유에서 나왔다. 그러나 중국의 개입엔 중공군이 국공내전에서 북한을 '전략적 후방'으로 삼았고 북한의 적극적 지원을 받아 전력이 더 우세했던 국민당 군대의 공세를 견뎌냈다는 사실도 크게 작용했다. 중국 공산당 정권에게 한반도는 단순한 이웃 지역이 아니다.

After North Korea invaded South Korea, China mobilized armies seemingly tasked with the protection of China's northeastern borders. The Chinese Communist Party decided to organize these armies barely two weeks after the North's initial invasion and completed deployment by late July of 1950. This large force composed of four armies was indeed primarily tasked with the protection of the Northeastern region, but the Chinese Communist Party leadership bestowed upon it offensive objectives of combating American troops in the Korean War, all from the very beginning. Also, they prepared to intervene in the Korean War before any requests for reinforcements were made by the North Koreans.

These facts are astounding. If one takes into account the Chinese Communist Party's belief that they had to lead East Asia's socialist revolution, however, these astounding facts become merely natural results of such belief. And the Chinese Communist Party leadership, led by Mao Zedong, began to plan for future confrontations with the US in Taiwan, Vietnam, and Korea as early as late 1949.

Just before the Armistice, the Communist forces deployed along the frontline consisted of 7 Chinese armies and 2 North Korean corps, with the reserves of 11 Chinese armies and 1 North Korean corps. Obviously, ever since the intervention of the Chinese, the main force of the communists had always been the Chinese army.

This fact made the armistice negotiations, which decided the fate of the Korean peninsula, virtually a deal between the US and China. Ridgway recalled in in memoirs, "The chief Communist negotiator was Lieutenant General Nam Il, Chief of Staff of the North Korean People's Army. But the real power on the Red side was clearly General

근년에 미국의 영향력은 한반도에서 많이 줄어들었다. 아프가니스탄과 이라크에서 전쟁을 벌이면서, 미국은 동아시아에서 유지해 온 군사력을 적잖이 중동으로 옮겼다. 한반도에 주둔해 있던 병력이 특히 많이 줄어들었다.

이라크 전쟁은 원래 정의로운 전쟁이었다. 이라크의 사담 후세인(Saddam Hussein) 대통령은 많은 악행들을 저질렀고 그의 전제적 통치 아래서 이라크 시민들은 큰 괴로움을 겪었다. 따라서 이라크 시민들을 그의 압제로부터 풀어주는 일은 정의롭고 시급했다. 전쟁은 미국의 일방적 승리로 끝났다. 미국의 군사력은 이미 코소보 전쟁과 아프가니스탄 전쟁을 일방적 승리로 이끈 터였다.

불행하게도, 조지 부시(George W. Bush) 정권의 역량은 이라크에 새로운 국가를 세운다는 힘든 과업에 미치지 못했다. 원래 이라크는 인종적·종교적으로 복잡하게 갈라진 데다, 사담 후세인의 압제적 통치 아래서 사회가 발전하지 못한 까닭에, 사회기구들이 원시적인 사회다. 그런 사회에 자유민주주의 국가를 세우는 일은, 비관론자들의 진단대로 불가능하지는 않더라도, 무척 힘든 일일 수밖에 없다. 부시 정권은 이라크 사정에 어두웠고 능력이 없었을 뿐 아니라 더할 나위 없이 오만했다. 그래서 그른 판단들에 바탕을 둔 비현실적 전쟁이 나왔고 그나마 비효율적으로 집행되었다. 특히 안타까운 것은 외교적 실패로, 부시 정권은 우호적 국가들을 이라크 국가 건설에 끌어들이지 못했고 비우호적 국가들의 적대적 태도를 누그러뜨리지 못했다.

그래서 미국을 비롯한 연합국 군대들은 저항 세력들과 힘든 싸움

Hsieh Fang, Chief of Staff of the Chinese People's 'Volunteer Army'."

The Chinese Communist Party's decision to help North Korea during the Korean War resulted from the military need to secure its northeastern territory and the political aim to aid a neighboring communist country. Also, the historical fact that Chinese Communist forces used North Korea as its 'strategic rear' during the Chinese Civil War and North Korea' helped them withstand the attack of the stronger Chinese Nationalist forces played a part. To China, Korea is no ordinary neighboring region.

Recently, the American presence has become significantly smaller in the Korean peninsula. As the United States waged wars in Afghanistan and Iraq, it redeployed much of the forces it had maintained in East Asia to the Middle East. Especially, the number of troops stationed in Korea was drastically reduced.

The Iraq War was originally a just war. President Saddam Hussein of Iraq was responsible for numerous atrocities and the Iraqi people had suffered under his rule. Liberating the Iraqi people from his oppression was not only righteous, but urgently needed. The war ended in a near-perfect American victory. American military power had already come out on top in the Kosovo conflict and the Afghan War.

Unfortunately, the George W. Bush administration failed in the important task of constructing a new government in Iraq. Because Iraq had been divided along complex racial and religious lines, and Saddam Hussein regime had not nurtured social development, social institutions were primitive. Establishing a democratic state in such a society would be, although not impossible as the pessimists say,

을 벌였다. 반면에, 미국이 지지하는 정권은 제대로 기능하지 못했다. 그렇게 되자, 압제적 정권을 제거하고 테러를 막으러 나선 정의로운 전쟁이 어느 사이엔가 '명분 없는 전쟁'으로 여겨지게 되었다. 무고한 민간인들을 겨냥한 폭탄 테러가 날마다 일어나도, 그것을 비난하는 목소리가 들리지 않는 기괴한 상황이 되었다.

이런 사정은 한반도에 직접 영향을 미친다. 미국의 도덕적 국제정치가 힘을 잃으면서, 세계적으로 빌 클린턴(William Jefferson Clinton) 대통령이 보였던 '비겁한 평화주의(cowardly pacifism)'가 대세를 얻었다. 한반도에선 북한의 입지가 강화되고 중국의 영향력이 크게 늘어났다.

제한전을 둘러싼 맥아더와 트루먼의 갈등에서 우리는 중요한 교훈을 얻을 수 있다. 자신의 선택의 폭을 미리 제한하는 일은 적과의 대결에서 결정적 약점이 되어 목표를 이루는 것을 어렵게 한다. 그런 결정엔 여러 요인들이 복합적으로 작용했지만, 결정적 요인은 미국이 철저하게 제국주의적이지 못했다는 사정이었다. 미국 시민들은 공산주의를 미워하고 두려워했지만, 공산주의를 이기기 위해 필요한 희생을, 즉 길고 사상자들이 많이 나는 전쟁을 치를 의지가 없었다.

북한의 핵무기 개발을 막는 과정에서도 미국은 이런 성향을 드러냈다. 처음에 부시 대통령은 모든 수단을 써서 북한의 핵무기 개발을 막겠다고 나섰다. 그러자 북한은 이내 핵무기 폐기를 위한 협상에 적극적으로 나섰다. 이라크 전쟁이 예상보다 훨씬 어려워져서 다른 곳에 돌릴 군사적 자원이 줄어들자, 미국은 북한 핵무기를 외교적으로

but very difficult at the very least. The Bush administration was not well aware of Iraqi situation, incompetent, and yet arrogant. Consequently, an unrealistic war based on wrong decisions occurred and was inefficiently executed. Particularly disappointing was that the Bush administration was unable to include its allies in Iraq's reconstruction or restrain the hostilities of unfriendly countries.

As a result, the Coalition forces, led by the US army, continue to fight resistance groups with great difficulty. Meanwhile, the US-supported government cannot function properly. Suddenly, a war for the elimination of oppression and terror became an 'unjustifiable war'. An extremely odd situation has occurred, where daily terrorist bombings against innocent civilians no longer cause outcries of indignation.

This situation directly affects the Korean peninsula. As America's 'moral' international politics lose momentum, the 'cowardly pacifism' practiced by the former President Bill Clinton regains vigor throughout the world. On the Korean peninsula, North Korea's position has been strengthened and China's influence is stronger than ever.

We can learn an important lesson from the argument between MacArthur and Truman over waging a 'limited war'. Deliberately limiting your choices can become a decisive weakness in a struggle against an enemy, making more difficult the achievement of your objective. The fatal decision must have been affected by many factors, but the most crucial was the fact that the US failed to be thoroughly and completely imperialistic. American citizens hated and feared communism but lacked the will to fight a long, bloody war to defeat it.

The United States showed a similar stance towards sanctioning North Korea's nuclear weapons development program. President

해결하겠다고 선언했다. 그 뒤로 어려운 처지에 놓인 북한이 오히려 협상을 주도하고 미국은 자신이 정한 기준이나 시한을 번번이 거두어들이는 행태를 보였다.

이제 북한은 얻을 것을 거의 다 얻었다. '6자 회담'을 실질적으로 파산시키고 그렇게도 열망했던 미국과의 양자협상을 이루었다. 자신이 바라는 선에서 미국과 타협하겠다는 태도를 바꾸지 않고서도, 미국을 포함한 여러 나라들의 지원을 받고 있다. 그렇게 시간이 지나면, 북한은 핵무기 보유국의 지위를 실질적으로 얻을 것이다. 2003년부터 2005년까지 미국 중앙정보국(CIA) 비밀 활동 부서의 아시아 지부 책임자였던 아트 브라운(Art Brown)의 평가는 주목할 만하다. "북한은 자신의 핵무기들을 포기할 의향을 보인 적이 없고, 불행하게도 우리는 북한이 그렇게 하도록 강요하거나 유도할 위치에 있지 못하다."

이처럼 중국의 공산당 정권은 한반도에 대한 관심이 처음부터 깊었고 한국전쟁을 통해서 실제로 한반도 사태에 깊이 개입해왔다. 중국의 한반도에 대한 영향력에 대항할 힘은 미국의 영향력이다. 근년에 미국의 영향력이 줄어들면서, 중국의 영향력은 자연스럽게 늘어났다. 그리고 앞으로 더욱 늘어날 것으로 보인다.

Bush initially announced that he would do everything necessary to stop North Korea's nuclear weapons development. Accordingly, North Korea seemed to be more willing to actively take part in negotiations concerning its nuclear disarmament. As the Iraq War dragged on and became a drain on military resources, the US declared its intentions to settle the North Korean nuclear weapons problem diplomatically. Since then, North Korea, supposedly in a more difficult position, has taken the initiative in negotiations while the US has repeatedly withdrawn the conditions or schedules it proposes.

North Korean has now achieved nearly everything it had set out to do. It has practically derailed the Six Party Talks and successfully negotiated the bilateral settlement with the US it so desired. While refusing to change its stance of settling things bilaterally with the US in a manner favorable to it, North Korea is still favored with the continuing aid from countries around the world, including the US. If things continue as they do now, North Korea will eventually attain de facto recognition of its nuclear power status. Noteworthy is the assessment of Art Brown who was the head of the Asia division of the CIA's clandestine service from 2003 to 2005: "North Korea has shown no intention of giving up its nuclear weapons, and we are unfortunately not in a position to either force or entice it to do so."

As mentioned above, the Chinese communist regime had always been concerned with the affairs of the Korean peninsula and actually intervened in the Korean War. The only counterweight that can match China's influence on the Korean peninsula is that of America's. As the American influence waned in recent years, Chinese influence steadily grew and looks like growing on.

제7장 핀란드화

갑자기 강대해진 이웃은 늘 불길한 징조다. 강대한 나라 바로 옆에 자리 잡은 작은 나라는 강대한 이웃의 눈치를 볼 수밖에 없다. 그리고 모든 일에서 강대한 이웃에게 양보해야 한다. 그런 과정의 끝은 '핀란드화'다.

핀란드화는 20세기에 핀란드가 러시아의 압도적 영향 아래 주권의 손상을 입으면서 생존한 경험을 가리킨다. 핀란드는 러시아로부터 독립을 유지하기 위해서 러시아와 우호적 관계를 맺지 않을 수 없었고, 그 과정에서 주권이 약화되는 것을 감수했다. 물론 이런 경험은 강대한 나라를 이웃으로 둔 작은 나라들이 늘 겪는다. 그런 일반적 현상에 특정 국가의 이름을 붙이는 관행은 문제적이라 할 수 있다. 실제로 핀란드 사람들은 그런 관행에 항의해왔다. 안타깝게도, 그 말은 이미 굳어져서 다른 말로 바꾸기 어렵다.

핀란드의 곤혹스러운 처지는 1950년대에 오스트리아 사람들

Chapter 7 Finlandization

The sudden emergence of a powerful neighbor is always an ominous sign. Small countries near powerful countries must constantly make sure they do nothing to antagonize their powerful neighbors and are forced to make concessions to their neighbors at every turn. The end of this process is Finlandization.

Finlandization is a general term that describes situations similar to Finland's plight in the 20th century, when Finland suffered constant encroachment upon its sovereignty by an overwhelmingly powerful Russia. Finland had no choice but to establish friendly relations with Russia and resign itself to the inevitable weakening of its autonomy. Evidently, this experience is one commonly shared by countries that have influential neighbors. The practice of naming such a general phenomenon after a specific country can be argued as problematic. Indeed, Finnish people have protested to such practices. Unfortunately, it has become an established term and will be difficult to replace with another one.

이 처음 언급했다. 그들은 핀란드와 아주 비슷한 상황에 놓인 오스트리아가 핀란드가 간 길을 피해야 한다고 역설했다. 핀란드화(Finnlandisierung)라는 말이 실제로 쓰인 것은 1960년대에 독일 정치학자들이 미군이 독일에서 철수할 경우에 나올 상황을 논의할 때였다. 1966년 '바르샤바 조약기구'가 모든 군사적 동맹을 없애자고 제안하자, 독일에선 그런 상황이 독일의 핀란드화로 이어질 것을 걱정하는 목소리가 높아졌다.

핀란드화는 본질적으로 작은 나라가 큰 나라의 존재에 적응하는 방식이다. 힘에서 비대칭적이면, 강대국은 '지배적 정책(policy of dominance)'을 고르고 약소국은 '묵종적 정책(policy of acquiescence)'을 고르게 된다.

묵종적 정책을 고른 작은 나라는 큰 나라의 영향력에 세 가지 방식으로 대응할 수 있다. 하나는 아예 대응하지 않는 것이다. 이 방식은 작은 나라의 역량이 조직화되지 못한 경우에 나온다.

둘째 방식은 정예집단(elite)이 큰 나라와 자신을 동일시하여 자신의 가치체계를 나라 전체에 강요하는 것이다. 이런 '강요된 지배(imposed domination)'의 경우, 흔히 괴뢰 정권(puppet regime)이 나온다.

셋째 방식은 정예집단이 큰 나라에 유화적 태도를 보이면서 자신의 핵심적 가치를, 즉 나라의 독립이나 자치를 지키려고 노력하는 것이다. 작은 나라의 체제(regime)가 큰 나라의 그것과 정체성이 다를 경우, 이런 방식은 자연스럽게 채택된다. 자기 나라가 큰 나라에

Finland's unfortunate situation was first cited by Austrians in the 1950s. They emphasized that Austria, which they claimed was in a similar situation as Finland, had to avoid the road Finland had taken. The more specific term, 'Finlandization (Finnlandisierung)', was first coined afterwards by German political scientists in the 1960s, when they were discussing what would happen if the US pulled its troops out of Germany. In 1966, when the Warsaw Pact proposed that all military alliances be nullified, Germany voiced its concern of such a movement leading to the Finlandization of Germany.

Finlandization essentially denotes the process in which smaller, weaker countries adapt to the presence of larger, more powerful countries. If there is an imbalance of power, the stronger country implements a 'policy of dominance' while the weaker country follows a 'policy of acquiescence'.

The weaker country that has chosen a policy of acquiescence can respond to the influence of a powerful country in three different ways. The first response would be to avoid confrontation altogether. This tactic is adopted when the weaker country cannot effectively organize its strength.

The second response would be for the elite class of the weaker country to regard their country as part of the more powerful country and impose this arbitrary belief upon the entire populace. Such 'imposed domination' commonly gives rise to a puppet regime.

The third response would be for its elite of the weaker country to attempt to protect the country's core values, such as independence and autonomy by appeasing the more powerful country. This type of

의존한다는 세력구조를 인정하고 그렇게 어려운 상황에서 최선의 방책을 찾는 태도이므로, 이것은 적응적이다. 그래서 '적응적 묵종(adaptive acquiescence)'이라 불린다. 핀란드화는 적응적 묵종의 전형적 모습이다.

적응적 묵종의 전략적 개념은 '양보(concessions)'와 '대항력(counterweight)'이다. 힘에서의 비대칭은 필연적으로 관계에서의 비대칭을 부른다. 그래서 모든 문제에서 약소국은 양보하고 강대국은 이익을 얻는다. 이런 비대칭적 관계에서 약소국이 얻는 것은 가치 훼손을 최소화하면서 현상을 대체적으로 유지하는 것이다. 사정이 그러하므로, 약소국의 강대국에 대한 양보는 기본 질서가 된다.

그러나 그런 양보는 대항력이 있어야 뜻을 지닌다. 대항력이 없다면, 두 나라 사이의 관계는 궁극적으로 강대국에 의한 약소국의 합병이 될 것이며, 적응적 묵종은 적응적일 수 없다. 따라서 적응적 묵종을 고른 약소국은 '양보 전략(strategy of concessions)'과 '대항력 전략(counterweight strategy)'을 동시에 추구하게 된다.

'양보 전략'은 두 가지 가정들에 바탕을 두었다. 하나는, 강대국에 대한 양보들이 강대국의 비용-편익 계산에 영향을 미친다는 가정이다. 약소국의 양보를 그냥 받아들이는 방안의 편익이 더 큰 압박으로 얻을 순이익보다 크다면, 강대국은 약소국에 대한 압박을 멈추고 두 나라 사이의 관계에서 현상을 유지하도록 하리라는 얘기다. 다른 하나는, 약소국의 자발적 양보들이 강대국의 호의를 얻어서, 더 큰 양

response naturally manifests itself when the two countries' forms of government are different. This behavior is adaptive in that it involves acknowledging dominance of the more powerful country while the weaker country attempts to find the best possible solution to this trying situation. That is why Finlandization is regarded as a classic example of 'adaptive acquiescence.

As Hans Mouritzen, a Danish political scientist, persuasively analyzed, adaptive acquiescence relies on concessions and counterweights. Asymmetric power inevitably brings about asymmetric relations and the smaller country makes concessions to the powerful country. In this asymmetrical relations, the smaller country looks to maintenance of the status quo by minimizing its concessions. And the smaller country's yielding to powerful country's wishes becomes the basic order.

Nevertheless, such concessions have meaning only when a country possesses the strength to oppose. Without the strength to oppose, the smaller country would eventually be annexed and the entire concept of adaptive acquiescence would become meaningless. Therefore, the weaker country adopting adaptive acquiescence would simultaneously pursue 'counterweight strategy' as well as 'strategy of concessions'.

The strategy of concessions operates under two assumptions. The first assumption is that the smaller country's concessions actually affect the powerful country's cost-benefit calculations. If accepting a smaller country's concession results in a bigger net benefit than applying more pressure, the powerful country will cease pressuring

보들을 하게 되는 상황을 막는다는 생각이다. 그런 가정들이 현실적일 경우, 양보를 한 약소국은 정치적 독립과 같은 자신의 핵심 가치를 지킬 수 있을 것이다.

'대항력 전략'은 자신의 역량을 길러서 강대국에 대한 양보를 최소화한다는 목표를 지닌다. 이 전략의 내용인 대항력은 외교적 대항력(diplomatic counterweight), 군사적 대항력(military counterweight), 시민적 대항력(civil counterweight)의 세 요소로 이루어진다. 외교를 통해서 국제적 환경을 개선하고 강대국에 대한 지위를 향상시키는 것이 외교적 대항력의 본질이다. 이것은 흔히 두 가지 전략을 통해서 추구된다. '긴장 완화와 중재 전략(strategy of détente and mediation)'은 지정학적 환경에서 중요한 강대국들 사이의 긴장을 낮추고 관계가 개선되는 것을 돕는 전략이다. 그런 강대국들 사이의 긴장 관계나 무력 충돌은 약소국에 심각한 위협이 되므로, 이 전략은 아주 좋은 방책이다.

'비동맹 전략(strategy of non-commitment)'은 대립적인 강대국들 사이에서 중립적 태도를 취해서 자신의 독립과 자율성을 지키겠다는 전략이다. 이 전략은 대립적인 강대국들 가운데 어느쪽이 궁극적 승자가 될지 모르는 상황에서 특히 합리적이다. 대립적인 강대국들 가운데 한쪽이, 그 약소국이 상대방에 기울었다고 오해해서 약소국을 무력으로 선점할 가능성을 줄인다는 이점도 있다. 아울러, 두 강대국이 자신의 호의를 두고 경쟁하도록 만들어서, 약소국은 지위를 상당히 높일 수 있다. 대립적인 강대국들 가운데 한쪽과 동맹을 맺으

the weaker country and maintain the status quo in their relations. The second assumption is that concessions voluntarily made by the smaller country will appeal to the good will of the powerful country, thus averting the need for the smaller country to make bigger concessions in the future. If such assumptions are realistic, the weaker country that made concessions would be able to defend its core values, such as political independence.

The counterweight strategy aims to minimize the amount of concessions one must make to more powerful countries by increasing one's own strength to oppose. The strength to oppose indicated by this strategy consists of diplomatic counterweight, military counterweight, and civil counterweight.

Diplomatic counterweight is essentially about manipulating the international political stage to one's own benefit and improving one's standing among the great powers. This is again achieved through two strategies. The 'strategy of détente and mediation' is a strategy of alleviating tension and improving relations between powerful nations in a geopolitical environment. Since tension and armed conflict between such powerful nations are a serious threat to the safety of weaker countries, this strategy is a very good preventative measure for averting harm.

The 'strategy of non-commitment' is a strategy of protecting one's independence and autonomy by remaining neutral between opposing great powers. This strategy is eminently rational when it is hard to predict which side will be the ultimate winner. Declaring neutrality also decreases the possibility of being attacked by one of the two great powers from the mistaken belief that the smaller country sided

면, 약소국은 그 강대국의 위성국가라는 심상(心像)을 지니게 된다는 점도 비동맹정책을 추구하도록 만든다.

군사적 대항력은 자국의 군사력만이 아니라 동맹국들의 군사력도 포함한다. 그런 군사력은 무력 점령의 시도가 받아들일 수 없을 만큼 큰 대가를 포함한다는 점을 강대국에 암시한다.

시민적 대항력은 정권이 누리는 시민들의 지지를 뜻한다. 시민적 대항력이 크면, 정권은 입지가 강화되어 강대국이 내정에 간섭하기 어렵고, 자연히 정권은 양보를 최소화할 수 있다.

이런 전략들을 수행하기 위해서 여러 전술이 쓰인다. 강대국에 대한 유화정책은 '미끄러운 비탈(slippery slope)'이어서 단단한 발판이 없다. 약소국이 어떤 일에서 작은 양보를 하면, 강대국은 이내 보다 큰 양보를 요구하게 마련이다. 한번 양보를 하면, 약소국으로서도 심리적으로 저항하기 어렵다. 따라서 애초에 양보를 하지 않는 것이 긴요하고, 애초에 양보를 하지 않도록 하는 전술들이 쓰인다.

먼저, 약소국은 문제가 될 만한 사안에 대해 강대국이 관심 을 보이지 않도록 애쓴다. 이런 '불가시성 전술(invisibility tactic)'은 늘 약소국들이 일차적으로 고르는 전술이다. 1937년 덴마크가 독일의 군사적 위협을 받았을 때, 덴마크 수상 트루발 스타우닝(Thorvald Stauning)은 "잠자는 개들을 깨우지 말라(Let sleeping dogslie)"고 말했다. 만일 독일에 대해 국경보장을 요구하거나 불가침조약을 맺자고 하면, 오히려 독일이 국경문제에 대해 부당한 요구를 할 가능성이 있다는 애

with the opposing side. Moreover, the smaller country can gain a better standing by allowing two powerful countries to compete for its goodwill. When a smaller country allies itself with a powerful country, it would be perceived as a satellite state of the bigger country. This consideration further encourages the adoption of this strategy.

Military counterweight encompasses not only the military capabilities of the country in question, but also those of its allies. Such military counterweight sends out a message to the more powerful nation that it will experience unacceptable losses should it attempt to take military action against the smaller country.

Civil counterweight refers to the amount of support the current government has amongst its citizens. If the civil counterweight is strong, the government would be able to consolidate its position and prevent powerful countries from interfering in domestic affairs. Naturally, the government would be able to minimize the amount of concessions it must make.

Many tactics are employed in order to implement these strategies. The road to appeasing a powerful country is a slippery slope with no firm foothold. If a weaker country makes a small concession, the more powerful country is bound to request a bigger concession. Psychologically, it is difficult for a weaker country to resist making further concessions once that first concession is made. So it is important to avoid conceding in the first place. And various tactics are employed for that purpose.

First of all, the weaker country attempts to prevent the powerful country from taking interest in possibly important issues. This

기였다.

불가시성 전술이 실패해서, 강대국이 어떤 사안에 대해 양보를 요구하면, 약소국은 그것이 아주 중요한 사안이라고 강조하고 그것을 지키겠다고 나설 수 있다. 걸린 사안이 기본 정책과 연관되었다면, 약소국은 그런 양보가 자신의 요새(bastion)를 허무는 결과를 낳는다고 지적하면서 저항할 수 있다. 중립, 비적대적 행위, 경제적 자율, 언론 자유와 같은 근본적 사항과 관련된 일에선, 이런 '요새 전술(bastion tactic)'이 적절할 수 있다.

만일 양보를 피할 길이 없다고 판단되면, 먼저 최소한의 양보를 통해 더 큰 양보를 막는 전술도 사용된다. 중요한 양보를 했을 경우, 약소국의 요새에 강대국의 영향력이 침투했다는 인식이 퍼지게 된다. 그때는 그런 양보의 중요성을 낮게 평가하고 양보의 성격을 재해석해서 관계를 '정상화'하는 전술이 필요하다. 그렇게 해야 요새에 대한 침투가 더 깊어져 요새가 붕괴되는 것을 막을 수 있다.

이처럼 언뜻 보기와는 달리, 적응적 묵종은 적극적이고 합리적인 태도다. 그러나 강요된 선택이므로, 적응적 묵종은 어쩔 수 없이 내재적으로 불안하다.

첫째, 그것은 자신의 주권에 대한 의식적이고 자발적인 침해를 계속하는 일이다. 따라서 그것은 독립과 같은 가치를 보전하기 위해 그 가치를 훼손한다는 모순을 품었다.

둘째, 적응적 묵종을 추구하는 정권은 설 땅이 아주 좁다. 그것은 강대국의 지속적 압력에 의해 입지가 줄어들면서도 안으로는 주권

‘invisibility tactic’ is always utilized by weaker countries as the first line of defense. In 1937, when Denmark lay under the threat of the German armies, Danish Prime Minister Thorvald Stouning said, “Let sleeping dogs lie.” What he meant was that if Denmark were to demand a guarantee of its borders or request a non-aggression pact, Germany would have demanded concessions regarding the border issue.

If the invisibility tactic fails and a powerful country demands concessions, the weaker country can conversely emphasize the importance of the issue and make it clear that it will take a stand. If the issue is related to fundamental policy, the weaker country can resist on the grounds that making concessions will breach its ‘bastion’. Fundamental values such as neutrality, non-hostile action, economic freedom, and freedom of speech can be defended by using this ‘bastion tactic’.

If making concessions cannot be avoided, the tactic of making the concession as small as possible to avoid larger concessions in the future can be employed. In the case of an important concession, it is perceived that the powerful country’s influence has breached the weaker country’s bastion. If that is the case, the tactic of downplaying the significance of the concession and ‘normalizing’ relations through reevaluation of the nature of the concession must be applied. Only through such action can further penetration and ultimate destruction of the bastion be prevented.

Although at first glance it may seem otherwise, adaptive acquiescence is a reaction that is both active and rational. Being a forced decision, however, adaptive acquiescence is inherently unstable.

의 훼손에 대한 민족주의적 세력의 반발과 저항에 부딪친다.

셋째, 강대국에 대한 유화정책은 '미끄러운 비탈'이어서 단단한 발판이 없다. 따라서 주권은 점점 훼손될 수밖에 없고, 혼자 힘으로 미끄러운 비탈을 되올라오기는 어렵다. 자연히, 적응적 묵종을 생존 전략으로 고른 사회에서도 그것을 열정적으로 지지하는 세력은 아주 작고 거의 모두 그것을 '필요악'으로 여긴다. 따라서 기회가 생기면, 그것은 이내 버려진다.

나라들 사이의 힘의 격차가 크므로, 적응적 묵종은 물론 많이 나온다. 20세기 유럽에서 나온 예들은 다음과 같다.

적응적 묵종을 고른 나라들	기간	상대국
덴마크	1905~1918	독일
덴마크	1935~1943	독일
스웨덴	1940~1943	독일
오스트리아	1936~1938	독일
체코슬로바키아	1938~1939	독일
체코슬로바키아	1943~1948	러시아
에스토니아	1939~1940	러시아
라트비아	1939~1940	러시아
리투아니아	1939~1940	러시아
스위스	1940~1943	독일
스페인	제2차 세계대전 직후	서방 연합국
포르투갈	제2차 세계대전 직후	서방 연합국
핀란드	1944~1991	러시아

* 한스 모우리첸 (Hans Mouritzen)의 《핀란드화(*Finlandization*)》에서 발췌.

First, it is a conscious and continuous infringement of one's own sovereignty. It possesses the contradictory goal of compromising values such as independence in order to protect those very values.

Second, the regime that practices adaptive acquiescence has very narrow ground to stand on. Its position is constantly eroded by continuous pressure from the powerful country while it has to face the negative reaction of nationalist forces unhappy with the erosion of sovereignty from within.

Third, appeasing a more powerful country is a slippery slope, as mentioned above, and has no firm footholds. As a result, the nation's sovereignty is continuously eroded and climbing back up the slope is very difficult.

Naturally, a society that has chosen adaptive acquiescence as its survival strategy has very few ardent supporters. Most people regard it as a necessary evil. And it is discarded at the first opportunity.

Since there is a great inequality in the strength of countries, there have been many cases of adaptive acquiescence. Prominent cases of adaptive acquiescence in the twentieth-century Europe are listed below

앞의 표에서 이내 드러나듯, 핀란드의 적응적 묵종은 다른 경우들보다 훨씬 길었다. 그 사실만으로도 핀란드의 경험은 주목받을 만하다.

현 핀란드 사람들의 선조는 1세기 말엽에 핀란드로 이주했다. 이들은 뚜렷한 국가체제를 이루지 못했고, 핀란드 지역은 12세기에 스웨덴의 일부가 되었다. 1809년 핀란드는 스웨덴의 속령에서 러시아의 속령으로 바뀌었다. 1917년 12월, 마침내 핀란드는 독립을 선언했고, 1920년 10월 러시아와 평화조약을 맺었다. 1920년 12월엔 국제연맹(League of Nations)에 가입했다.

독립한 뒤 핀란드는 두 차례의 러시아-핀란드 전쟁(Russo-Finnish War)에서 졌다. 1939년 11월 자신의 무리한 요구를 핀란드가 거절하자, 러시아는 핀란드에 침입했다. '겨울 전쟁(Winter War)'이라 불린 이 전쟁에서 핀란드 군대는 잘 싸웠지만, 힘이 부쳐서, 1940년 3월 러시아의 요구를 들어주는 강화조약을 맺었다. 1941년 6월 독일이 러시아를 공격하자, 핀란드도 러시아와의 전쟁에 휘말려 들었다. 독일군이 패하자, 핀란드는 1944년 9월 '후속 전쟁(Continuation War)'이라 불린 이 전쟁을 끝내고, 러시아와 강화조약을 맺었다. 이 조약에 따라, 핀란드는 러시아에 동쪽 영토를 넘겨주어 국토가 12퍼센트가량 줄어들었다.

1944년에 러시아와의 전쟁에서 패배한 뒤 핀란드가 독립을 유지하게 된 것은 많은 학자들의 흥미를 끈 수수께끼다. 당시 러시아는 서방의 연합국이었고 핀란드를 도와줄 나라는 없었으므로, 핀란드

Cases of Direct Adaptive Acquiescence

Conceding Regime	Period	Concession-Receiver
Denmark	1905~1918	Germany
Denmark	1935~1943	Germany
Sweden	1940~1943	Germany
Austria	1936~1938	Germany
Czechoslovakia	1938~1939	Germany
Czechoslovakia	1943~1948	Soviet Union
Estonia	1939~1940	Soviet Union
Latvia	1939~1940	Soviet Union
Lithuania	1939~1940	Soviet Union
Switzerland	940~1943	Germany
Spain	in the wake of the WWII	the Western Powers
Portugal	in the wake of the WWII	the Western Powers
Finland	1944~1991	Soviet Union

- from *Finlandization: Towards a General Theory of Adaptive Politics*

by Hans Mouritzen

As seen above, the adaptive acquiescence of Finland was much more prolonged than that of other countries. This fact in itself makes Finland's experience noteworthy.

The ancestors of the present-day Finnish people migrated to Finland in the late 1st century. They failed to establish a clearly structured nation and were annexed by Sweden in the 12th century. In 1809, Finland went from being a Swedish territory to being a Russia territory. In December, 1917, Finland declared independence, and in October 1920, it signed a peace treaty with Russia. In December of the same year, it joined the League of Nations.

After its independence, Finland lost two Russo-Finnish Wars. In November 1939, Russia invaded Finland after Finland rejected its unreasonable demands. Over the course of what came to be called

는 러시아에 합병될 처지였다. 그러나 스탈린은 핀란드를 당장 합병하지 않았다.

> 1944년 핀란드가 (서방적인 민주적 가치들을 지닌 채) 독립국으로 남을 수 있었던 것은 수수께끼로 여겨져 왔다. 설명의 한 부분은 아마도 소련과의 두 차례 전쟁의 상당히 역설적인 결과일 것이다. 한편으로, 그 전쟁들은 핀란드 사람들이(예컨대, 제2차 세계대전 중에 발트 해 국가들과 대부분의 다른 더 약한 나라들과는 달리) 자신들의 체제의 가치를 위해서 싸울 뜻과 능력을 지녔다는 것을 보여주었다. 다른 한편으로는, 그 전쟁들은 결국 패배들이었고, 유럽의 전반적 힘의 구조는 독일의 붕괴로 극적으로 바뀌었다. 이런 역설적 결말에 더해서, 전쟁 바로 뒤의 몇 해 동안 (핀란드 정권이 양보의 비탈에서 단단한 발판을 얻기 전에) 나온 몇 가지 '행운적' 상황들이(예컨대, 스탈린은 1944년에서 1945년 사이에 중부 유럽의 전선에서 그의 모든 자원들이 필요했다는 사실처럼) 논문들에서 지적되었다.
> —한스 모우리첸, 같은 책.

핀란드는 이처럼 러시아에 합병되지 않는 행운을 누렸지만, 그 뒤로 러시아의 호의를 얻어야 생존할 수 있었다. 그런 상황에서 핀란드는 러시아에 대해 적응적 묵종을 철저하게 추구할 수밖에 없었다. 그런 관계는 1948년 모스크바에서 체결되어 1955년과 1970년에 연장된 '우호, 협력 및 상호원조조약'으로 공식화되었다.

핀란드의 경험은 여러 면에서 전형적이다.

the 'Winter War', Finnish army fought well but was eventually overpowered by the Russian army. Finland signed a treaty in which it acquiesced to Russia's initial demands. In June 1941, when Germany launched an invasion against Russia, Finland became entangled in the war against Russia. After the German defeat, Finland signed a peace treaty with Russia in September 1944 to end what was known as the 'Continuation War'. Through this treaty, Finland lost its eastern territory to Russia, which accounted for 12% of the entire country.

How Finland retained its independence after its defeat against Russia in 1944 is a mystery that has attracted the attention of many scholars. Since Russia was an ally of the Western world and because there was no one to come to Finland's defense, Finland seemed on the verge of being annexed by Russia. However, Stalin did not annex Finland.

> In the light of this, it is not surprising that it has been seen as a puzzle that Finland was able to remain independent in 1944 (with retained Western democratic values, we should add). Part of the explanation is probably the somewhat paradoxical outcome of the two wars against the Soviet Union: on the one hand, they demonstrated that the Finns were willing and able to fight for their regime values (for example, in contrast to the Baltic states and most other weaker powers during the Second World War); on the other hand, they were after all defeats, and the overall power structure in Europe had changed dramatically with the German collapse. In addition to this paradoxical outcome, a number of 'lucky' circumstances in the immediate post-war years (before the Finnish regime

첫째, 핀란드와 러시아는 '체제 정체성(regime identity)'이 본질적으로 달랐다. 러시아는 아주 압제적인 공산주의 체제를 지녔고, 핀란드는 자유민주주의 체제를 유지하려 애썼다. 적응적 묵종은 정권 정체성이 다를 경우에 나올 가능성이 높고, 큰 나라가 전체주의 체제를 지녔고 작은 나라가 자유주의 체제를 지닌 경우가 많다.

둘째, 핀란드의 러시아에 대한 적응적 묵종은 다른 경우들 보다 훨씬 길었다. 두 나라 사이의 비대칭적 관계는 거의 반세기 동안 이어졌고, 아직도 핀란드는 러시아의 영향에서 완전히 벗어나지 못했다.

셋째, 핀란드의 양보들은 처음부터 크고 뚜렷했다. 러시아와의 전쟁에서 졌고 러시아에 의한 합병의 가능성도 높았던터라, 러시아의 요구를 거의 다 들어줄 수밖에 없었다.

넷째, 적응적 묵종이 아주 안정적이었다. 두 나라 사이의 힘의 비대칭이 워낙 커서, 핀란드에 선택의 여지가 전혀 없었다는 사정과 그들의 관계가 조약에 바탕을 두었다는 사정이 안정을 도왔다. 그래서 겉으로 드러난 위기가 없었다.

다섯째, 오래 이어졌고 안정적이었으므로, 적응적 묵종의 과정과 특질들이 다른 경우들보다 훨씬 뚜렷하다. 특히 오랜 적응적 묵종이 불러오는 사회의 도덕적 변질이 다른 경우들보다 두드러졌다. 핀란드 사회를 깊이 관찰한 미국 정치학자 월터 래커(Walter Laqueur)는 그 점을 핀란드화의 본질적 부분이라고 강조했다.

gained a solid foothold on the slope of concessions) have been pointed out in the literature (for example, that Stalin needed all his resources at the Central European front 1944-45).

- from *Finlandization: Towards a General Theory of Adaptive Politics*

by Hans Mouritzen

Although Finland fortunately avoided the annexation by Russia, its future survival depended on Russia's goodwill. In that situation, Finland had to implement adaptive acquiescence very thoroughly. This relationship was made official by the Agreement of Friendship, Cooperation, and Mutual Assistance signed in 1948 and renewed in 1955 and 1970.

Finland's experience is representative in many regards. First, in regime identity Finland and Russia were fundamentally different. Russia had an extremely oppressive Communist government, while Finland sought to maintain a democratic system. Adaptive acquiescence is usually adopted when regime identities differ. And generally, the powerful country has a totalitarian system of government while the smaller country has a democratic system.

Second, Finland's adaptive acquiescence has continued much longer than other cases. The asymmetry in power between the two countries has remained the same for nearly half a century and Finland has yet to escape from Russia's sphere of influence.

Third, Finland's concessions were big and clear from the beginning. Since it had just lost two wars against Russia and there existed a high possibility of annexation, it could do nothing but give in to Russian demands.

그래도 보다 약한 나라들로선 힘센 이웃들의 뜻을, 때로는 객관적 필요를 크게 넘어, 수용하려는 욕구가 있을 터이다. 때로 그런 수용은 또한 '책임감 있게' 행동할 (즉, 자기 검열을 할) 필요와 힘센 이웃들이 신뢰하는 후보들만을 고위 공직에 선출하는 것과 같은 국내적 '조정'을 포함한다. 그런 관행들은 물론 아득히 오랜 시절부터 알려져 왔다. 새로운 것은 정치적 위선의 연막, 국가들 사이의 평등의 겉치레다. 로마 사람들이 그들의 위성 국가들을 세웠을 때, 그들은 겉모습에 마음을 쓰지 않았지만, 현대의 국제관계들에서 삽은 늘 농기구라고 불려야한다. ―월터 래커, 《유화책의 정치심리학: 핀란드화와 다른 인기 없는 논문들(*The Political Psychology of Appeasement: Finlandization and Other Unpopular Essays*)》

이런 위선은 핀란드에 굴욕적이고 큰 손실을 강요한 '우호, 협력 및 상호원조조약'이 "주권과 일체성에 대한 상호존중의 원칙과 상대국의 내정에 대한 불간섭의 원칙"에 바탕을 두었다는 주장에서 잘 드러난다.

따라서 핀란드화는 적응적 묵종의 전형이라 할 수 있다. 적응적 묵종이 오래 이어져 원숙해지면, 핀란드화에 이른다는 얘기다.

어쨌든, 적응적 묵종을 통해서 핀란드가 치른 대가는 무척 컸다.

① 영토의 12퍼센트가량 되는 지역을 러시아에 넘겨주어야 했다. 특히 전략적으로 중요한 지역이 러시아로 넘어가서, 핀란드의 방어력이 크게 줄어들었다. 게다가 잃은 영토의 주민 40만 명을 이주시

Fourth, Finland's adaptive acquiescence was very stable. Both the fact that Finland had no choice because of the great asymmetry in power and the fact that their relations were based on a treaty helped stabilize the relations between the two countries. Consequently, there were no visible crises.

Fifth, having been prolonged and stable, Finland's case reveals the evolutionary process and characteristics of adaptive acquiescence more fully than other cases. In particular, moral degeneration of a society resultant from this prolonged adaptive acquiescence was much more conspicuous than other cases. Walter Laqueur, an American political scientist, who carefully observed the Finnish society, emphasized that it was a fundamental part of Finlandization.

> There will still be the desire on the part of weaker nations to accommodate their powerful neighbors, sometimes far beyond objective needs. Sometimes such accommodation will also involve domestic "adjustment," such as the need to behave "responsibly" (i.e., with self censorship) and the election to high office only of candidates that are trusted by the powerful neighbors. Such practices have, of course, been known since time immemorial. What is new is the smoke screen of political make-believe, the pretense of equality between states. When the Romans established their client states they did not bother about appearances, whereas in modern international relations a spade has always to be called an agricultural implement.
>
> \- from *The Political Psychology of Appeasement: Finlandization and Other Unpopular Essays* by Walter Laqueur

켜야 했다.

② 핀란드로선 감당하기 힘든 전쟁 보상금을 러시아에 지불해야 했다.

③ 전쟁을 일으킨 책임이 있다고 러시아가 지목한 '전쟁 책임자들(war responsible)'을 스스로 재판을 통해서 처벌했다. 1940년에서 1944년까지 두 차례의 전쟁에서 거국 내각으로 핀란드를 이끌었던 리스토 뤼티(Risto Heikki Ryti)에겐 10년 징역이 선고되었다.

④ 핀란드는 냉전에서 중립적 입장을 추구하도록 되었다. 그래서 미국이 주도한 마샬 계획(Marshall Plan)에 참여하지 않았다.

⑤ 핀란드는 명목상으로는 중립국이었지만, 러시아에 대해서는 특별한 배려를 하도록 되었다. 그래서 러시아의 외교정책에 반대할 수 없었고, 러시아의 요구가 있으면 러시아의 입장을 지지해야 했으며, 러시아의 사전 양해 없이 외교적 약속을 할 수 없었다. 1956년 러시아가 헝가리에 침입했을 때나 1968년 러시아가 체코슬로바키아에 침입했을 때, 핀란드는 러시아를 두둔했다. 압제적인 공산주의 체제에서 벗어나려 핀란드로 탈출한 러시아 사람들을, 인도주의를 저버리고, 모두 러시아로 돌려보냈다.

⑥ 핀란드는 군대를 가질 수 있지만, 병력은 러시아가 제시한 한도를 지켜야 했다.

⑦ 정치에 관해서 러시아의 통제를 받아야 했다. 러시아가 승인하는 정당들만이 정부에 참여할 수 있었고, 특히 대통령이나 각료의 인선에선 러시아의 사전 승인이 필수적이었다. 1962년의 대통령 선

This hypocrisy is well demonstrated in the assertion that 'The Agreement of Friendship, Cooperation, and Mutual Assistance', which has been a humiliating and damaging agreement for Finland, is based upon "the principles of mutual respect for each other's sovereignty and integrity, and non-interference of each other's domestic politics".

Therefore, it can be said that Finlandization is the ultimate form of adaptive acquiescence. When adaptive acquiescence matures it will eventually assume the form of Finlandization.

Anyhow, the price Finland paid for practicing adaptive acquiescence was very high.

First, it had to yield approximately 12% of its territory to Russia. Because the yielded territory was of strategic importance, Finland's defensive capabilities were greatly reduced. In addition, 400,000 citizens were displaced and resettled in Finland.

Second, it had to pay reparations to Russia, which was of an amount that put considerable strain on Finland's economy

Third, Russia tried those it deemed responsible for inciting war ('war responsible') through Russian courts. Risto Heikki Ryti, who led the all-nation cabinet of Finland in two wars during his terms between 1940 and 1944, was sentenced ten years in prison.

Fourth, Finland was forced to take a neutral stance during the Cold War. As a result, it did not take part in the United States' Marshall Plan.

Fifth, though officially a neutral country, Finland was obligated to give special consideration to Russia. It could not object to Russian

거를 앞두고, 러시아에 대한 묵종에 앞장섰던 우르호 케코넨(Urho Kaleva Kekkonen)의 재당선을 돕기 위해, 러시아는 군사적 개입 가능성까지 언급하는 외교문서를 보냈다.

1944년 이후 러시아에 대한 두려움과 굴복은 온 핀란드 사회를 덮었다. 중요한 결정은 모두 모스크바에서 이루어졌다. 특히 러시아의 정치적 영향력이 절대적이 되어서, 사회 지도층은 러시아 요인들의 지원을 받아야 신분적 상승을 할 수 있게 되었다. 그래서 모두들 보다 힘센 러시아 후원자들을 얻는데 온 힘을 쏟게 되었다. 1970년대 말엽 핀란드에선 "정치인들만이 아니라 언론인들도 소련 대사관에서 들리는 아주 작은 속삭임도 들으려고 애쓴다"는 얘기가 나왔다.

특히 문제적인 것은 자기 검열(self-censorship)이었다. 러시아는 핀란드의 언론을 검열하지 않았지만, 핀란드는 러시아가 싫어할 글들을 스스로 검열해왔다. 그런 자기 검열은 처음엔 주로 정부에 의해 이루어졌지만, 차츰 언론인들과 학자들이 스스로 러시아가 싫어할 만한 주제와 논조를 피하는 경향이 두드러졌다. 핀란드와 러시아 사이의 전쟁과 러시아의 압제적 체제와 같은 주제들은 특히 엄격한 자기 검열을 받았다. 러시아에 적대적이라고 판정된 책들의 목록이 마련되어 1,700종이 넘는 책들이 도서관에서 사라졌다. 러시아를 비판했다고 여겨진 영화들도 검열을 받아 상영되지 못했다. 자기 검열은 필연적으로 강화되므로, 핀란드 지식인들은 자기 검열이 무너지면 러시아의 검열을 받을 뜻이 있는 상태까지 이르렀다.

foreign policy, had to entertain Russia's demands, and could not make diplomatic decisions without the prior approval from Russia. When Russia invaded Hungary in 1956 and Czechoslovakia in 1968, Finland supported Russia. Finland inhumanely deported everybody who had escaped to Finland from Russia under the oppressive communist rule back to Russia.

Sixth, Finland could possess an army, but had to respect the limit Russia had imposed in terms of number of troops.

Seventh, Finland was subject to Russian political interference. Only political parties that were approved by Russia could take part in government and prior Russian approval was essential for selecting new Cabinet members, such as the president. Leading up to the 1962 presidential elections, Russia went as far as sending a diplomatic note to Finland in which it mentioned the possibility of military intervention to ensure that Urho Kaleva Kekkonen, who was an ardent supporter of adaptive acquiescence, was elected.

Since 1944, fear of Russia has enveloped the entire Finnish society. Consequently, all important decisions have been made in Moscow. Above all, Russian political influence has become absolute. Finnish leaders have to maintain close connections with important Russian figures if they are to advance their social position. Accordingly, everyone now puts all their time and energy into securing the most influential Russian sponsor possible. In the late 1970s, it was said that in Finland, "not only politicians but newspapermen, too, try to hear even the faintest whisper from inside the Soviet embassy."

마침내 러시아에 대한 굴종은 어쩔 수 없이 필요한 수준을 훌쩍 넘게 되었다. 심지어 그것이 필요악이 아니라 원숙하고 지혜로운 정책으로 미화되었고 사회적 갈등을 푸는 만병통치약으로 선전되었다.

사정이 이러하므로, 핀란드화는 자신의 존재를 부인하게 마련이다. 핀란드 지도자들은 무지하고 악의적인 외국인 관찰자들만이 핀란드와 소련 사이의 관계에서 비정상적이거나 음산한 점을 발견하리라고 말해왔다. 이런 위선과 무관심은 차츰 사회의 모든 분야로 퍼지게 되어, 사회의 정체성을 허물고 도덕적 피륙을 약화시킨다.

이런 문제들은 모두 적응적 묵종에 내재한 모순에서, 즉 자신의 것을 지키기 위해서 자신의 것을 버려야 한다는 역설적 상황에서 나온다. 그래서 이런 문제들은 '핀란드적 양난(Finnish dilemma)'이라는 개념을 낳았다. 이런 문제들 가운데 가장 근본적인 것은, 전반적 대결이 일어나면 핀란드가 어쩔 수 없이 자신에게 이질적이고 자신의 안전을 가장 크게 위협하는 강대국의 편에 서야 한다는 사실이었다.

> 만일 유럽에서 전반적 대결이 생기면, 1948년의 조약에서 소련에 진 의무들 때문에 핀란드 사람들은 자신들의 이념적 전통과 믿음의 관점에선 그른 쪽에 서게 된 자신들을 발견할 것이다. 그런 상황에선 평화적 공존의 우산은 맥없이 접히고 소련과의 합동 군사행동의 적나라한 연계가 그것을 대치할 것이다. —조지 모드(George Maude), 《핀란드의 양난(*The Finnish Dilemma*)》

Most problematic was Finland's self-censorship. Russia has not censored any Finnish media, but Finland has been self-censoring any material that may offend the Russians. At first, such self-censorship was conducted by the government. However, it is now carried out by journalists and scholars who avoid topics and arguments Russia may find offensive. In particular, topics such as the Russo-Finnish War and Russia's oppressive regime were thoroughly self-censored. A list of publications that were deemed anti-Russian contained some 1,700 books and these books were promptly removed from libraries. Movies that were judged to be critical of Russia were also self-censored and failed to be screened in theaters. Because self-censorship inevitably strengthens over time, Finnish intellectuals have now arrived at a point at which they are willing to accept Russian censorship should the system of self-censorship fail.

In the end, Finnish submission towards Russia has gone beyond the limits of necessity. It has even been advertized as a mature and wise policy, rather than as the necessary evil it really is, and also as the ultimate solution for all social tensions.

Due to these circumstances, Finland denies its true self. Finnish leaders have claimed that only ignorant and malicious foreigners would find anything abnormal or negative in Finland's relations with Russia. Such hypocrisy and apathy spread to other parts of society, erode the national identity, and wear out the moral fabric of society.

These problems all stem from the innate contradiction of adaptive acquiescence, namely, the need to surrender something of one's own in order to protect that very same thing. These problems gave rise to the concept of the 'Finnish dilemma'. The most fundamental

자신보다 힘이 압도적으로 큰 이웃에 대해 합리적으로 적응하는 방식이므로, 핀란드화는 보편적 현상이다. 이번에 러시아가 그루지야를 공격하면서, 그 점이 새삼 확인되었다. 러시아는 소련이 무너진 뒤 독립한 나라들을 '가까운 국외(nearabroad)'로 정의하고 그 나라들에 대한 영향력을 드러내놓고 추구했다. 그 나라들은 러시아의 눈치를 보면서 러시아의 점증하는 영향력을 인정하는 경향을 보인다. 서방에 접근해서 러시아로부터 완전히 독립하겠다는 정책을 추구한 그루지야를 공격함으로써, 러시아는 '가까운 국외'에 대한 핀란드화를 공격적으로 추구하겠다고 선언한 셈이다.

problem resultant from Finland's situation was that, in the case of an armed conflict, it had to entrust its safety to the great power most dissimilar with and most threatening towards itself.

> The fact is that if a general European conflict occurred the Finns would find themselves, from a standpoint of their own ideological traditions and beliefs, on the wrong side by virtue of their obligations to the Soviet Union under the 1948 Treaty. In such a situation the umbrella of peaceful coexistence would have limply collapsed and the naked bond of joint military action with the Soviet Union would replace it.
>
> - from *The Finnish Dilemma: Neutrality in the Shadow of Power*
>
> by George Maude

Finlandization is a common phenomenon, arising from the rational need to adapt to the presence of an overwhelmingly powerful neighbor. With the recent Russian attacks against Georgia, this fact has been reaffirmed. Russia has designated those countries that gained independence with the fall of the Soviet Union as 'near-abroad', and has openly pursed a policy of influencing those countries. By attacking Georgia, which sought to align itself closer to the West in order to gain full independence from Russia, Russia has in effect declared its intentions to aggressively 'Finlandize' the 'near-abroad' countries.

제8장 한반도 핀란드화의 가능성

중국이 초강대국으로 떠오른 것은 중국과 긴 국경을 공유한 한반도에 어두운 그림자를 던진다. 북한은 이미 실질적으로 중국의 위성국가가 되었다. 한국도 중국의 강한 자장(磁場)안으로 빠르게 빨려 들어간다. 실제로 우리는 중국과의 관계에서 늘 크고 작은 주권의 침해를 감수한다.

얼마 전 올림픽 성화를 둘러싼 중국 젊은이들의 난동은 이제 우리가 이런 사실들에 대해 깊이 성찰해야 한다는 것을 괴롭게 일깨워주었다. 우리 시민들과 경찰관들이 중국 국기를 든 중국 젊은이들에게 매 맞은 일이 심중한 데다, 그들을 동원한 중국 당국에 대한 우리 정부의 비굴한 자세가 시민들의 마음을 깊이 휘저었다. 마음을 더욱 쓰리게 하는 것은 그렇게 폭력을 휘두른 중국 젊은이들이 구속조차 되지 않았다는 사실이다. 그렇게 비정상적인 상황은 중국 정부의 영향력이 이미 우리 사법체계에 압력을 가할 만큼 크다는 것을 보여준다.

Chapter 8

Possibility of Finlandization of the Korean Peninsula

China's rise to superpower status casts a dark shadow over the Korean Peninsula which shares an extensive border with China. North Korea is now virtually a satellite state of China, and South Korea is also being quickly sucked into China's sphere of influence. As a matter of fact, South Korea constantly suffers encroachment upon its sovereignty in its relations with China.

The recent riot of Chinese youths surrounding the Olympic flame was a painful reminder for Koreans of the need to face these facts. The seriousness of the incident in which Korean citizens and police officers were assaulted by Chinese youths waving national flags of China and the Korean government's obsequious attitude towards the Chinese authorities who had recruited them deeply disturbed Koreans. The most disheartening is the fact that the Chinese youths responsible for such violence were never even arrested. This abnormal situation reveals that the Chinese influence is already great enough to pressure the Korean justice system.

한국과 중국 사이의 관계가 대등하지 못하다는 사실은 작년(2008) 5월 이명박 대통령이 중국을 방문했을 때 다시 괴로운 모습으로 드러났다. 5월 27일 중국 외교부 대변인 친강(秦剛)은 "한미 군사동맹은 지나간 역사의 유물이며 냉전시대의 군사동맹으로 현대 세계의 안보문제를 해결할 수 없다"고 이명박 대통령과 후진타오 국가주석의 정상회담과 관련된 기자회견에서 말했다. 이어 5월 29일 이 대통령이 중국에 도착한 바로 그날, 그는 27일의 발언이 "완전한 것이며 계통을 밟아 이루어진 중국 정부의 공식적 입장"이라고 확인했다. 물론 그는 중국이 한국전쟁에서 한국을 침입한 일을 언급하지 않았다. 북한이 무력 공격을 받을 경우 중국은 군사원조를 할 의무가 있다고 규정한 '중조우호협력조약'도 언급하지 않았다. 이처럼 억지를 써가면서, 중국 정부는 일부러 한국의 국가원수를 모욕함으로써 자신의 지위를 과시한 것이다. 그래도 우리 정부는 중국의 무례를 감싸기 바빴다.

우리가 중국의 압도적 영향 아래 살아가는 것은 이제 어쩔수 없는 듯하다. 앞에서 설명한 지정학적 요인만이 그렇게 만드는 것은 아니다. 오히려 경제적 요인이 더 크게 작용한다. 중국은 이제 한국에 경제적으로 가장 중요한 나라다. 전통적으로 미국과 일본이 차지했던 그 지위를 중국이 대신하게 된 것이다.

중국과의 교역이 공식적으로 시작된 1987년 한국의 수출총액은 472.8억 달러였는데, 미국으로의 수출이 183.1억 달러, 일본으로의

The lopsided relations between China and Korea' was again agonizingly visible in President Lee Myung-bak's visit to China in 2008. On May 27, while briefing the press about the coming summit talks between President Lee Myung-bak and Premier Hu Jintao, Qin Gang, the spokesperson of the Chinese foreign ministry, said, "The US-ROK military alliance is but a relic of the Cold War and it cannot solve the security issues of today." Afterwards, on May 29, when President Lee arrived in China, he reaffirmed that his statement was "the complete and official position of the Chinese government". Unsurprisingly, he mentioned neither China's intervention in the Korean War nor the Sino-North Korean Mutual Aid and Cooperation Friendship Treaty', which obligated China to aid North Korea in case of an attack against North Korea. The Chinese government had made a display of power by purposefully insulting the Korean head of state. Despite the obvious rudeness, the Korean government was busy explaining away China's discourtesy.

It now seems inevitable that Korea should live under the overwhelming influence of China. The cause does not lie solely with the geopolitical reasons pointed out above. In truth, economic reasons play a larger role. China is now Korea's most important economic partner. China now plays the role that had previously been taken on by either the US or Japan.

In 1987, when official trading with China began, Korea's net exports amounted to 47.3 billion dollars; the US accounted for 18.3 billion dollars, Japan 8.4 billion dollars, and China meager 220 million dollars. Since then, exports to China have steeply increased

수출이 84.4억 달러, 중국으로의 수출은 2.2억 달러였다. 그 뒤로 중국으로의 수출은 빠르게 늘어나, 2003년에 드디어 중국으로의 수출(351.1억 달러)이 미국으로의 수출(342.2억 달러)을 앞질렀다. 2006년에는 그런 추세가 두드러져서, 수출총액 3,254.6억 달러 가운데 미국 몫이 431.8억달러, 일본 몫은 265.3억 달러, 중국 몫은 694.6억 달러였다.

수입도 같은 추세를 보였다. 1987년의 수입총액 410.2억달러 가운데 미국 몫은 87.6억 달러, 일본 몫은 136.6억 달러, 중국 몫은 8.7억 달러였다. 그 뒤로 중국으로부터의 수입은 빠르게 늘어나, 2004년엔 중국으로부터의 수입(295.8억달러)이 미국으로부터의 수입(287.8억 달러)을 앞질렀다. 2006년의 수입총액 3,093.8억 달러 가운에 미국 몫은 336.5억달러, 중국 몫은 485.6억 달러, 일본 몫은 519.3억 달러였다.

투자에서도 중국은 한국의 가장 중요한 시장이다. 2005년말에 한국의 해외 자산총액은 3,599.7억 달러고, 그 가운데 직접투자는 386.8억 달러였다. 미국에 대한 투자는 자산이 429.6억 달러, 직접투자는 100.7억 달러, 부채는 1,850.5억달러였다. 중국에 대한 투자는 자산이 185.5억 달러, 직접 투자는 101.4억 달러, 부채는 68.2억 달러였다.

이처럼 중국은 한국의 가장 큰 교역 상대국이다. 특히 근년에 한국의 해외 투자는 중국에 집중되었다. 주목할 점은 중국에 대한 투자에서 직접투자가 차지하는 비율이 무척 높다는 사실이다. 즉, 한국

and in 2003, net exports to China (35.1 billion dollars) at last overtook those to the US (34.2 billion dollars). In 2006, this trend having continued, exports to China accounted for 69.5 billion dollars out of total exports of 325.5 billion dollars. In comparison, net exports to the US stood at 43.2 billion dollars and those to Japan at 26.5 billion dollars.

Imports showed a similar trend. In 1987, out of Korea's total imports of 41 billion dollars, the US accounted for 8.8 billion dollars, Japan 13.7 billion dollars, and China 870 million dollars. Imports from China steadily grew, eventually outstripping those from the US in 2004 (imports from China: 29.6 billion, and imports from the US: 28.8 billion dollars). In 2006, out of Korea's total imports of 309.4 billion dollars, the US accounted for 33.7 billion dollars, China 48.6 billion dollars, and Japan 51.9 billion dollars.

For Korea, China is also the most important investment market. By late 2005, Korea's aggregate overseas assets stood at 360 billion dollars and 38.7 billion dollars accounted for direct investments. Assets in the US amounted to 43 billion dollars with direct investments taking up 10.1 billion dollars, and debt stood at 185.1 billion dollars. Investment in China consisted of 18.6 billion dollars in assets, 10.1 billion dollars of direct investment, and a debt of 6.8 billion dollars.

As seen above, China is now Korea's largest trading partner. Especially in recent years, Korean foreign investment has been concentrated in China. What is remarkable about Korean investment in China is the unusually high proportion of direct investment. This means that Korean companies have built numerous factories and

기업들은 중국에 공장과 연구소를 많이 지었다. 직접투자는 회수가 어렵고 중국의 정책에 큰 영향을 받는다. 두 나라 사이의 관계가 어려워지면, 자연히 한국의 직접투자는 중국의 볼모가 될 수밖에 없다.

이런 전반적 추세에 근년에 또 하나의 요소가 더해졌다. 한국이 많은 자금을 중국계 시장에서 조달하게 된 것이다. 2007년까지 한국이 빌린 단기자금 가운데 중국, 홍콩, 싱가포르의 중국계 시장에서 빌린 것이 49.6퍼센트나 된다. 2002년까지 빌린 자금 비율이 24.0퍼센트였으니, 5년 만에 곱절로 늘어난 것이다. 한국의 금융 산업에 대한 중국계 자본의 영향력이 빠르게 커졌다는 얘기다.

여기서 지적되어야 할 것은 대기업들이 중국에 무척 유화적이라는 사실이다. 유화정책은 어느 나라에서나 환영을 받는다. 힘세고 공격적인 외국에 맞서는 것은 힘들고 위험한 일이다. 외교관들, 종교인들, 언론인들, 대학교수들이 유화정책에 늘 매력을 느낀다는 점은 잘 알려졌다. 특히 중국 사회와 정권에 쉽게 접근해야 자신의 지위를 유지할 수 있는 '중국 전문가들'은 중국에 대한 근본적 편향에서 벗어나기 어렵다. 그러나 중국에 대한 편향을 가장 뚜렷이 보일 집단은 기업가들일 것이다. 정치적 긴장은 거래와 투자에 해롭기 때문이다.

이것은 어느 사회에서나 나오는 현상이다. 냉전 시기에 미국 기업 '인터내셔널 하베스터(International Harvester)'의 모스크바 책임자가 소련 비밀경찰의 공작으로 기소되었을 때, 그는 미국 기업가들의 도움을 전혀 받지 못했다. 네빌 체임벌린(Neville Chamberlain)이 히틀러에 대해 유화정책을 폈을 때, 영국 시민들 가운데 가장 열광적 지지

research facilities in China. These direct investments are difficult to retrieve and are greatly affected by Chinese policies. Naturally, if the relations between the two countries take a turn for the worse, Korean direct investments will become economic hostages of China.

To this general trend of Korea's growing economic reliance on China has recently been attributed another factor that merits sober reflection. Korea is now obtaining a large portion of its funds from China-related money markets. As of 2007, 49.6% of Korea's short-term loans have been made from China-related markets of China, Hong Kong, and Singapore. Since such loans took up 24.0% up until 2002, this means that they have doubled in the last 5 years. This denotes a rapid increase of the Chinese capital's influence upon the Korean financial market.

What should be pointed out here is the fact that major Korean companies seem extremely appeasing towards China. Appeasement is popular in all nations. Standing up to an aggressive and influential foreign power is always difficult and dangerous. It is well known that diplomats, religious leaders, journalists, and university professors are too often attracted to the appeasement policy. Especially, 'China experts' who needs easy access to Chinese people cannot escape their fundamental bias about China. However, the group most biased about China is in all probability businessmen because political tension is bad for business.

This is a phenomenon common to all societies. During the Cold War, when the man in charge of the Moscow branch of the International Harvester was framed up and indicted by the Soviet secret police, he had no help whatsoever from American

를 보낸 계층은 기업가들이었다. 몇 해 전 미국이 중국에 대한 무역 보복조치를 고려했을 때, 중국에 진출한 미국 기업들이 나서서 그런 시도를 무산시킨 일은 교훈적이다. 지금 북한에 대해 가장 유화적인 계층이 북한에 진출한 우리 기업들이라는 사실에서도 이 점이 확인된다.

한국의 웬만한 기업들은 다 중국에 진출했다는 사정이 뜻하는 것은 자명하다. 중국에 진출한 기업들은 자신들의 이익을 지키기 위해 두 나라 사이의 관계가 악화되는 것을 막으려 애쓸 테고, 그들은 자발적으로 한국에서 '중국 로비'를 이루게될 것이다. 사정이 그러하므로, 우리에게 한반도 핀란드화의 가능성은 실질적인 문제가 되었다. 러시아가 이웃이라는 가혹한 환경에 적응한 핀란드의 경험은 중국이 초강대국으로 떠오른 새로운 환경에 적응해야 하는 한반도에 얼마나 적절한가?

한반도에서도 한국과 북한은 차이가 크다. 북한에선 원래 정예집단인 공산주의자들이 소련의 마르크스주의 가치체계를 나라 전체에 강요했다. 한국전쟁을 치르면서, 북한은 중국에 크게 의존하게 되었고 근년에는 중국의 지원으로 공산주의 정권이 가까스로 유지되고 있다. 비록 근년에 중국이 시장경제를 도입했지만, 북한과 중국은 이념과 체제에서 본질적으로 크게 다르지 않다. 따라서 북한으로선 적응적 묵종을 통한 핀란드화보다는 자발적 괴뢰 정권이 되는 길을 고를 가능성이 훨씬 높았고, 이제는 실질적으로 중국의 괴뢰 정권이 되었다.

businessmen. Likewise, the members of British society most supportive of Neville Chamberlain's appeasement of Hitler were businessmen. The news of American companies that had entered the Chinese market dissuading the US government from taking retaliatory commercial actions was edifying. The frequent appearance of this phenomenon is again reaffirmed by the fact that the group currently most conciliatory towards North Korea is largely composed of South Korean companies.

All big Korean companies have expanded their businesses to China and they will make great efforts in deterring deterioration of relation between the two countries. They will spontaneously form the 'Chinese lobby' in Korea. Due to these circumstances, the possibility of Korea's Finlandization has become a real problem for Koreans. To what extent is Finland's experience of adapting to their Russian neighbor applicable to Korea that must adapt to the emerging superpower China?

In the Korean Peninsula, the differences between North Korea and South Korea are fundamental. In North Korea, the elite communists forced the Soviet Marxist value system upon the entire country. Since Chinese army succored the defeated North Korean army in the Korean War, North Korea became ever more dependent on China and in recent years North Korean Communist regime is kept in power solely through Chinese support. Although China adopted market economy, North Korea and China are largely homogenous in ideology and system. Naturally, the possibility of the North Korean government spontaneously choosing to be a puppet communist regime was very high and it is now virtually a Chinese puppet

한국은 이념과 체제에서 중국과 본질적으로 다르다. 중국의 가치와 자신의 가치를 동일시하는 집단도 없다. 자연히 한국은 적응적 묵종을 시도할 것이다. 따라서 우리가 성찰해야할 문제는 한국의 적응적 묵종이 깊어져 핀란드화에 이를 가능성이다.

한 사회의 역사적 경험이 다른 사회에 교훈을 주려면, 경계조건이 비슷해야 한다. 핀란드와 한국은 여러모로 처지가 비슷하다.

먼저, 이념과 체계가 전혀 다른 강대국을 상대한다. 핀란드는 민주주의와 자본주의를 따랐고, 러시아는 공산주의를 따랐다. 문화적으로도 핀란드는 스칸디나비아의 전통에 속하며 러시아와는 이질적이다. 지금 한국은 민주주의와 자본주의를 따르지만, 중국은 공산당 정권의 권위주의적 통치를 받는다. 이런 이질성은 두 나라에서 괴뢰정권의 등장 대신 적응적 묵종의 추구가 나오도록 했다.

다음엔, 강대국과 전쟁을 치른 경험을 지녔다. 핀란드는 러시아와 두 차례의 전쟁을 치렀고 한국은 중국과 한국전쟁에서 싸웠다. 이런 경험은 그 뒤의 역사의 흐름을 결정했으며 아직도 큰 영향을 미친다.

셋째, 강대국에 경제적으로 크게 의존한다. 핀란드화의 기간 동안, 핀란드의 가장 큰 교역 상대국은 러시아였다. 러시아에 대한 전쟁배상은 러시아의 경제적 중요성을 더욱 높였다. 그런 경제적 의존은 핀란드를 러시아의 공격적 정책에 취약하게 만들었다. 실제로 1958년 러시아는 순수한 정치적 목적에서 경제협력을 중단했고 큰 타격을 입은 핀란드에선 러시아가 기피하는 정권이 무너졌다. 지금 한국에서 중국은 교역과 투자에서 가장 중요한 나라며, 그런 경제적

regime.

South Korea and China are fundamentally different in ideology and system. And there is no group that identifies their value with China's. Naturally, Korea will attempt adaptive acquiescence. Now the question the Koreans should pose to themselves is whether or not Korea's adaptive acquiescence will degrade into Finlandization.

If one society's historical experience is to be of any value to another society, their boundary conditions must be similar. Finland and Korea are similar in several regards, indeed.

First, they are both pitted against ideologically and systemically different countries, much more powerful than they. Finland adopted democracy and capitalism while Russia elected to practice Communism. Also, in terms of culture, Finland is a part of Scandinavia and is very different from Russia. Korea is currently committed to democracy and capitalism, but China is, as was Russia, under the rule of the totalitarian Communist Party. These differences encouraged the adoption of adaptive acquiescence rather than the emergence of puppet regimes in the two countries.

Second, they both have experience in fighting wars against powerful countries. Finland went through the two Russo-Finnish Wars and Korea faced off China during the Korean War. These experiences altered subsequent history and still exert a powerful influence.

Third, they are both heavily dependent upon more powerful countries economically. During the process of Finlandization, Finland's most important trading partner was Russia. War reparations demanded by Russia increased Russia's economic significance for

의존은 점점 깊어진다. 자연히, 한국 경제는 중국의 경제적 보복에 아주 취약하다. 그리고 중국은 그 점을 계속 한국에 일깨우고 있다. 최근에 중국이 현대-기아자동차의 일부 딜러들이 중국의 독과점법을 어겼다는 이유로 그 기업의 두 달 치 수입량 배정을 중단한 조치는 대표적이다.

넷째, 이념적 분열의 역사를 지녔고 사회적 응집력이 약하다. 그렇게 약한 사회적 응집력은 강대국에 대한 효과적 적응을 어렵게 한다. 1917년 12월 독립하자마자, 핀란드에선 공산주의자들(Reds)과 반공산주의자들(Whites) 사이에 참혹한 내전이 일어나서 1918년 5월에야 공산주의자들의 패배로 끝났다. 그 뒤로도 러시아는 핀란드 안의 공산주의자들을 조종해서 핀란드의 전복을 꾀했다. 제2차 세계대전 뒤 러시아의 영향 아래 놓이자, 핀란드에서 공산당의 세력이 더욱 커졌다. 어쩔 수 없이, 핀란드에서 사회적 응집력이 약해졌다. 한국의 경우, 이념적 분열은 늘 심각해서 사회적 응집력을 약화시켰다.

이처럼 한국과 핀란드 사이엔 비슷한 조건들이 여럿 있다. 그것들은 적어도 한국이 핀란드의 역사적 경험을 진지하게 살펴야 함을 가리킨다.

다른 한편으로는, 두 나라의 처지엔 서로 다른 점들도 있다. 무엇보다도 지정학적 처지가 크게 다르다. 핀란드와 러시아는 긴 국경을 공유할 뿐 아니라 핀란드는 서방의 세력이 러시아를 침공하는 통로가 된다. 실제로 제2차 세계대전에서 독일군은 핀란드를 통해서 러

the Finns. Such economic dependency left Finland weak against Russia's aggressive policies. In actuality, in 1958, Russia withdrew its economic cooperation for purely political reasons, Finland was hurt economically, and the Finnish administration in power at the time, which had failed to get Russian support, was ousted from office. At present, China is Korea's most important partner in both trade and investment, and such economic dependency continues to deepen. Obviously, this leaves the Korean economy vulnerable to Chinese economic retaliation, and China has constantly reminded Koreans of this fact. The recent suspension of two months' worth of import quotas for alleged violations of Chinese anti-trust laws imposed on Hyundai Motors and Kia Motors by the Chinese government is typical.

Fourth, they both have a history of ideological division and suffer from weak social cohesion. Such weak social cohesion makes adapting to powerful countries difficult and ineffective. In December of 1917, right after its independence, a vicious civil war between communists (reds) and anti-communists (whites) erupted in Finland. It ended in May 1918 with the defeat of the communists. Even after the conflict, Russia continuously manipulated Finnish communists in order to stir unrest in Finland. Once Finland came under the Russian influence after the Second World War, Finland's communist party gained ascendancy. Inevitably, Finland's social cohesion was weakened once more. In Korea, ideological divisions have always been deep and have constantly undermined social cohesion.

Korea and Finland share many similar circumstances. This fact clearly indicates that Koreans should earnestly study Finland's

시아에 침입했다. 특히, 러시아의 옛 수도이자 중요한 도시인 상트페테르부르크(당시는 레닌그라드)는 핀란드 국경에서 30킬로미터밖에 떨어져 있지 않았고, 러시아는 상트페테르부르크의 방어에 긴요한 카렐리아 지협(地峽)과 핀란드 만 입구의 항구 한코를 탐냈다. 당연히 러시아는 핀란드가 제기하는 군사적 문제들에 민감했고 핀란드가 러시아에 호의적인 정권에 의해 다스려지기를 늘 희망했다. 러시아는 핀란드와의 전쟁에서 이기자, 핀란드의 동부 영토를 할양받아서 핀란드 국경과 상트페테르부르크 사이의 거리를 180킬로미터로 늘렸다.

한국과 중국은 그렇게 밀접하게 맞닿은 처지가 아니다. 북한이 한반도 북부에 자리 잡아서, 두 나라의 지리적 접촉을 막는다. 전통적으로 한반도가 중국 중심부에 군사적 위협이 된 경우도 없었다. 한국전쟁에서도 침입한 쪽은 중공군이었고, 미국은 만주를 '성역(sanctuary)'으로 설정해서 침범하지 않으려 애썼다. 앞으로도 중국이 한반도로부터 침입받을 가능성은 없다. 자연히, 두 나라 사이의 지정학적 긴장은 핀란드와 러시아 사이의 그것보다 훨씬 작다.

다음엔, 역사적 관계와 독립성에서 다르다. 원래 스웨덴의 한 부분이었던 핀란드는 1809년 러시아로 이관되었다. 그때부터 1917년 독립할 때까지 핀란드는 대공국(grand duchy)으로 러시아 제국의 자치령이었다. 지정학적으로 무척 긴밀하다는 사정과 겹쳐, 이런 역사적 관계는 핀란드 사람들로 하여금 러시아에 흡수되는 상황을 늘 걱정하게 만들었고, 핀란드의 외교와 국방은 러시아에 흡수되는 사태

history.

On the other hand, the two countries have several dissimilarities as well. More than anything, their geopolitical situations are very different. Finland and Russia share an extensive border, and Finland is a geographic corridor for Western powers looking to invade Russia. In the Second World War, the Germans proved this by launching an invasion by this route. In particular, Russia's former capital city of St. Petersburg (then Leningrad) lay a mere 30 kilometers away from the Finnish border. Naturally, Russia wanted the Karelia Isthmus and the port of Hanko which were strategically important to the defense of St. Petersburg. Russia was highly sensitive to any military problems Finland brought up and wished Finland to be governed by a pro-Russian regime. After Russia emerged victorious from the war against Finland, it forced Finland to cede territories from eastern Finland and extended the distance between the Finnish border and St. Petersburg to 180 kilometers.

South Korea and China are not so closely placed as Finland and Russia. North Korea stands in between the two countries, preventing direct geographical contact. Traditionally, Korea has never been a major military threat to China. As demonstrated in the Korean War, the invader has typically been China. Even during the Korean War, while China sent troops into Korea, the US designated Manchuria as a 'sanctuary' and made great efforts not to cross the border. In the foreseeable future, the possibility of an invasion upon the Chinese mainland from the Korean Peninsula seems negligible. So the geopolitical tension between the two countries is much less than that

를 피하는 것을 늘 근본적 목표로 삼았다.

한국은 중세 이후 중국의 직접적 지배를 받은 적이 없다. 오랫동안 중국 왕조들의 종주권을 인정하고 조공했지만, 중국의 한 부분이 되어 직접적 지배를 받은 적은 없었다(중국과 조선의 그러한 관계는 '자발적 핀란드화'라고 볼 수 있다. 중국의 문명이 워낙 앞섰으므로, 조선을 포함한 동양의 나라들이 모두 중국의 가치체계와 제도를 열심히 받아들였다). 그래서 한국 사람들은 한국이 중국에 정치적으로 흡수될 가능성에 대해 전혀 걱정하지 않는다.

셋째, 전쟁의 결과에서 두 나라는 근본적으로 달랐다. 핀란드는 두 차례의 러시아-핀란드 전쟁에서 완전히 졌다. 그래서 핀란드는 자신의 운명을 적국에게 맡긴 상태에 놓였다. 한국전쟁에서 한국은 중공군의 침입을 막아냈다. 게다가 전쟁 이전의 상태로 국경을 돌리자는 중국과 북한의 요구를 물리치고 상당히 넓은 북한 지역을 얻었다.

넷째, 대항력의 결정적 요소인 동맹에서 두 나라는 크게 다르다. 지정학적 조건과 역사적 관계에서 핀란드가 러시아의 압도적 영향 속에 놓였으므로, 핀란드는 스칸디나비아에서도 동맹국을 얻을 수 없었다. 그래서 러시아의 침공으로 일어난 '겨울 전쟁'에서 홀로 싸워야 했다. 뒤늦게 영국과 프랑스가 지원 병력을 보내겠다고 나섰지만, 노르웨이와 스웨덴이 병력의 통과를 허용하지 않아서 실현이 어려웠다. 핀란드도 애초에 지원이 충분치 않다고 판단했고 이미 전황이 기운 터라 두 나라의 지원 제의를 사양했다. '후속 전쟁'에서 핀란

between Russia and Finland.

Also, the two countries differ in historical relations and independency. Initially a part of Sweden, Finland was ceded to Russia in 1809. Since then up until 1917, Finland was a grand duchy of the Russian Empire. Coupled together with the close geopolitical relation between Finland and Russia, this historical background has caused the Finnish people to constantly worry about being absorbed into Russia. Accordingly, Finland's diplomacy and national defense is centered on the fundamental goal of avoiding absorption into Russia.

Since the Middle Ages, Korea has never been directly governed by China. Though Korea acknowledged suzerainty of the Chinese dynasties and paid tribute, it was not directly administered by China as a part of its territory. (This relation between China and Korea might be called 'voluntary Finlandization'. Since Chinese culture was so advanced, Korea and the rest of East Asia were busy emulating Chinese values and institutions.) For this reason, Koreans are not worried about the possibility of being absorbed into China

Third, the results of each country's wars were fundamentally different. Finland had been completely defeated in the two Russo-Finnish Wars and had to entrust its fate in the hands of the enemy. Korea, on the other hand, defended itself from the Chinese invasion during the Korean War. Moreover, it stood firm against the demands of China and North Korea to restore the pre-war borders and obtained a considerable amount of formerly North Korean territory it gained through battle.

Fourth, the two countries' alliances, which are essential

드는 독일의 러시아 침공에 편승했고, 그래서 이전의 동맹국들을 잃는 불운을 겪었다.

전쟁에서의 패배로 핀란드가 러시아의 영향권에 속하게 된 뒤엔, 그 사실을 바탕으로 지역적 균형이 추구되었다. '북방균형 The (Northern Balance)'이라 불린 이 지역적 균형에서, 스웨덴은 중립을 지키고, 핀란드는 러시아와 안보조약을 맺고, 노르웨이와 덴마크는 북대서양조약기구(NATO)에 가입했다. 이처럼 핀란드는 국제적으로 러시아의 영향권에 속한 나라로 공식적으로 분류되었고, 동맹국도 자신의 안전을 위협하는 러시아뿐이라는 역설적 상황을 맞았다.

한국전쟁에서 한국은 동맹국들 덕분에 이겼다. 미국을 비롯한 동맹국들의 군대는 국제연합(UN)의 공식적 승인을 받아 국제연합군으로 싸웠다. 지금도 미국의 지지와 지원은 크고 명확하다. 게다가 아직도 기술적으로는 전쟁 상태인 북한과의 관계 때문에, 한국은 중국과 다른 진영에 속한다는 사실이 늘 뚜렷이 부각된다.

본질적 중요성을 지닌 것은 상대적 국력에서의 차이다. 핀란드는 워낙 작은 나라여서 붕괴되기 전의 소련에 도저히 맞설 수 없었다. 지금 한국은 큰 질량을 지녔고 중국에 대해 지닌 대항력도 상당하다.

이처럼 핀란드의 처지와 한국의 처지는 근본적으로 비슷하지만 두드러진 차이들도 있다. 두 나라의 처지가 근본적으로 비슷하다는 사실은 한국이 중국에 대해 적응적 묵종을 추구해야 한다는 것을 가리킨다. 두 나라의 처지가 세부적으로 상당히 다르다는 사실은 한국

counterweights, are very different. Because of the overwhelming Russian geopolitical and historic influence over Finland, Finland could not find an ally even in Scandinavia. As a result, she was left to fend for herself during the 'Winter War' caused by the Russian invasion. Britain and France offered help later on, but such promises were unrealistic since Norway and Sweden refused to allow troops passage. At any rate, Finland declined these offers believing that the support would be insufficient and the situation was already hopeless. During the 'Continuation War', Finland took advantage of the German invasion of Russia and consequently suffered the loss of her former allies.

After Finland lost and came under the Russian domination, a new regional balance based on this situation was sought. This regional balance called 'The Northern Balance' involved Sweden declaring neutrality, Finland concluding a security treaty with Russia, and Norway joining the NATO along with Denmark. Along these lines, Finland was internationally recognized as a country under Russian influence, and had to face the paradoxical situation of being left with the threatening Russia as her sole ally.

Korea emerged victorious from the Korean War thanks to the help of her allies. Korea's allies, led by the US, fought as an international allied force officially endorsed by the UN. Even now, American support and assistance is extensive and conspicuous. Moreover, since South Korea is still technically at war with North Korea, the fact that South Korea and China belongs to different camps constantly comes up.

The most fundamentally important factor is the difference between

이 자신에 대한 중국의 영향력을 상당히 효과적으로 막아내어 자신의 주권에 대한 침해를 최소한으로 줄일 대항력을 지녔음을 가리킨다. 한국이 스스로 어리석게 대응하지 않는다면, 한국은 핀란드화에 이르지 않을 것이다.

Finland and South Korea's relative national strength. Finland has always been a small, weak country without a chance of standing up against the former Soviet Union. The contemporary Korea, on the other hand, is substantial in every way and has considerable counterweight against China.

As explained above, Finland and Korea's positions are fundamentally similar, yet strikingly different in several regards. Their similarities point out the need for Korea to pursue adaptive acquiescence. Their differences in several aspects indicate that Korea possesses the ability to effectively resist Chinese influence and minimize infringement upon its sovereignty. As long as Korea responds sensibly, it won't suffer Finlandization.

제9장 한국의 대책

우리의 운명에 큰 영향을 미치는 중국의 흥기에 대해 우리는 어떻게 대응해야 하는가? 이 중요한 물음에 대해 좋은 답을 얻으려면, 우리는 먼저 현실을 정직하게 살피고 우리에게 괴로운 상황을 인정하는 도덕적 용기를 발휘해야 한다. 우리는 이미 중국의 영향을 크게 받고 있으며, 되짚어 나올 길도 좀처럼 보이지 않는다. 따라서 우리의 합리적 대응은 대항력의 함양을 통해 양보를 최소화하는 적응적 묵종이다. 그리고 이미 우리는 알게 모르게 그렇게 대응해왔다.

앞에서 살핀 것처럼, 적응적 묵종의 전략적 개념은 '양보'와 '대항력'이다. 약소국의 전략은 간단하니, 비대칭적 관계에서 피할 수 없는 양보를 되도록 적게 하는 것이다. 그렇게 하려면, 물론 대항력을 한껏 키워야 한다. 양보의 크기와 대항력의 크기는 역비례한다. 우리에게 열린 합리적 선택은 중국에 대해 적응적 묵종을 하되, 협상력을 한껏 키워서, 공동의 이익을 나누는 데서 너무 밀리지 않는 것이다.

Chapter 9

What Korea should Do

How should Korea respond to the rise of China, which has become one of the most important factors that shape its fate? In order to give a decent answer to this question, Koreans must be morally brave enough to candidly accept reality and acknowledge the unpleasant situation Korea is in. Korea is already under the considerable influence of China and there seems to be no easy way out of this situation. Obviously, the most appropriate response would be to pursue adaptive acquiescence, which would minimize concessions by increasing its national strength. At any rate, Koreans have already been doing so without realizing it.

As discussed above, adaptive acquiescence involves pursuing a 'strategy of concessions' and a 'counterweight strategy'. A small state's strategy is simple: its goal would be to minimize the amount of concessions it is forced to make. In order to do so, it is necessary to increase its own counterweight. Concessions and counterweights are inversely related. The rational choice for Koreans would be to

대항력 전략은 강대국에 대한 양보들을 줄이기 위해 자신의 대항력을 한껏 키우는 것이다. 대항력의 요소들인 외교적 대항력, 군사적 대항력, 시민적 대항력을 함께 키워야, 적응적 묵종이 실제로 적응적이 될 수 있다.

외교적 대항력의 증대는 주로 '긴장 완화와 중재 전략'과 '비동맹 전략'을 통해서 시도된다. 그러나 현재 국제정세에선 우리가 이런 전략을 추구할 여지가 없다. 아직은 미국의 힘이 중국보다 월등하고 두 나라가 비교적 잘 협력하고 있으므로, '긴장 완화와 중재 전략'은 들어설 자리가 없다. 군사적 위협을 제기하는 북한과 힘들게 맞선 터라, '비동맹 전략'을 추구할 수도 없다.

다행히 우리는 그렇게 중립을 엄격하게 추구하지 않아도 된다. 미국과 일본과의 협력을 통해서, 우리의 외교적 입지를 충분히 지킬 수 있다.

군사적 대항력은 사정이 다르다. 우리 자신의 군사력은 한계가 있다. 다행히, 우리의 군사력은 동맹국인 미국의 막강한 군사력에 의해 떠받쳐진다.

걱정스러운 것은 근년에 두 나라 사이가 점점 멀어졌다는 사실이다. 씁쓸하게도, 그렇게 만든 것은 우리 자신이다. 김대중 정권과 노무현 정권은 드러내놓고 미국에 대해 비우호적 태도를 보였다. 반미 감정은 조직적으로 키워졌고, 주한 미군에 관한 협상과정에서 정부는 미국의 분노를 일부러 일으켜 철군을 유도하는 듯한 정책을 폈다.

pursue adaptive acquiescence while keeping its share of common interests through build-up of bargaining power.

The counterweight strategy involves increasing one's counterweight to reduce the concessions one had to make to a more powerful country. Diplomatic counterweight, military counterweight, and civil counterweight must all be cultivated in order for adaptive acquiescence to become truly adaptive.

Increasing diplomatic counterweight is usually attempted through the 'strategy of deténte and mediation' and the 'strategy of non-commitment'. In the current international climate, however, Korea has little room to practice these strategies. Because the US is still much more powerful than China and the two countries are cooperating agreeably, the 'strategy of deténte and mediation' has no place. Also, it is impossible to apply a 'strategy of non-commitment' because of the military threat North Korea constantly poses towards Korea.

Fortunately, Korea does not need to pursue a strict strategy of neutrality. It can sufficiently protect its diplomatic position through cooperation with the US and Japan.

Military counterweight is a different matter. Korea's self-defense capacity is limited, but fortunately, its military capabilities are augmented by the supreme military power of its ally, the US.

In recent years, however, the relations between the two countries have deteriorated. The sad fact is that Koreans have only themselves to blame. The administrations of Kim Dae-Joong and Roh Moo-

북한 핵무기 문제를 다루는 '6자 회담'에서 한국은 근본적으로 북한의 입장을 두둔해서 미국의 발목을 잡았다. 심지어 미국이 제공한 군사기밀들이 북한으로 유출되는 상황까지 나와서, 미국이 중요한 정보를 아예 한국에 제공하지 않게 되었다. 미국에 대한 이런 비우호적 태도는 미국의 부정적 반응을 불러일으켜, 지난 10년 동안 미국도 한국에 대한 호감과 믿음을 많이 잃었다.

콘돌리자 라이스(Condoleezza Rice) 미국 국무장관이 《포린 어페어스(*Foreign Affairs*)》 2008년 7/8월 호에 발표한 〈국익을 다시 생각함: 새로운 세계를 위한 미국의 현실주의(Rethinking the National Interest: American Realism for a New World)〉는 그런 사정을 섬뜩하게 보여준다. 그 글에서 그녀는 "우리 가치들을 반영하는 국제질서가 우리의 내구적 국익에 대한 가장 좋은 보장"이라고 진술했다.

현재의 국제적 상황을 반영해서, 글의 큰 부분이 중동과 회교 극단주의에 대한 논의에 바쳐졌다. 그래도 그녀를 비롯한 미국 외교관들의 마음에서 중국의 부상이 큰 자리를 차지하고 있음은 이내 드러난다. 그녀가 '우리의 민주적 동맹국들과의 협력(cooperation with our democratic allies)'을 중국의 부상에 대응하는 전략으로 삼는다는 것도 드러난다.

이어 그녀는 동맹의 현황에 대해 "우리는 오스트레일리아, 동남아시아의 요소 국가들, 일본과 강하고 민주적인 동맹을 누린다……. 또한 남한도 가난과 독재에서 민주주의와 번영으로의 고무적인 여행을 자랑할 수 있는 역사를 지닌 범지구적 동반자가 되었다

Hyun were conspicuously unfriendly towards the US. Anti-US sentiments were systematically fostered and the Korean government seemed to employ practices that would antagonize the US to induce the withdrawal of the American troops stationed in Korea. Even during the discussions of North Korea's nuclear weapons development throughout the Six Party Talks, Korea basically sided with North Korea's stance, thereby hindering the American efforts. There were even instances of military secrets provided by the US finding their way into North Korean hands. After that, the US no longer shared important information with Korea. Such change in the American attitude, in turn, fostered anti-American sentiments among the Korean public. Due to these unfortunate circumstances, in the past decade Korea has lost much of the trust and goodwill of the US it had so diligently fostered for a long time.

This state of affairs was painfully revealed in 'Rethinking the National Interest: American Realism for a New World' by the Secretary of State, Condoleezza Rice, published in the 2008 July/August edition of 'Foreign Affairs'. In that article, she stated, "An international order that reflects our values is the best guarantee of our enduring national interest."

Reflecting the current international situation, a large part of the article is devoted to the discussions on the Middle East and Islamic extremists. Nevertheless, it plainly reveals how great a concern the rise of China is for American diplomats. And Secretary Rice states that the US plans to cope with the rise of China through "cooperation with our democratic allies".

She diagnosed the status of America's alliances in detail: "We

(We enjoy a strong, democratic alliance with Australia, with key states in Southeast Asia, and with Japan… South Korea, too, has become a global partner whose history can boast an inspiring journey from poverty and dictatorship to democracy and prosperity)"고 진단했다. 이것은 아주 이상한 얘기다. 미국에게 한국은 '한미상호방위조약'에 의해 공식화된 동맹국이다. 한국전쟁에서 미국은 한국을 북한과 중국의 침입으로부터 구하기 위해 엄청난 희생을 치렀다. 베트남 전쟁에선 한국군이 미군을 도와 공산주의 군대들과 싸웠다. 말 그대로, 두 나라는 혈맹(血盟)이다. 역사적으로 태평양 지역에서 한국보다 미국에 더 가깝고 이해가 합치했던 동맹국은 없었다. 지금도 미국은 한국에 큰 군대를 주둔시키고 있으며, 한국은 미국의 요청에 응해서 이라크와 아프가니스탄에 파병했다. 그런데 한국은 동맹국의 반열에서 빠져 개념도 흐릿한 '범지구적 동반자'로 규정되었다. 오스트레일리아와 일본은 그렇다 치더라도, 동남아시아의 요소 국가들에도 못 미친다는 얘기다. 동남아시아에서 미국이 괄목상대할 동맹국들이라 봐야 그 중요성에서 한국과는 비교가 되지 않는다. 아마도 그래서 이름들을 대지 않고 '동남아시아의 요소 국가들'이라는 야릇한 표현을 썼을 터이다. 왜 라이스는 굳이 한국을 따로 떼어내서 '범지구적 동반자'라고 규정했는가?

'민주적 동맹국'과 '범지구적 동반자'사이의 차이는 작지 않다. 전자는 모든 면에서, 특히 군사적으로 가까운 협력자를 뜻한다. 후자에는 세계화로 함께 어울리게 되었지만 모든 면에서 긴밀하게 협력하

enjoy a strong, democratic alliance with Australia, with key states in Southeast Asia, and with Japan… South Korea, too, has become a global partner whose history can boast an inspiring journey from poverty and dictatorship to democracy and prosperity." This is a very strange thing to say. To the US, Korea is an ally that has been officialized through the 'Mutual Defense Treaty'. During the Korean War, the US suffered tremendous losses while saving Korea from the North Korean and Chinese communist forces. In the Vietnam War, Korean forces helped the US forces fight the Communist forces. So the two countries share 'a blood alliance', literally. Historically, in the Pacific area no ally has been as close and sympathetic to the US as Korea. At present, the US maintains a large force in Korea to protect it and Korea reciprocates with soldiers stationed in Iraq and Afghanistan. And now, despite all these ties, Korea was excluded from the ranks of America's allies and vaguely defined as 'a global partner'. Being regarded as less an ally than Australia and Japan is one thing, and being defined as an ally less trustworthy than the 'key states of Southeast Asia' is another. Among the 'Key states in Southeast Asia' none is as important as Korea. That is probably why the vague term 'key states in Southeast Asia' was used without naming specific states. Why did Rice deliberately single out Korea as 'a global partner'?

The difference between a 'democratic ally' and a 'global partner' is no small one. The former denotes a close cooperator in all respects, particularly in military cooperation. The latter is used to describe someone who one associates with thanks to globalization but does not always collaborate with. It is a relation more distant than even

는 사이는 아니라는 뜻이 담겼다. 이명박 정권이 중국과 맺은 '전략적 협력 동반자 관계'보다 오히려 소원한 관계다. 이처럼 한국을 범지구적 동반자라고 규정함으로써, 비록 한국과 미국이 군사적 동맹관계에 있지만, 그녀는 한국에 대해 따스함이나 믿음을 품지 않았음을 드러낸 것이다. 그녀가 미국의 외교를 관장하는 사람이므로, 그녀의 진술은 미국 정부의 마음을 드러냈다고 보아야 한다.

미국 국무장관이 이처럼 이상한 발언을 한 데는 분명히 까닭이 있을 것이다. 그럴듯한 설명은 그녀가 우리에게 신호를 보냈다는 해석일 터이다. 그녀로선 우리가 미국의 공감과 신뢰를 잃어가고 있다는 얘기를 하고 싶었을 것이다. 앞에서 살핀 것처럼, 지난 10년 동안 우리는 미국의 공감과 신뢰를 잃을 일들을 많이 했다.

걱정스러운 것은 그런 신호를 북한과 중국도 읽는다는 사실이다. 미국의 마음이 떠나면, 우리는 갑자기 외로워지고 그만큼 북한의 위협과 중국의 경멸을 받을 것이다. 이것은 결코 쓸데없는 걱정이 아니다. 반세기 전 미국 국무장관이 무심히 드러낸 속내가 6·25 전쟁을 촉발하지 않았던가?

1950년 1월 12일 워싱턴 '전국언론협회(National Press Club)'의 오찬에서 딘 애치슨(Dean Acheson) 미국 국무장관은 공산당 정권이 중국을 장악한 상황에서 미국이 아시아에서 펼칠 정책을 설명했다. 그 연설에서 그는 미국의 서태평양 '방위선(perimeter of defense)'이 알류샨열도, 일본, 류큐열도, 필리핀으로 이어지는 선이며 타이완과 한

the "Strategic Cooperative Partnership" President Lee Myung-bak established with China. By defining Korea as a global partner, the US has revealed that, although a military ally of Korea, it does not harbor warmth or trust towards Korea. Coming from a person in charge of American diplomacy, Secretary Rice's statement can be regarded as the official position of the US government.

There are undoubtedly reasons behind this puzzling statement. The most plausible explanation would be that she is sending out a message to the Koreans. She wants to say that Korea is losing the sympathy and trust of the US. As explained above, in the past decade Korea has done many things that eroded American sympathy and trust.

What troubles responsible Koreans is that North Korea and China have also read these signs. If the US is estranged with and leaves Korea, suddenly Korea will be very lonely and be subject to more North Korean threats and more Chinese contempt. These are not unfounded concerns. Didn't the casual comments of a US Secretary of State half a century ago trigger the Korean War?

On January 12, 1950, during the luncheon at the National Press Club, Dean Acheson, the US Secretary of State, explained the policies the US would pursue in Asia in view of fact that China was now controlled by the Communist regime. He said that the American 'perimeter of defense' in the West Pacific consisted of the Aleutian Islands, Japan, the Okinawa archipelago, and the Philippines. He added that Taiwan and Korea lay outside the perimeter.

Considering the geopolitical importance of the Korean peninsula

국은 방위선 밖에 있다고 선언했다.

한반도가 역사적으로 동아시아의 지정학에서 차지한 위치를 생각하면, 이 발언은 놀랄 만했다. 중국, 일본, 러시아와 같은 동아시아의 강대국들은 늘 한반도에 대한 영향력을 늘리려고 다투었고, 당시 미국과 러시아 사이의 냉전은 아주 위험한 수준에 이른 상태였다.

애치슨은 원래 유럽을 중시하고 아시아를 소홀히 했다. 그런 태도는 애치슨과 국무부에 국한된 것이 아니라 당시 미국 정부와 군부에 널리 퍼져 있었다. 일찍이 1947년 9월 25일에 합동참모본부는 애치슨에게 한국에 관한 비망록(memorandum)을보냈는데, 그 문서는 "군사적 안보의 관점에서는, 현재 한국에 주둔해 있는 병력과 기지들을 유지해서 미국이 얻을 전략적 이익이 거의 없다고 합동참모본부는 여긴다"고 기술했다. 애치슨은 이 문서를 트루먼 대통령에게 보였고, 트루먼은 그것에 동의했다. 합참을 이룬 윌리엄 레이히(William Leahy), 드와이트 아이젠하워(Dwight Eisenhower), 체스터 니미츠(Chester Nimitz), 칼 스파츠(Carl Spaatz)는 제2차 세계대전을 승리로 이끈 육해공군의 지휘관들이었고 대통령이 그들의 견해를 받아들인 것은 자연스러웠다. 이런 견해에 바탕을 두고 미국은 한국에 대한 정책을 세웠으며, 한국이 방위력을 채 갖추기도 전에 서둘러 군대를 철수했다.

사정이 그러했으므로, 애치슨은 자신의 발언을 취소하거나 수정하지 않았고, 그렇게 하라고 그에게 충고하거나 압박한 사람도 없었다. 그의 발언은 한국에 대한 침입을 준비해온 러시아, 북한, 중국을

in East Asia, Acheson's statement was astonishing. Major East Asian powers such as China, Russia, and Japan had always sought to increase their influence on the Korean Peninsula, and the Cold War between the US and Russia had reached a critical point.

Acheson had always placed an emphasis on Europe and had paid much less attention to Asia. This attitude was not just limited to Acheson and the State Department, but was wide-spread in the US government as a whole as well as among the armed forces. As early as September 25, 1947, the Joint Chiefs of Staff sent Acheson a memorandum on Korea. In it they stated, "The Joint Chiefs believe, in a military point of view, the US has very little to gain strategically by maintaining its troops and bases currently in Korea." Acheson passed along the document to President Truman and Truman agreed with the opinion expressed by the Joint Chiefs. The members of the Joint Chiefs, William Leahy, Dwight Eisenhower, Chester Nimitz, and Carl Spaatz, had led the nation to victory in the Second World War and it was natural for the President to agree with their opinions. Based on these opinions, the US formed its policy concerning Korea and hurriedly pulled its forces out before Korea was ready to defend itself.

Because of these circumstances, Acheson did not revoke or modify his statement, nor was there anyone who advised or pressured him to do so. Acheson's statement greatly encouraged Russia, North Korea, and China, who had been preparing to launch an invasion of Korea. They judged that even if North Korea attacked and occupied South Korea, the US would not intervene. In particular, the North Korean government and military, including Premier Kim

크게 고무했다. 그들은 북한이 한국을 공격해서 점령해도 미국이 개입하지 않으리라고 판단했다. 특히, 김일성 수상을 비롯한 북한 정부와 군부는, 설령 미국이 군사적으로 개입하더라도, 북한까지 공격하는 일은 없으리라고 판단했다. 이처럼 애치슨의 발언은 6·25 전쟁이 일어나는데 중요한 요인이 되었다.

막상 한국에 전쟁이 일어나자, 미국은 한국을 도와 북한군과 싸웠다. 이것은 군사적으로만이 아니라 정치적으로도 무척 힘든 일이었다. 미국 정부와 군부가 맞은 근본적 어려움은 한국이 미국의 이익에 대해 주변적 중요성만을 지녔다는 사실이었다.

1950년 12월 8군 사령관으로 한국에 부임했을 때, 리지웨이는 목적을 잃은 군대를 발견했다. 미군 병사들은 자신들이 조국에서 멀고 낯선 땅에서 무엇을 위해 싸우는지 알지 못했다. 제2차 세계대전과는 달리, 한국전쟁에서 미군 병사들은 자신들이 조국을 위해서 싸운다는 확신을 지니지 못했다. 그래서 리지웨이는 이내 미군 병사들에게 6·25 전쟁의 뜻을 설명하는 성명서 〈왜 우리가 여기 있는가? 무엇을 위해서 우리는 싸우는가?(Why Are We Here? What Are We Fighting For)?〉를 발표했다.

아울러 그는 한국 정부와 군대를 서둘러 안심시켜야 할 필요를 느꼈다. 한국 사람들도 한국이 미국에 그리 중요하지 않다는 사실을 인식하고 있었기 때문이다.

나는 우리의 한국 동맹자들에게 우리가 갑자기 철수해서 그들이 홀로

Il-Sung, believed that even if the US did intervene militarily, the US would not go as far as to directly attack North Korea. As explained above, Acheson's statement was an important factor in triggering the Korean War.

When a war actually broke out in Korea, the US decided to help Korea fight against the invading North Korean Army. This was a very difficult decision to make both militarily and politically. The ultimate difficulty facing the US government and army was the fact that Korea held only marginal importance for the American interests.

In December 1950, when he took over the command of the 8th US Army, General Matthew Ridgway found an army that had lost purpose. American soldiers did not know what they were fighting for in a strange land far from home. Unlike in the Second World War, in the Korean War American soldiers were not sure that they were fighting for their motherland. So Ridgway issued a statement titled 'Why Are We Here? What Are We Fighting For?' in which he explained the meaning of the Korean War to the American soldiers.

He also felt the need to assure the Korean government and armed forces. The Koreans were also aware of the fact that Korea was not so important to the US.

> I had to find some way of reassuring our ROK Army allies that we were not going to pull out suddenly and leave them to cope with the Communists alone. I knew that would mean a wholesale slaughter, and I could not blame a South Korean for contemplating a change of coat if he had any reason for believing he would be left to try to live out his life

> 공산주의자들과 맞서도록 버려두지 않으리라고 안심시킬 길을 찾아야 했다. 나는 그런 사태가 대규모 학살을 뜻하며, 만일 자신이 공산당의 지배 아래 살아가도록 버려지리라고 믿을 어떤 까닭이 있다면, 어떤 한국 사람이 변절을 생각한다고 해서 나로선 그를 비난할 수 없다는 것을 알았다. —매슈 리지웨이, 《한국전쟁(*The Korean War*)》

실제로 중국의 '국공내전'에서 많은 국민당 군대가 항복해서 공산군에 편입되었고, 한국에 침입한 군대의 상당수가 원래는 국민당 군대에 속했다. 리지웨이로선 미국의 의지에 회의적인 한국군 부대들이 공산군에 투항하는 사태를 걱정하지 않을 수 없었다.

그래서 리지웨이는 이승만 대통령을 처음 만난 자리에서 "대통령 각하, 나는 당신을 만나 기쁘고 이 자리에 서게 되어 기쁘며 여기 머물 생각입니다(I'm glad to see you, Mr. President, glad to be here, and I mean to stay)"라고 인사했다. 그제야 굳었던 이 대통령의 얼굴이 밝아졌다고 그는 회고했다. 이어 그는 한국군 참모총장 정일권 장군에게 보낸 편지에서 "우리 통합된 연합군에겐 오직 하나의 공통된 운명만이 있습니다([T]here is but one single common destiny for this combined Allied Army)"라고 밝혔다.

한국이 미국의 의지에 대해 의구심을 가질 근거는 충분했다. 1951년 말엽 미군이 중공군에 참패해서 전황이 아주 어두울 때, 맥아더는 합참에 지침을 요청했다. 당시 그가 받은 지침은 그의 기본적 임무가 '일본의 보호'임을 확인했고 아주 어려운 상황에선 일본으로

under Red rule.

- from *The Korean War* by Matthew B. Ridgway

During the Chinese Civil War, a large number of Nationalist soldiers had surrendered and were incorporated into the Chinese Communist Army, and many of these very soldiers were part of the Chinese Communist forces that invaded Korea. Ridgway could not but worry about Korean forces, skeptical of the prospects of the continued American commitment, surrendering to the Communist forces.

With this in mind, when he paid the first visit to President Syngman Rhee, Ridgway said, "I'm glad to see you, Mr. President, glad to be here, and I mean to stay." He recalled in his memoirs that on hearing his greeting, the President's worried expression had brightened. He then wrote a letter to General Jung Il-Kwon, the Commander of the Korean Army, and affirmed that "[T]here is but one single common destiny for this combined Allied Army."

Koreans had good reasons to doubt Americans' will to fight on. In late 1951, when the American forces were routed by the Chinese Communist forces, MacArthur turned to the Joint Chiefs for guidance. At that time, his primary objective was reaffirmed as the "defense of Japan" and he was given the order to pull out if the situation got out of control.

Similarly, even as the Korean War raged on, the relationship between Korea and the US was limited by the fact that Korea had very little to offer for the American interests. The US was bent on securing Japan, but always regarded Korea as expendable if things

철수하라는 명령을 담고 있었다.

이처럼 한국전쟁이 한창일 때에도, 한국이 미국의 이익과 별 관련이 없는 나라라는 사실은 두 나라 사이의 관계를 근본적으로 제약했다. 미국은 일본을 지키려는 마음이 굳었지만, 한국의 경우 사태가 불리해지면 언제라도 버릴 생각이었다.

많은 사람들이 지적한 것처럼, 미국은 한반도의 안전에 결정적 도움을 줄 수 있는 나라였다. 미국은 19세기 후반에 이미 경제적으로 세계에서 가장 큰 나라가 되었다. 미국의 문화는 자유주의를 지향했고 미국의 정책은 제국주의적 빛깔이 다른 강대국보다 훨씬 옅었다. 특히 미국은 한반도에 대한 영토적 야심을 지니지 않았다. 자연히, 미국의 존재는 한반도에서 우월적 지위를 지닌 강대국의 영향력을 상쇄해서 한반도를 안정시켰다.

미국이 한국의 안전에 결정적 중요성을 지녔다는 사실을 처음 한국 사람들에게 일깨워준 사람은 반어적(反語的)으로 중국 지식인이었다. 19세기 후반에 활약한 중국 외교관이자 일본 연구가였던 황준헌(黃遵憲)은 《사의조선책략(私擬朝鮮策略)》에서 미국을 아주 좋게 평가했다. 그는 미국이 세계에서 가장 부유하고 문화수준이 높고 큰 나라의 부당한 압박을 받는 작은 나라들을 도우며 영토적 야심이 없는 대외정책을 추구한다고 기술했다. 그래서 조선은 미국과 잘 사귀어야 한다고 그는 진지하게 충고했다.

1880년 황준헌은 수신사(修信使)로 일본을 방문한 김홍집(金弘集)에

got really tough.

As many people have pointed out, the US has been a country that can provide crucial help for stability on the Korean peninsula. It had the greatest economy in the world already by the late 19th century. Its culture was imbued with liberalism and its policies were much less imperialistic than those of other great powers. In particular, it had no territorial ambitions in the Korean Peninsula. Naturally, the American presence balanced out the influence of other great powers and stabilized the Korean Peninsula.

Ironically, the first foreigner to inform the Korean people of the importance of the US for the security of Korea was a Chinese intellectual. Huang Zunxian, a Chinese diplomat in the late 19th century and scholar studying Japan, portrayed the US in a very good light in his Personal Reflections on Policies and Strategies for Korea. He described the US as the world's wealthiest and most culturally developed country, and held that the US pursued a foreign policy aimed at helping small countries being unfairly pressured by larger countries without territorial ambitions. On that account, he advised Korea to establish close relations with the US.

In 1880, Huang presented his book to Kim Hong-Jib, the chief of the Korean delegation to Japan, who on returning, presented it to the Royal Court. Huang's book became a subject of much interest and debate, and influenced Korean intellectuals to harbor keen interest in and favorable impression of the US. Shortly afterwards, in 1882, with the signing of the 'Korean-American Treaty of Amity and Commerce', Korea began to pursue the policy that considered the

게 자기 책을 건넸고 김홍집은 돌아와서 그것을 조정에 바쳤다. 그 책자는 조선에서 큰 관심과 논쟁을 불렀고 조선 지식인들이 미국에 대해서 관심과 호의를 지니는 계기가 되었다. 이어 1882년에 '조미수호통상조약'이 체결되면서, 조선엔 미국을 믿을 만한 우방으로 여기는 외교정책이 자리잡았다.

그 조약의 제1조는 두 나라 사이의 영구적 평화와 우의를 보장했고 제삼국의 위협이 있을 경우엔 서로 돕기로 했다. 현대 서양의 외교관행을 몰랐던 터라, 조선의 왕실과 관료들은이 의례적 조항이 실질적 뜻을 지녔다고 판단했다. 그래서 조선의 독립이 위협을 받으면, 미국이 조선을 도울 의무가 있다고 여겼다.

반면에, 미국은 이내 조선에 대해 실망했고 조선과 관련된 문제들에 중립적 태도로 일관했다. 류영익(柳永益)은 미국이 그런 태도를 보이게 된 요인들로 둘을 지적했다. 하나는 조선의 자원이 빈약하고 중국이나 일본에 비해 상업적으로 훨씬 덜 중요하다는 깨달음이었다. 조약을 체결할 때, 미국은 '은자의 왕국(Hermit Kingdom)'에 알려지지 않은 재화가 많다고 여겼다. 막상 조선에 들어와 살피니, 아주 가난하고 부존자원도 빈약하다는 것이 드러났다. 다른 하나는 중국이 조선에 대해 오래 지녀온 종주권을 적극적으로 행사하려 한다는 사실의 인식이었다. 조선 정부가 스스로 중국의 종주권을 인정했으므로, 그것은 두 나라 사이의 교섭에 근본적 제약이 되었다.

이런 실상이 알려지자, 미국은 조선에 깊이 개입하는 것을 꺼리게 되었다. 그래서 조선에서 일어나는 문제들에 대해 '엄격한 중립'을

US as a dependable, trustworthy ally.

The first clause of the treaty guaranteed permanent peace and friendship between the two countries, and cooperation in the case of an attack by a third party. Because they were unaware of modern Western diplomatic customs, Korean royal court and officials considered this customary clause as having practical implications. Accordingly, they believed that if the independence of Korea was threatened, the US had an obligation to help Korea.

On the other hand, the US was disappointed with Korea and afterwards consistently dealt with Korean affairs in neutral position. Lew Young-Ick, a Korean historian, pointed out two reasons for this change. First was the realization of Korea's poverty in resources and its small commercial importance in comparison with that of China or Japan. When it signed the treaty with Korea, the US had believed there were hidden riches in the 'Hermit Kingdom'. However, it soon turned out that Korea was not only very poor but also endowed with little natural resources. The other reason was the perception that China actively exercised its long-standing dominance over Korea. Because the Korean government itself acknowledged China's suzerainty, it fundamentally limited diplomatic relationship between the two countries.

As the realities of Korea were discovered, the US avoided getting deeply involved in Korea. It tried to maintain "strict neutrality" in the affairs of Korea, and when an imperialistic great power achieved dominance over Korea, it simply recognized such state.

Here arises an unavoidable question: "What could Korea have done to induce the US to devote more attention and resources

유지하려 애썼고, 조선에서 어떤 제국주의 강대국이 패권을 잡더라도, 그것을 인정하는 정책을 따랐다.

여기서 피할 수 없는 물음이 나온다. "미국이 조선의 안전에 보다 큰 관심을 갖고 보다 큰 자원을 들이도록 하기 위해서 조선은 무엇을 할 수 있었나?" 만일 조선에 진출한 강대국들 가운데 동아시아에서 영토적 야심이 가장 작았던 미국이 조선의 안전에 보다 큰 관심을 보였다면, 아마도 조선은 실제로 맞은 운명보다 나은 운명을 맞았을 것이다.

당시 조선이 미국에 내놓을 수 있었던 것은 지정학적 중요성이었을 것이다. 조선 둘레의 세 강대국들 가운데 어느 나라가 조선을 영유해도, 그 나라가 더욱 강성해지리라는 사실과 그런 상황이 미국의 이익과 세계의 평화에 도움이 되지 않으리라는 점을 미국이 깨닫도록 하는 것이었다. 불행하게도, 당시 조선 정부는 그렇게 할 능력이 없었다. 조선 왕실은 미국 사람들에게 많은 이권을 내주면서 환심을 사려 애썼지만, 그런 노력이 미국 정부의 정책에 영향을 미치진 못했다.

지금 한반도의 상황은 19세기 말엽 조선의 상황과 본질적으로 비슷하다. 한국의 안전에 결정적으로 중요한 요소는 그때와 마찬가지로 미국이다. 미국에 관한 황준헌의 평가는 역사에 의해 뛰어남이 입증되었다. 아직도 미국은 동아시아에서 영토적 야심이 없는 유일한 강대국이다. 안타깝게도, 한반도에 대한 미국의 관심과 투자는 조선조 말기보다 그리 크지 않을 것이다. 미국은 세계적 균형의 관점에

to Korea's security?" Had the US, which had the least territorial ambitions in East Asia among the great powers, showed more interest in Korea's security, in all probability Korea would have fared better than it actually had.

What Korea could have offered the Us at the time was its geopolitical importance. Korea could have persuaded the US that if any of the three great powers surrounding Korea took it, that country would become more powerful, which would be harmful to both the American interests and world peace. Unfortunately, the Korean government was not up to the task. The Korean royal family tried to gain the favor of Americans by yielding numerous privileges, but these efforts were insufficient to influence the policies of the American government.

The current situation of the Korean Peninsula is basically similar to that in the late 19th century. As it was back then, the presence of the US is essential for the security of Korea. Huang Zunxian's assessment of the US has been proved remarkably insightful through history. The US remains the only great power without territorial ambitions in East Asia. Unfortunately, the American attention and investment towards Korea in the coming years will be scarcely larger than in the last years of the Chosun Dynasty in the early 20th century. The US will evaluate Korea in a global perspective, and formulate its policies by taking into the account Korea's intrinsic value and the degree of Chinese dominance over the Korean Peninsula. If Korea gets smaller in economic and geopolitical importance and falls deeper into the sphere of influence of China, the US will show an attitude similar to the one it did in the final years of the Chosun

서 한국을 살피고 한국의 내재적 가치와 중국에 예속된 정도를 고려해서 정책을 결정할 것이다. 만일 한국의 경제적·지정학적 중요성이 작아지고 한국이 중국에 깊이 예속되면, 미국은 조선에 대한 중국의 종주권을 존중해서 방관적이었던 조선조 말기의 태도를 다시 보일 것이다.

그래서 앞의 물음은 한 세기 넘게 지난 지금도 날카로움을 그대로 지녔다. 지금 한국은 미국의 관심과 지지를 얻기 위해서 무엇을 할 수 있는가?

라이스의 언급에 대한 보다 비관적인 해석은 이제 미국이 한국을 지킬 가치가 있는 동맹국으로 여기지 않는다는 것이다. 점점 거세지는 한국의 반미주의 때문에 한국을 믿고 의지 할 만한 동맹국으로 오래 지니기 어렵다고 미국이 판단했을 가능성은 낮지 않다. 보다 근본적으로, 한국은 중국에 비해 너무 작고 너무 가까이 있어서 궁극적으로 중국이 지배하는 동아시아 블록에 편입되리라고 미국이 판단했을 수도 있다. 이 두 고려사항이 겹치면서, 미국은 한국을 마음속으로 버리기 시작했을 수 있다.

냉전이 미국의 승리로 끝난 뒤, 미국은 세계의 질서를 유지하는 임무를 수행해왔다. 그러나 다른 나라들이 빠르게 발전하고 힘이 커지면서, 미국은 세계의 질서를 유지할 힘이 부치고 정치적 의지는 약해졌다. 앞으로 중국이 한반도에 대해서 드러내놓고 제국주의적 태도를 보일 때, 미국이 중국에 맞서리라고 기대하기는 어렵다. 그러기

Dynasty, when it was a bystander respectful of Chinese supremacy over Korea.

Resultantly, the question posed above still retains its relevance today, half a century later. What can Korea do to gain the vital attention and support of the US?

A more pessimistic explanation of Secretary Rice's article is that the US no longer deems Korea as an ally worth defending. The US might have decided that, due to the continued rise of anti-Americanism in Korea, it is difficult to keep Korea as a dependable and trustworthy ally. More fundamentally, the US might have decided that Korea would be eventually incorporated into a Chinese-led East Asian bloc because of its relatively small size and proximity to China. With these two facts in mind, the Americans might have begun to abandon Korea deep down in their collective mind.

After emerging victorious from the Cold War, the US performed the task of maintaining world order. As other countries experienced rapid development and gained in strength, however, the US found the task overwhelming and its political will for maintaining world peace weakened. In the future, when China asserts an openly imperialistic attitude towards the Korean Peninsula, it is unlikely that the US will stand in the way of China. The US's political will is too weak and the Korean Peninsula is too far away from America.

If the assumption that the US no longer considers Korea an ally worth defending turns out to be realistic, Rice's article can carry a much more bleak interpretation. The US, or at least the US Department of State, could be preparing for the predicted

엔 미국의 정치적 의지가 너무 약하고 한반도가 미국에서 너무 멀다.

미국이 한국을 지킬 가치가 있는 동맹국으로 여기지 않는다는 가정이 상당한 현실성을 지녔다면, 라이스의 언급은 더욱 음산한 해석이 가능하다. 미국은, 적어도 미국 국무부는, 한국이 그리 멀지 않은 장래에 중국이 주도하는 동아시아 블록에 편입되리라 보고 미리 대응하기 시작했다는 얘기다. 즉, 한국의 중요성과 한국과의 관계를 미리 격하시켜서 미국이 한국을 잃어서 볼 손해를 최소화하고 아울러 뒤에 나올지 모르는 '누가 한국을 잃었나?(Who lost Korea?)'라는 논쟁에서 지게 될 책임을 덜자는 것이다.

이것은 음모론의 냄새를 풍기는 얘기다. 그러나 미국의 동아시아에서의 외교의 역사를 살피면, 이런 해석이 진지한 검토를 받을 만하다는 것이 드러난다.

1949년 장제스의 국민당 정권이 무너지고 중국 대륙에 마오쩌둥의 공산당 정권이 들어서자, 미국 시민들은 큰 충격을 받았다. 제2차 세계대전에서의 동맹국이었던 러시아가 갑자기 위험한 적이 된 터에 거대한 중국이 공산당 정권에 넘어간 것이다. 놀랍지 않게도, 미국에선 그런 결과에 대한 책임을 묻는 목소리가 높아졌고 '누가 중국을 잃었나?(Who lost China?)'라는 물음은 미국의 정치를 뒤흔들었다. 트루먼 대통령의 민주당 정권은 어쩔 수 없이 수세에 몰렸고, 이후 민주당은 내내 중국을 잃었다는 공격에 시달려야 했다.

그런 정치 상황은 미국의 외교와 군사에 결정적 영향을 미쳤다. 북한군이 한국을 기습적으로 공격했을 때, 그런 정치 상황은 트루먼

incorporation of Korea into the Chinese-led East Asian bloc. In other words, it could be a move to downgrade Korea's importance and the relations between the two countries in order to minimize the damage resultant from the loss of Korea, as well as play down its responsibility in the debate over "Who lost Korea?"

This sounds like a conspiracy theory, but when one reviews the history of American diplomacy in East Asia, it becomes evident that this explanation deserves a serious consideration.

In 1949, American citizens were shocked by the defeat of Chiang Kai-Shek's Nationalist government and the triumphant establishment of a Chinese Communist government led by Mao Zedong. Following close to the sudden appearance of communist Russia, an ally in the Second World War, as a dangerous enemy, the immense China had succumbed to a Communist government. Unsurprisingly, people looked for someone to blame and the question of "Who lost China?" rocked American politics. President Truman and his Democratic Party were forced on the defensive and were under constant criticism of having lost China.

This political situation has critically affected subsequent diplomatic and military decisions of the US. When the North Koreans launched a surprise attack on Korea, this political predicament due to the loss of China pressured President Truman to intervene at once. Such political pressure also played a part in President John F Kennedy's decision to intervene in the Vietnam War.

The Democrats were, in the decades that followed the 1950s, haunted

대통령이 이내 미국의 참전을 결정하도록 압박했다. 존 케네디 대통령이 베트남 전쟁에 발을 내디딘 것도 그런 정치적 짐이 한몫했다.

> 1950년대 이후 몇십 년 동안, 민주당원들은 정치권의 거친 도가니에서 제기된 자신들에 대한 비판에 일단 겉으로는 대꾸 할 수 없어서, 그렇게 멀리 떨어진 곳에서 일어난 일들의 복잡성을 설명할 수 없어서, 중국이라는 논점에 시달렸다. 중국은 그들의 아킬레스건이 되었다. 한국전쟁 뒤의 여러 해들에 걸쳐 나온 보다 큰 물음들은 곧 무시되었다. 미국은 과연 심각하고 진정한 국가안보 문제들과 국내 정치 선거운동들에서 나온 단순주의적 반공 수사들의 점증하는 힘을 구별할 수 있는가? 무엇이 국가안보에 대한 위협이고 무엇이 아닌지를 가려낼 수 있을 만큼 미국이 현명한가? 그리고 그런 곤혹스러움은, 민주당의 [공격에 대한] 취약성 때문에, 미국을 베트남 [전쟁]으로 이끄는 데 한몫했다. —데이비드 핼버스탬(David Halberstam), 《가장 추운 겨울: 미국과 한국전쟁(*The Coldest Winter: America and the Korean War*)》

미국은 중국을 소유한 적이 없고 중국에서 국민당 정권을 위해서 공산군과 싸운 적도 없다. 한국은 다르다. 미국은 힘든 전쟁에서 일본을 이기고 일본이 통치했던 한반도의 남쪽에 한국이 수립되도록 도왔다. 그리고 한국전쟁에서 큰 희생을 치르면서 북한군과 중공군의 침입을 물리치고 한국의 생존을 가능하게 했고 이어 경제성장을 도왔다. 미국으로선 한국보다 더 자랑스럽게 세계에 내보일 업적이

> by China as an issue, seemingly unable to answer the charges against them as they were put forth in the raw crucible of the political arena, unable to explain the complexity of what had happened so far away. China became their Achilles' heel. The larger question that arose from those years after the Korean War was soon ignored: whether or not America could separate serious and genuine national security concerns from the increasing power of simplistic anti-Communist rhetoric expressed in domestic political campaigns. Was the country wise enough to identify what was a real national security threat and what was not? And that quandary, because of the vulnerability of the Democratic Party, helped lead America into Vietnam.
>
> - From *The Coldest Winter: America and the Korean War*
>
> by David Halberstam

The US has never possessed Chinese territory nor has it ever directly engaged Chinese Communist forces for the benefit of the Nationalist forces. It was different with Korea. After fighting an arduous war with Japan, it helped establish South Korea, which had been under Japanese colonial rule. Subsequently, it fought off the Chinese and North Korean invaders in the Korean War for Korea and then helped Korea develop economically in the years following. The US has few accomplishments to be proud of as its guardianship of Korea. If Korea is assimilated into the Chinese system, the US will experience not only a strategic loss but also remorse for betrayal of Korea. The question, "Who lost Korea?" will inevitably arise. Considering the historical precedents, it is not so unrealistic to speculate that the US State Department has begun to insulate itself

드물다. 만일 한국이 중국의 체제 속으로 편입된다면, 미국은 단순한 전략적 손실만이 아니라 쓰디쓴 배신감까지 맛볼 것이다. '누가 한국을 잃었나?'라는 물음이 당연히 나올 터이다. 그런 역사적 평가를 고려해서 미리 책임을 덜려는 충동이 미국 국무부에 있다고 상정하는 것은 결코 비현실적이 아니다.

미국의 외교정책에 대해 잘 알고 영향력을 지닌 패리드 자카리아가 한국을 중국에 대항하는 미국의 동맹국으로 여기지 않는다는 사실은 그래서 주목할 만하다.

> 만일 중국이 자신의 [큰] 힘을 써서, 이웃들을 화나게 하고 세계를 두렵게 하면, 워싱턴은 효과적인 정책들의 조합으로 반응할 수 있을 것이고, 그것에 의해 일본, 인도, 오스트레일리아, 베트남이—그리고 아마도 다른 나라들이—중국의 떠오르는 힘을 제약하기 위해 뭉칠 것이다. —패리드 자카리아, 앞의 책.

중국의 커지는 힘에 대항하기 위한 아시아 국가들과의 연합에서, 한국전쟁과 베트남 전쟁에서 함께 싸운 '혈맹'인 한국이 빠지고 베트남 전쟁에서 처절하게 싸웠던 적국인 베트남이 거론되는 상황은 우리를 걱정스럽고 서글프게 한다. 우리의 앞날을 남들이 이미 어둡게 보기 시작했다는 사실이 걱정스럽고 우리 스스로 부른 재앙이기에 서글프다.

다행히, 이명박 대통령은 미국과의 동맹이 우리에게 지닌 중요성

from any criticism it may face in the future.

Hence, it is noteworthy that Fareed Zakaria, who is well-versed in US foreign policy and holds great influence, has not included Korea in the ranks of the US's allies in its stand against China.

> Were China to push its weight around, anger its neighbors, and frighten the world, Washington would be able to respond with a set of effective policies that would take advantage of the natural balancing process by which Japan, India, Australia, and Vietnam - and perhaps others - would come together to limit China's emerging power.
>
> - From *The Post-American World* by Fareed Zakaria

Korea is a 'blood ally' to the US, having fought alongside Americans in the Korean War and the Vietnam War, while communist Vietnam was once an enemy the US had fought bitterly against during the Vietnam War. Yet it is Vietnam that is included in its partners. This saddens and worries Koreans. It is worrying that others have already begun to see Korea's future to be bleak and it is sad in that it is a misfortune Korea brought upon itself.

Fortunately, President Lee Myung-bak is well aware of the US's importance as an ally to Korea, and is concentrating on patching up the recently weakened relations. The US is also responding positively towards his policies. If he can successfully keep in check the organized anti-American activities of pro-North Korean elements, much of the US's trust and goodwill towards Korea will be restored.

을 잘 인식하고 두 나라 사이의 해진 관계를 튼튼히 하는 일에 힘을 쏟는다. 미국도 그의 정책에 호의적으로 반응한다. 만일 그가 친북 세력의 조직적 반미운동을 통제할 수 있다면, 한국에 대한 미국의 호감과 믿음은 많이 회복될 것이다.

우리의 외교적 대항력과 군사적 대항력을 아울러 증대시켜 줄 나라로는 일본도 있다. 일본은 경제적으로나 문화적으로나 큰 나라다. 그리고 마음만 먹으면 언제라도 군사적 강국이 될 수 있는 힘을 지녔다. 우리와 일본은 모든 분야에서 이해가 거의 합치한다. 자유주의 이념과 자본주의 체제를 사회의 구성 원리로 삼았고 중국과 북한으로부터 직접적 위협을 받는다. 경제적 협력은 아주 긴밀하고 문화적 교류도 활발하다. 그래서 중국에 대해서 두 나라는 자연스럽게 연합할 수 있다.

불행하게도, 우리와 일본 사이의 관계는 가까워지기 힘들다. 일본의 식민 지배를 받았다는 역사적 사실이 근본적 조건으로 작용하는 데다 독도 문제가 주기적으로 불거져서 두 나라를 갈라놓는다. 독도 문제는 풀릴 수 없는 문제이므로, 두 나라가 가까워지는 데는 한계가 있을 수밖에 없다.

일본 지식인들 가운데 다수가 한국에 대해 부정적 인식을 지녔다는 사실도 장애가 된다. 일본 지식인들은 다수가 좌파며 공산주의 중국과 북한에 대해 호의적이다. 자연히, 한국에 대해선 부정적 편견을 품었다. 일본의 대표적 좌파 잡지 《세카이(世界)》에 실린 글들을 분석

In the efforts to augment Korea's diplomatic and military counterweight, Japan is also in a position to contribute. Japan is a great country with big economy and advanced culture. Also, it has the potential to become a great military power whenever it decides to rearm. Korea and Japan share common interests in almost all fields. Japan is also directly under the threat of China and North Korea, Iapan has established democracy and capitalism as its core values. Economic cooperation between the two countries is well-established and there is dynamic cultural exchange as well. With these facts in mind, Japan and Korea could easily unite against China.

Unfortunately, it is far from easy for Korea and Japan to become close. The historical fact that Japan annexed and ruled Korea poses a fundamental problem and the dispute over the possession of the Dokdo periodically surfaces to impair the relations between the two countries. Since the Dokdo dispute cannot be resolved, the friendship between the two countries can only go so far.

The fact that most Japanese intellectuals have a negative view of Korea is also an obstacle. The majority of Japanese intellectuals are leftists, sympathetic towards Communist China and North Korea. Naturally, they formed negative prejudices of Korea. Han Sang-Il's assessment of the articles published in the well-known leftist Japanese magazine, 'Sekai(The World)' is worth noting.

> The views on North Korea expressed by the leftist Japanese intellectuals of the 'Sekai' in the 1970s are much more positive and praising than those during the 1950s or 1960s. They considered Korea during the 1970s politically unstable, economically devastated, and

한 한상일(韓相一)의 진단은 음미할 만하다.

> 1970년대의 북한을 보는 《세카이》의 진보적 지식인들의 시각은 1950년대나 1960년대보다 훨씬 더 긍정적이고 찬양적이다. 1970년대의 남한은 정치적으로 불안정하며, 경제적으로 파탄의 벼랑에 이르렀고, 사회적으로 혼란하다고 평가한 반면에 북한은 정의롭고, 안정적이고, 활력이 넘쳐흐르고, 통일 지향적이고, 밝은 미래를 약속하고 있는 '지상낙원'으로 묘사했다…….《세카이》는 결과적으로 북한의 선전 잡지였고, 진보적 지식인들은 김일성의 사상을 홍보하는 역할을 담당했다. 그리고 한국의 정치적 혼란을 기대하고 있는 김일성 북한 정권의 하수인으로서 그 기능을 충실히 수행했다. —한상일, 《지식인의 오만과 편견》

중국의 부상에 대한 두려움이 퍼지고 북한의 실상이 차츰 알려지면서, 중국과 북한에 대한 일본의 편향은 줄어들었다. 그러나 한국에 대한 편견은 쉽게 가시지 않는 듯하다.

일본이 중국의 부상에 대해 효과적 정책을 마련하지 못했다는 사실은 일본의 대항력을 크게 줄인다. 일본의 정치적 역할은 점점 중요해지는데, 안보에 대한 일본 정부의 태도는 오히려 점점 소극적으로 되어간다. 지금 일본이 국방에 예산의 0.09퍼센트밖에 쓰지 않는다는 사실에서 이 점이 선명하게 드러난다.

두 나라가 자연스러운 협력 관계를 이루려면, 두 나라 시민들이 상황을 잘 인식하는 것이 긴요하다. 불행한 역사적 사실들을 바꿀 수

socially chaotic, while they regarded North Korea as a just, stable, and unification-oriented 'earthly paradise' full of vitality and promising of a bright future…

Accordingly, the 'Sekai' became a magazine that glorified North Korea, and the leftist intellectuals were nothing more than advertisers of Kim Il-Sung's ideology. They faithfully fulfilled their tasks as proxies of Kim Il-Sung's North Korean government that wanted to disturb Korean society.

- from *Pride and Prejudice of the Intellectuals: the world and the Korean Peninsula* by Han Sang-il

As the fear of China's ascendancy spread and the realities of North Korean society were revealed, Japanese inclination towards China and North Korea decreased. Still, its prejudices against Korea seem to take very long time to dissipate.

Japan's inability to formulate an effective policy against Chinese ascendancy greatly weakens its counterweight. Japan's political role will become more important as time goes by, but the Japanese government's attitude towards security is increasingly reserved. The fact that Japan only uses 0.09% of its national budget on defense highlights this fact.

If the two countries are to form a cooperative relationship, their citizens must understand the situation they are in. Regrettable historical facts cannot be reversed, nor can a clear solution for the Dokdo dispute be found. These issues must be separated from regular dealings between the two countries and the negative effects they have upon the general relations between the two countries

없고 독도분쟁과 같은 문제들은 풀릴 길이 없으니, 그런 문제들을 두 나라 사이의 일상적 교섭에서 되도록 격리시켜서 전반적 관계에 미칠 영향을 최소화하는 것이 최선이다. 그렇게 하려면, 정치가들이 자신들의 정치적 자산을 손쉽게 늘리려고 그런 분쟁들을 이용하는 것을 두 나라의 시민들이 막아야 한다.

동남아시아의 국가연합인 아세안(ASEAN)도 우리에게 도움이 될 터이다. 비록 경제적으로나 군사적으로는 약하지만, 아세안은 지정학적으로는 상당한 힘이 있다. 아세안도 중국의 위세를 경계하므로, 아세안과의 협력은 우리의 대응력을 높이는데 도움이 될 것이다.

외교적 대항력이나 군사적 대항력은 사회가 응집력을 지니고 외국의 위협에 적극적으로 대응할 수 있을 때 뜻을 지닐수 있다. 스스로 돕지 않는 자들은 누구도 도울 수 없다. 즉, 대항력의 바탕은 시민적 대항력이다.

지금 한국의 시민적 대항력은 약하다. 한국 사회는 여러 면에서 분열되었다. 이념적 분열은 특히 심각하다. 근본적 원인은 물론 북한의 존재다. 북한은 처음부터 남한을 합병하려고 시도했고 한국전쟁을 일으켰다. 그러나 미국의 개입으로 오히려 실질적으로 패배했고 중국의 개입으로 겨우 연명했다. 그 뒤로도 줄곧 한국을 전복하고 점령하려 애썼다. 덕분에 북한은 지금 남한에 상당한 지지 세력을 지녔다. 그들의 능숙한 선동선전을 통해서, 북한은 한국의 사회적 혼란과 분열을 효과적으로 키운다. 아울러, 한국의 대항력을 줄이기 위해,

should be minimized. In order to do so, the people of the Korea and Japan must ensure that politicians are unable to easily gain their political assets from provoking these issues.

The Association of Southeast Asian Nations (ASEAN) can also help Korea. Although weak economically and militarily, ASEAN commands considerable influence geopolitically. Since ASEAN also fears Chinese expansion, cooperation between Korea and ASEAN will strengthen Korea's counterweight.

Diplomatic and military counterweights are effective only when a society can rally against the external threat. Nobody can help a people who do not help themselves. In other words, civil counterweight is the basis of all other counterweights.

At present, Korea's civil counterweight is weak. Korean society is fractured in many dimensions and ideological division is especially serious. The fundamental reason is, of course, the existence of North Korea. Ever since it was established, North Korea has tried to annex South Korea, and eventually caused the Korean War. However, its attempt backfired when the US intervened, effectively resulting in its defeat. In the end, North Korea's only hope for survival was Chinese aid. Even in the years after the war, it continued its efforts to subvert and occupy Korea, and these efforts have succeeded in generating substantial support for North Korea within South Korea. With well-seasoned propaganda tactics, North Korea efficiently stirs disorder and dissolution among Korean society. In addition, North Korea spreads antagonism against the US and Japan through the pro-North Korean elements in South Korea, hoping to undermine Korea's

북한은 한국 안의 지지 세력을 통해서 미국과 일본에 대한 반감을 확산시킨다.

이처럼 북한이 존재하는 한, 한국의 응집력은 약할 수밖에 없고, 자연히, 중국에 대한 시민적 대항력도 작을 수밖에 없다. 북한은 실은 중국의 부상에 대한 우리의 대책의 핵심이다. 북한이 한국에 흡수되어 한반도가 통일되면, 중국에 대한 우리의 대항력은 단숨에 몇 곱절 늘어날 것이다. 우리의 국력이 상당히 늘어날 터이고, 우리 사회의 응집력이 강해질 터이고, 중국이 우리에 대해 지닌 외교적 영향력이 크게 줄어들 터이고, 중국의 잠재적 대항국인 러시아와의 협력이 현실적이 될 터이다.

물론 중국은 이런 사정을 어떤 나라보다도 잘 안다. 중국은 한반도가 분열된 상태로 있는 것이 자신에게 가장 유리하다는 것을 늘 인식했다. 그래서 중국은 큰 값을 치르면서도, 한반도가 분열된 상태에 머물도록 노력했고 앞으로도 북한이 무너지지 않도록 도울 것이다. 한국전쟁에서 중국이 그렇게 큰 희생을 치르면서 미국과 싸운 것은 바로 그런 인식 때문이었다. 근년에 '6자 회담'이 별 성과를 거두지 못하고 북한에 시간을 준 것도 중국의 그런 배려 때문이었다. 중국의 힘이 커질수록, 한반도의 통일은 점점 어려워질 것이다.

지금 이런 사정이 널리 인식되도록 하는 것은 중요하다. 미국과 일본에 대한 반감을 퍼뜨리고 북한 정권을 지지하는 일이 궁극적으로 한반도가 중국에 예속되도록 하리라는 사실을 널리 알리는 것은 중국의 부상에 대한 대책의 첫걸음이다. 북한 정권을 열정적으로 지지

counterweights.

As long as North Korea exists, Korea's social cohesion will remain weak. Naturally, civil counterweight against China too will remain weak. In fact, North Korea lies at the core of Korea's strategy for countering China's ascendancy. If North Korea is absorbed into Korea, Korea's ability to resist China will instantly increase by a long way. Korea's national strength will be significantly augmented, Korean society will become more cohesive, China's political influence over the Korean Peninsula will be substantially diminished, and cooperation with Russia, a potential opponent of China, will become possible.

More than anyone else, China has been acutely aware of these facts. It has from the first perceived a divided Korea as beneficial to itself. That is why, despite the heavy cost, it prevented the unification of Korea and will keep trying to preserve the current North Korean government. Its determined fight against the US in the Korean War stemmed from this very perception. In recent years, China's stratagem ensured that the Six Party Talks would accomplish little and give North Korea sufficient time to develop nuclear weapons. As China's strength increases, the unification of Korea will become more difficult.

It is important that these facts become widely known. The first step to dealing with Chinese dominance is letting Korean people know that supporting North Korea and spreading anti-American and anti-Japanese sentiments will result in China's dominance over Korea. Not even dedicated supporters of the North Korean regime will want a Korean Peninsula under Chinese rule.

하는 사람들도 한반도가 중국에 예속되기를 바라지는 않을 것이다.

이런 전략들을 수행하려면 적응적 묵종에 쓰이는 전술들에 대한 이해와 실천이 긴요하다.

그런 관점에서 살피면, 우리 정부가 전술에 대한 이해와 고려에서 너무 부족했다는 사실이 이내 눈에 들어온다. 두드러진 예는 강대국과의 관계에서 기본적 전술인 불가시성 전술에 대한 이해가 없었다. 2000년 6월 중국산 냉동 초산 마늘이 많이 들어오자, 우리 정부는 관세를 30퍼센트에서 315퍼센트로 올렸다. 중국 정부는 이내 한국산 폴리에틸렌과 휴대전화기의 수입을 금지하는 보복조치를 취했다. 견디지 못한 한국 정부는 관세를 환원했다. 이 실책은 세계무역기구 WTO에 막 가입해서 무역정책에서 조심스러웠던 중국이 한국에 대해 보호무역조치를 취하기 쉽도록 만들었다.

요새 전술에 대한 이해도 부족하다. 올림픽 성화를 운반하는 과정에서 중국 젊은이들이 한국 시민들과 경찰관들을 폭행한 사건이 일어났을 때, 우리 정부는 중국의 눈치를 살피느라 제대로 법을 집행하지 못했다. 그래서 중국이 한국의 사법체계에 영향력을 행사하게 되었다. 중국 젊은이들의 폭행은 결코 단순한 사건이 아니라 한국의 법과 공권력의 권위에 대한 도전이었다. 그런 도전 뒤엔 물론 중국의 위세에 대한 믿음이 있었다. 따라서 그 중국인 젊은이들은 구속되어야 했다. 그러나 그들은 영장실질심사에서 풀려났다. 그 뒤로는 그들의 재판과정에 대해 보도가 전혀 없었다. 중국의 영향력이 우리 사법

In putting these strategies into practice, understanding and implementation of the tactics of adaptive acquiescence is crucial.

From this point of view, the Korean government's failure to understand and consider such tactics becomes painfully clear. An obvious example is the failure to understand the 'invisibility tactic', one of the basic tactics employed in dealing with more powerful countries. In June 2000, when there was a massive inflow of Chinese frozen garlic, the Korean government increased the tariff rate from 30% to 315%. As a retaliatory measure, the Chinese government forbade the importation of Korean polyethylene and cell phones. The Korean government folded under the pressure and reverted to the original tariff rate. This blunder enabled China, which had only recently joined the WTO and was, therefore, careful in setting its trading policies, to easily implement protectionist policies against Korea.

The Korean government lacks also the understanding of the 'bastion tactic'. When Chinese youngsters assaulted Korean police officers and citizens during the carrying of the Olympic Flame, the Korean government failed to properly enforce the law because it was too busy making sure it did not provoke China. As a result, China was able to wield influence on the Korean justice system. The violent behavior of the Chinese youngsters was not just an incident, but a challenge to the law and governmental authority of Korea. Such a challenge was undoubtedly made with confidence in China's influence on Korea. They should have been arrested, but were released after the review for the legality for confinement, and there was no media coverage of their trial afterwards. Chinese influence

체계라는 가장 핵심적인 요새를 뚫고 들어온 것이다. 이것은 매우 중대한 실책이다.

> 핀란드의 지리적 위치와 작은 규모가 주어진 조건이었으므로, 독립국으로 살아남기 위해서 그 나라가 소련의 외교정책에서의 이익을 고려해야 했고 아주 조심스럽게 행동해야 했다는 것은 분명하다. 어떤 멕시코 대통령의 유명한 얘기를 바꾸어 말하면, "북대서양조약기구로부터는 그리도 멀고 소련엔 그리도 가깝다." 다른, 보다 멀리 떨어진 나라들이 두려움 없이 발언할 수 있을 때, 핀란드는 침묵해야 했다. 그러나 이런 모든 상황을 고려하더라도, 핀란드의 내정에 대한 소련의 간섭을 정당화한 것은 치명적 잘못이었다. —월터 래커, 앞의 책.

중국은 아직 공산당이 권력을 독점한 공산주의 국가다. 서양의 자유민주주의 국가와는 성격과 행태가 본질적으로 다르다. 원래 공산주의자들과 협상하고 교섭하는 일은 무척 힘들다. 하물며 상대가 압도적 힘을 가졌고 우리는 상대의 선의에 많이 기대어야 하는 처지에 서랴. 우리는 앞으로 적응적 묵종의 전략과 전술을 잘 터득해서 중국과의 교섭에 나서야 한다.

had breached a crucial bastion, the Korean justice system. Allowing this to happen was a grave mistake on the part of the Korean government.

> Given Finland's geographical location and its small size (it has fewer than five million inhabitants), it is obvious that to survive as an independent nation, it has to take Soviet foreign-policy interests into account and has to act with great circumspection: "So far from NATO, so near the Soviet union," to alter a famous saying of a Mexican president. Finland has had to be silent when other, more distant nations have been able to speak up without fear. But when all these circumstances have been taken into account, it is still true that it was a fatal mistake to legitimize Soviet interference in Finnish domestic affairs.
>
> - from *The Political Psychology of Appeasement: Finlandization and Other Unpopular Essays* by Walter Laqueur

China is a country still under the rule of the Communist Party that monopolizes power. It is fundamentally different from democratic Western nations both in form and character. Negotiating with communists is always difficult. How difficult it would be when they possess overwhelming power and one have to rely on the goodwill of these Communists. Korea must master the strategies and tactics of adaptive acquiescence before they venture on any dealings with China.

제10장 중국과의 협상

외교는 본질적으로 '2인 비영합 경기(two-person non-zero-sum game)'다. 공동의 이익을 위해 협력하지만, 그 이익을 나누는데서 경쟁하는 상황이다. 이런 경기는 아주 어렵다. 이익을 나누는 일에는 '독특한 결과(unique outcome)'가 없기 때문이다. 폴 새뮤얼슨 (Paul A. Samuelson)과 윌리엄 노드호스 (William D. Nordhaus)의 표현을 빌리면, "그런 2인 [비영합] 경기의 결과는 협상력, 위신, 허세의 능력(bluffing ability), 그리고 각자의 상대의 힘에 대한 인식까지 포함한 많은 요소들에 종속된다." 노동조합과 사용자 사이의 단체협약이 그리도 어려운 것은 바로 이런 사정 때문이다.

이익을 나누는 협상에서 2인 비영합 경기의 당사자들은 흔히 '두드러진 지형(landmarks)'을 이용한다. 국경을 정하는 데서강, 호수, 산맥을 따르고 직선으로 나눈다. 양쪽이 똑같은 이익을 얻는 '동등 이익점(equal-profits point)'이나 양쪽이 상대의 손해를 유발하

Chapter 10 Negotiations with China

Diplomacy is basically a 'two-person non-zero-sum game'. Both parties work for the common good, but compete to gain a larger share of the profit. This game is very difficult because there is no 'unique outcome' for dividing the profit. As Paul A. Samuelson and William D. Nordhaus observed, in such a two-person [non-zero-sum] game, "the outcome depends on many factors, such as bargaining power, prestige, bluffing ability, and even each side's perception of the strength of its opponent." This is why collective negotiations between unions and employers are so difficult to conclude.

The players of a two-person non-zero-sum-game often use 'landmarks' in dividing profits. When deciding borders, people draw lines that follow rivers, lakes, mountain ranges, and the rest as straight lines. Similarly, the 'equal-profits point', where both sides profit equally, and the 'Pareto optimality', which increases one's own benefits without reducing the opposite party's profits are 'landmarks' commonly used in negotiations.

지 않고 자신의 이익을 늘릴 수 없는 상태인 '파레토 최적(Pareto optimality)'은 협상에서 흔히 쓰이는 '두드러진 지형'이다.

적응적 묵종에선 그렇게 보편적인 '두드러진 지형'이 드물다. '동등 이익점'은 처음부터 고려되지 않고, '파레토 최적'도 강대국에 의해 가볍게 무시될 수 있다. 당연히, 적응적 묵종에선 두 나라의 협상력에 결과가 좌우된다.

특히 중요한 것은 첫 협상의 결과다. 나라들 사이의 관계에선 역사적 선례들이 큰 중요성을 지니는 데다, 적응적 묵종이 '미끄러운 비탈'이어서 발판을 찾기 어렵고 되짚어 올라오기는 더욱 힘들기 때문이다.

우리와 중국 사이의 첫 협상에서 우리는 지킬 것들을 제대로 지키지 못했다. 물론 당시 상황이 우리에게 무척 어려웠다. 한국전쟁에서 싸운 적성국과 처음 외교 관계를 맺는 일 자체가 어려운 데다, 그 일에서 우리가 얻을 것이 중국이 얻을 것보다 훨씬 많아서, 처음부터 두 나라 사이의 협상력은 비대칭적이었다. 특히, 북한의 반대를 물리치고 우리와 외교 관계를 맺으러 나선 중국에 우리 정부가 내놓을 것이 적었다. 그래서 중국이 요구한 사항들을 거의 다 들어줄 수밖에 없었다. 그렇다 하더라도 중국의 요구대로 타이완과의 관계를 끊을 때, 우리는 그동안 우호 관계를 유지해온 타이완에 대해 너무 매몰찼다. 그래서 타이완으로부터 신의를 저버렸다는 원망을 들었고 중국으로부터는 경멸을 받게 되었다.

Adaptive acquiescence rarely has such common 'landmarks'. The 'equal-profits point' is never even considered, and 'Pareto optimality' can be easily ignored by the powerful country. Naturally, when practicing adaptive acquiescence, the two countries' ability to negotiate largely determines the outcome.

The result of the first round of negotiations is the most important. This is because historical precedents play a big role in international relations and because climbing back up the 'slippery slope' of adaptive acquiescence is extremely difficult.

Korea failed to protect certain things it should have kept intact in its first negotiation with China. To do Korea justice, the situation was very difficult for it at the time. Not only was the task of negotiating for the first time with a former enemy from the days of the Korean War difficult, but because Korea had so much more to gain from establishing relations than did China, the two countries possessed unequal amounts of negotiating power to start with. In particular, Korea had very little to offer to China, which had come to establish diplomatic relationship with Korea in spite of North Korean protests. Thus, Korea was forced to acquiesce to nearly all of China's demands. Even then, Korea was too inconsiderate when it severed relations with its long-time ally Taiwan. As a result, Korea lost the trust of Taiwan and came to be despised by China.

The effort to improve Korea's relations with China is also being dictated one-sidedly by China. In May 2008, the two countries formed a 'strategic cooperative partnership'. Through this partnership, the two countries seek to "expand their current

지금 중국과의 관계를 보다 긴밀하게 하려는 노력도 중국에 일방적으로 끌려가고 있다. 2008년 5월에 두 나라는 '전략적 협력 동반자 관계(strategic cooperative partnership)'를 맺었다. 그래서 두 나라는 "경제, 문화 중심의 양국 관계를 정치, 안보 분야까지 확대해" 나갈 것이다. '전략적 협력 동반자 관계'는 이전의 '전면적 협력 동반자 관계(all-round cooperative partnership)'보다 한 단계 높다. 우리 시민들은 일단 이런 변화를 반기는 듯하다. 우리가 정치적으로나 경제적으로나 중국에 대한 의존이 빠르게 깊어졌으므로, 중국과의 관계가 나아지는 징후들은 모두 반가울 수밖에 없다. 아쉽게도, 이런 변화에 담긴 함의들은 보기보다 훨씬 복잡하다.

나라들 사이의 관계에서 '전략적'이란 말은 군사적 측면을 포함한다. 따라서 '전략적 협력 동반자'는 우리와 중국 사이에선 적절한 개념이 아니다. 중국은 한국전쟁에서 북한을 도우려 한반도에 침입했고 한국과 미국이 중심이 된 국제연합군과 싸웠다. 한국전쟁이 기술적으로는 아직 끝나지 않았으므로, 엄격히 따지면, 중국은 적국이다. 지금도 중국은 우리에게 위협적인 북한과의 군사적 동맹을 유지한다. 이런 상황과 전략적 협력을 과연 조화시킬 수 있을까?

더 큰 문제는 중국과의 전략적 협력이 미국과의 관계에 미칠 부정적 영향이다. 중국이 초강대국이 되면서, 미국과 중국 사이의 관계는 점점 대립적이 되어간다. 우리가 중국과 전략적 협력을 하게 되면, 우리와 미국 사이의 관계는 멀어질 수 밖에 없다. 특히 중국과의 군사적 협력은 한미 동맹에 감당하기 어려운 문제들을 제기할 것이

relationship, which is mainly cultural and economic in nature, to the fields of politics and security." The 'strategic cooperative partnership' is a level higher than the previous 'all-round cooperative partnership'. Korean citizens seem pleased with this change for now. Since Korea's economic and political dependency towards China has rapidly increased, improved relations with China are well-received. Unfortunately, the hidden implications of these changes are much more complicated than at first glance.

Between nations, the word "strategic" indicates military involvement. "Strategic cooperative partnership" is not an appropriate relationship between China and Korea. China invaded the Korean Peninsula to aid North Korea and fought against the UN forces, mainly comprised of the American and Korean forces. Since the Korean War is technically not yet over, China is, to be precise, still an enemy nation of Korea. Even now, China allies itself with North Korea. Will it be possible to maintain a strategic cooperative partnership in this situation?

The more urgent problem is the negative effect a strategic cooperative partnership with China will have upon relations with the US. As China rapidly approaches superpower status, China and the US are increasingly at odds with one another. If Korea becomes a strategic partner of China, Korea will grow farther apart with the US, and strategic military cooperation with China will strain the ROK-US alliance to a dangerous extent. No matter how friendly the two sides seem right now, the liberalist alliance between Korea and the US and the communist alliance between North Korea and China stand opposed on the Korean Peninsula. The Korean-American

다. 아무리 관계가 좋아졌다하더라도, 한반도에서 한국과 미국의 자유주의 동맹은 북한과 중국의 공산주의 동맹에 맞서고 있다. 한미 동맹은 특히 엄격한 제약들을 우리에게 부과한다. 중국과 전략적으로 협력하는 일이 과연 그런 제약들과 양립할 수 있을까? 미국이 제공하는 군사적 보장이 우리 안보의 핵심임을 생각하면, 이 물음은 결코 가볍게 넘길 수 없다.

중국이 한국과의 관계를 점점 긴밀하게 해온 것은, 물론 한국과 미국 사이의 관계를 느슨하게 만들기 위해서다. 그리고 실제로 상당한 효과를 얻었다. 그런 상황이 우리에게 바람직한가? 우리를 북한과 중국의 침입으로부터 지켜온 것이 미국과의 동맹이며 점점 거세지는 중국의 거센 영향력으로부터 우리의 주권을 지키는 데 미국의 도움이 긴요하다는 점을 생각하면, 중국과 전략적으로 협력하는 정책에 대해 회의적이지 않을 수 없다.

인식하기 어렵고 그래서 언급되는 적이 거의 없지만 우리가 진지하게 성찰해야 할 대목은 한국과 중국 사이의 외교가 중국이 세운 외교적 틀에 따라 진행되어왔다는 사실이다. 두 나라는 1992년에 외교 관계를 맺었다. 1998년에는 '협력적 동반자 관계(cooperative partnership)'로 관계가 보다 긴밀해졌다. 이어 2003년엔 '전면적 협력 동반자 관계'로 관계가 한 단계 높아졌고, '전략적 협력 동반자 관계'로 다시 한 단계 높아졌다. 이런 외교 관계의 단계적 격상은 보편적 관행이 아니라 중국의 틀을 따른 것이다.

alliance in particular imposes strict limitations on what Korea can do. Can strategic cooperation with China work within those limitations? This question is not to be taken lightly, especially in light of the fact that American military deterrents are the core of Korea's security.

China's only motive for establishing close ties with Korea is unquestionably to loosen Korea's ties with the US. Its maneuvers have actually proven quite successful. Is this situation beneficial for Korea? One cannot be but skeptical of the benefits of strategically cooperating with China if one considers the fact that it was the alliance with the US that had saved South Korea from North Korea and China, and how important US influence is in countering the expanding Chinese influence.

What must be seriously reflected upon is the fact that the diplomacy between Korea and China has been conducted according to the diplomatic frame established by China, although this fact is hard to perceive and rarely mentioned. The two countries established diplomatic relations in 1992. In 1998, their relations were advanced to a 'cooperative partnership'. In 2003, they were again advanced to an 'all-round cooperative partnership', and again upgraded to a 'strategic cooperative partnership' afterwards. This stage-by-stage advancement of diplomatic relations is not a commonly practiced procedure but a system of diplomatic landmarks used by China.

Chinese diplomatic framework classifies countries into different categories by their closeness. The first category is 'cooperative relationship'. If the relationship progresses to a more intimate level, it becomes a 'partnership'. This 'partnership' category is

중국의 외교적 틀은 외교 관계를 맺은 나라들을 가깝고 먼 정도에 따라 여러 계층으로 구분한다. 첫 단계는 '협력적 관계 (cooperative relations)'다. 관계가 보다 긴밀해지면, '동반자 관계(partnership)'가 되는데, '선린 동반자 관계(good neighborly partnership)' '협력적 동반자 관계' '전략적 동반자 관계'와 같은 종류들로 세분된다. 관계가 더욱 진전되면, '우호조약(friendly treaty)'을 맺게 된다. 가장 가까운 나라들은 '전통적 우호 관계(traditional friendly relations)'를 지닌 나라들이다.

한국과 중국 사이의 외교 관계는 중국의 이런 틀에 따라 규정되었고 진화했다. 퍄오 지안이(朴建一)는 이 점을 명쾌하게 지적했다. "중국은 한국에 대한 정책을 자신의 기본적 정책 목적들과 외교적 관행들에 따라 만들었다." 퍄오는 그 뒤의 관계도 이런 구조 안에서 진화했음을 지적했다. "1998년 11월 두 나라가 동반자 관계를 세우자는 제안을 했을 때, 당시 두 나라는 겨우 6년의 외교 관계를 가졌으므로, 중국은 한국과 우호조약을 맺거나 전통적 우호 관계를 세울 수 없었다."

이처럼 중국의 틀에 따라 두 나라 사이의 외교 관계가 진화하면, 어쩔 수 없이 체계적 편향(systemic bias)이 생긴다. 중국의 외교적 틀에 내재한 논리들이 두 나라 사이의 관계에 미묘하지만 아주 근본적 수준에서 작용하게 된다. 그래서 장기적으로는 중국의 관점에서 두 나라 사이의 관계가 진단되고 처방이 나온다. 두 나라 사이의 관계가 협력적 관계에서 협력적 동반자 관계, 전면적 협력 동반자 관계를 거

subdivided into more specific categories, such as 'good neighborly partnership', 'cooperative partnership', and 'strategic partnership'. If the relationship reaches an even higher level of closeness, a 'treaty of friendship' is signed. The closest allies are those who hold the diplomatic status of 'traditionally friendly nations'.

The diplomatic relations between Korea and China has been subject to this Chinese system of diplomatic advancement and has evolved strictly within it. Piao Jianyi clearly pointed out this fact: "China made its policy towards the ROK from its basic policy purposes and diplomatic practices." He also mentioned how subsequent developments also took place within this system: "[W]hen the two countries suggested establishing partnership in November, 1998, China could not sign friendly treaty or establish traditional friendly relations with the ROK because the two countries only had 6 years' diplomatic relations at that time."

If the diplomatic relations of the two countries evolve within the Chinese diplomatic system, systemic bias will inevitably develop. The logic of the Chinese diplomatic system will affect the relations of the two countries imperceptibly, but at a very fundamental level. In the long-run, the relations will be evaluated in a Chinese perspective, and the solutions to any problems that may arise will also be offered through a Chinese thinking process. Since the relations between Korea and China have progressed from a 'cooperative relationship', to an 'all-round cooperative partnership', and resulted in a 'strategic cooperative partnership', future diplomatic efforts will naturally aim for a 'treaty of friendship'. Although such situation will produce many problems to Korea unconditionally allied to the US, it is not

쳐, 전략적 협력 동반자 관계로 긴밀해졌으므로, 앞으로 외교적 노력은 자연스럽게 우호조약의 체결을 목표로 삼게 될 것이다. 미국과 동맹을 맺은 한국에 그런 상황은 여러 문제를 제기하겠지만, '중국과의 관계가 중국의 외교적 틀에 따라 진화하는 것이 과연 한국에 좋은가?' 라는 물음은 나오기 어려울 것이다.

중국과의 관계를 보다 좋게 만드는 일은 우리에게 무척 중요하다. 그러나 그것이 중국의 외교적 틀에 따라 장기적 전략에 맞추어 이루어지는 상황엔 우리가 인식하기 어렵지만 받아들일 수 없는 위험이 따른다. 앞으로 우리는 중국과의 교섭에서 양보할 것들과 지켜야 할 것들에 대해 깊이 생각해야 한다. 그리고 거기서 마련한 원칙과 지침들을 따르려 애써야 한다. 강대국의 압력은 모든 분야에서 지속적으로 가해지며 한번 양보한 뒤에는 되찾기 어렵다는 점을 우리는 깊이 새겨야 한다.

여기서 지적되어야 할 것은 중국이 아직도 공산당 정권에 의해 지배된다는 사실이다. 공산주의와 같은 전체주의 이념들은 모두 공통된 특질들을 지닌다. 공산주의자들과의 협상에선 그런 특질들이 큰 영향을 미친다. 북한과의 협상에서 우리가 늘 새삼스럽게 배우는 것처럼, 공산주의자들과의 협상은 자유주의자들과의 그것과 본질적으로 다르다. 중국과 협상할 때, 우리는 이 점을 잊지 말아야 한다.

다행히, 우리는 한국전쟁의 휴전협상에서 좋은 교훈들을 얻을 수 있다. 아래에 든 몇 가지 이유들은 그 협상을 우리에게 특히 적절한

likely that the question "Is it beneficial for Korea to let its diplomatic relations with China evolve along the lines Chinese diplomacy sets for it?" will be posed.

It is clear that for Korea improving relations with China is essential. It is also clear that for Korea doing so while following the diplomatic framework and long-term strategy of China entails risks that are hard to detect yet unacceptable. Korea should carefully consider what it can yield and what it must protect when negotiating with China, and try its best to adhere to the decisions it makes after such consideration. It should always remember that pressures from great powers are applied constantly, in all areas, and that if something is once yielded it is extremely hard to recover later on.

Here it should be pointed out again that China is still under the rule of a communist regime. All totalitarian regimes, including communism, hold common characteristics, and these characteristics greatly affect negotiations with communists. Just as we learn from our negotiations with North Korea time and time again, negotiating with communists is fundamentally different from negotiating with liberalists. We must not forget this fact when dealing with the Chinese.

Fortunately, we learned valuable lessons from the armistice negotiations that ended the Korean War. Indeed, due to the reasons described blow, the armistice negotiations can be especially relevant to the present negotiations with China.

First, both China and Korea participated in the armistice negotiations. The UN forces were mainly represented by the

선례로 만든다.

먼저, 휴전협상엔 중국과 한국이 당사자들로 참여했다. 국제연합군은 주로 미군 대표들에 의해 대표되었지만, 한국군을 대표한 백선엽(白善燁) 소장도 대표단의 한 사람으로 협상에 참여했다. 공산군은 명목상으로는 북한군 대표가 대표했지만, 실질적으로는 중공군 대표가 협상을 이끌었다.

다음엔, 휴전협상은 한반도의 군사적·정치적 사안들을 다루었다. 그 협상에 따라 한반도의 지정학적 질서가 짜였고, 자연히 그 협상엔 한반도에 대한 중국의 태도가 근본적 영향을 미쳤다.

셋째, 휴전협상은 두 해 동안 이어졌다. 그래서 공산주의자들의 협상체계가 잘 드러났다. 공산주의자들이 협상에서 이용하는 모든 전략과 전술이 이처럼 모습을 드러낸 경우는 드물다.

넷째, 휴전협상에서 공산주의자들은 군사적으로 얻는 데 실패했던 것들을 많이 얻었다. 그런 과정을 살피면, 우리는 공산주의자들과의 협상에 관한 좋은 교훈들을 얻을 수 있다. 휴전협상 초기에 국제연합군 총사령관으로 협상을 지휘했던 리지웨이는 그의 회고록에서 "공산주의자들의 협상전술들에 노출된 적이 없는 서방 사람들에게, 나는 진실이 더럽혀지고 사실들이 왜곡되는 정도에 대해 미리 생각하는 것이 실질적으로 불가능하다는 점을 말하고 싶다"고 경고했다.

해방 뒤 남북한의 공산주의자들과 교섭하면서, 우리는 이점을 절감해왔다. 왜 공산주의자들은 그렇게도 철저하게 진실을 감추고 왜곡하는가? 전체주의의 사악함에 대해 일찍이 경고한 쥘리앵 방다의

Americans, but Major General Paik Sun-yup, representing the Korean Army, was one of the delegates. The communist forces were nominally represented by a North Korean delegate, but the Chinese delegates led the negotiations.

Second, the armistice negotiations discussed political and military issues of the Korean Peninsula. The negotiations determined the new order on the Korean Peninsula, and naturally, China's attitude towards Korea fundamentally affected the outcome.

Third, the negotiations went on for two whole years. During those two years, the communist system of negotiating was made clear. Rarely before had communists displayed such a wide array of their strategies and tactics of negotiating.

Last, the communists were able to achieve much in the armistice negotiations they had been unable to militarily. From this process, we can learn numerous lessons on how to properly deal with communists.

In his memoirs, General Matthew B. Ridgway, the Commander in Chief of the UN Forces, who led the armistice negotiations in the initial stage, warned that "for Westerners who have never been exposed to Communist negotiating tactics, I would say it is virtually impossible to conceive in advance the extent to which the truth is perverted and facts distorted."

As we dealt with the communists of North and South Korea after the end of the Japanese occupation, we became keenly aware of this fact. Why do communists so thoroughly hide the truth and distort it? Here, Julien Benda's early warning against the evils of totalitarianism is worth looking over.

통찰은 깊이 음미할 만하다.

마키아벨리가 군주에게 마키아벨리적 행동계획을 수행하라고 조언할 때, 그는 그 행동들에 어떤 종류의 도덕성이나 아름다움을 부여하지 않는다. 그에게 도덕성은 다른 모든 사람들에게 뜻하는 것이며, 그것이 정치와 양립하지 않는다는 것을 그가 (안타까움이 없지 않게) 지적한다고 달라지지 않는다.

"군주는 늘 선을 실천할 마음이 있어야 하지만, 그는 어쩔 수 없는 경우엔 악 속으로 들어갈 수 있어야 한다"고 마키아벨리는 말한다. 그렇게 말함으로써 그는, 비록 정치를 돕는 경우에라도, 악은 그대로 악으로 남는다는 것을 보여준다. 현대의 현실주의자들은 현실주의의 도덕론자들이다. 그들에게, 국가를 강하게 만드는 행위는 그렇게 한다는 사실에 의해 도덕적 성격이 부여되고, 그 행위가 무엇이든 그렇다. 정치에 봉사하는 악은 악이기를 그치고 선이 된다. —쥘리앵 방다, 《지식인들의 배반》

공산주의자들이 협상에서 이용하는 갖가지 부도덕한 전략과 전술들은 궁극적으로 전체주의의 부도덕성에서 나온다. 따라서 공산주의자들과의 협상은 늘 힘들고 잠시도 경계를 늦출 수 없다.

치열한 전투들이 날마다 벌어지는 상황에서 두 해 동안 이어진 터라, 한국전쟁의 휴전협상은 어쩔 수 없이 치열했다. 그 협상과정에서 공산주의자들의 사악한 꾀들에 대처해야 했던 국제연합군 대표단의 수석대표 조이 제독은 공산주의자들과의 협상은 일반적 협상과는

When Machiavelli advises the Prince to carry out the Machiavellian scheme of action, he invests those actions with no sort of morality or beauty. For him morality remains what it is for everyone else, and does not cease to remain so because he observes (not without melancholy) that it is incompatible with politics. "The Prince," says Machiavelli, "must have an understanding always ready to do good, but he must be able to enter into evil when he is forced to do so"; thereby showing that for him evil, even if it aids politics, still remains evil. The modern realists are the moralists of realism. For them, the act which makes the State strong is invested with a moral character by the fact that it does so, and this whatever the act may be. The evil which serves politics ceases to be evil and becomes good.

- from *The Treason of the Intellectuals* by Julien Benda

The immoral strategies and tactics communists use in negotiations ultimately spring from the immorality of totalitarianism. Therefore, negotiating with communists is difficult and one cannot drop one's guard even for a moment.

Because the armistice negotiations went on for two years while fierce fighting continued on the front lines, the negotiations themselves were inevitably intense. Vice Admiral C. Turner Joy, who as the senior delegate of the UN Forces had to fend off all kinds of treachery of the communists, later stressed that negotiations with communists is fundamentally different from other normal negotiations.

First, communists basically aim to expand their powers. They

본질적으로 다르다는 사실을 강조했다.

첫째, 공산주의자들은 본질적으로 세력의 확장을 노린다. 그들은 협상을 통한 세력 확장과 무력을 통한 세력 확장을 구별하지 않는다. 따라서 협상을 통한 문제의 해결은 기대할 수 없다. 공산주의자들에게 협상의 종료는 새로운 세력 확장 단계의 시작일 따름이다(이 점과 관련하여, 우리는 소련 공산당 이론가 미하일 수슬로프(Mikhail Suslov)가 "평화공존 자체가 '자본주의와 사회주의 사이의 범지구적 규모의 역사적 대결의 한 형태'다"라고 말한 것을 떠올리게 된다).

둘째, 공산주의자들은 협상의 모든 측면과 과정을 철저히 계획한다. "공산주의자들은 허둥대다 회담에 나오지도 협상에 마구잡이로 달려들지도 않는다"고 조이는 말했다. 공산주의자들은 회담이 열리는 장소의 물리적 환경에 마음을 많이 쓴다. 그들은 늘 자신들이 통제할 수 있는 곳에서 회담이 열리도록 시도하며, 일단 회담이 열리면, 자신들의 통제력으로 회담을 유리하게 이끈다. 휴전회담이 처음엔 중공군이 장악한 개성에서 열렸는데, 중공군은 국제연합군 대표들에게 갖가지 위협을 했다. 영국과 프랑스가 독일의 요구에 굴복한 회담이 독일 뮌헨에서 열렸고, 북한에 일방적으로 유리했던 남북한 정상회담들이 평양에서 열렸다는 사실은 시사적이다. 북한 핵무기 문제를 다루는 '6자 회담'이 북한의 후견인 노릇을 하는 중국의 수도에서 열렸다는 사실도 그동안의 갖가지 곡절들과 관련이 깊다.

셋째, 공산주의자들의 협상은 교리(dogma)를 노예적으로 따른다. 따라서 협상에 나선 개인들이 스스로 판단할 여지는 아주 적고, 그들

don't differentiate between expanding their powers through negotiations and doing so through violent actions. Naturally, it is impossible to hope for a negotiated solution to any problem. To communists, the end of a negotiation simply means the beginning of a new phase of expansion (In this connection, we are reminded of the Soviet communism theorist Mikhail Suslov's description of peaceful coexistence as 'a specific form of class warfare in the international arena between capitalism and socialism').

Second, communists plan all aspects and processes of negotiation. "Communists neither blunder into conferences nor rush pell-mell to engage in negotiation," said Admiral Joy. Communists devote great care to the physical environment of the place where negotiations take place. They always attempt to host the conference at a location they can control, and once the conference commences, they abuse their ability to control the environment as leverage to gain the upper hand. The armistice negotiations in the Korean War first took place in Chinese Communist-controlled Gaesung, where the Chinese Communists made various threats to the UN delegation. It is instructive that the Munich Agreement, in which Britain and France practically surrendered to Germany, was made on German soil and that the Inter-Korea Summits that produced agreements unilaterally favorable to North Korea were held in Pyongyang. The fact that the Six Party Talks to deal with the North Korea's nuclear weapons took place in China, North Korea's main protector, has subtly influenced the negotiations.

Third, the communist method of negotiation slavishly follows dogma. So communist representatives at the negotiating table have

의 성품이나 능력은 협상에서 그리 중요한 요소가 아니다.

넷째, 공산주의자들은 자신들의 기본적 목표에 유리한 결론들로 이루어진 일정을 추구한다. 그들은 그렇게 편향된 일정을 통해서 직접적으로 목표를 이루거나, 편향을 바로잡는 과정에서 이익을 본다. 한국과 중국이 외교 관계를 맺은 뒤, 중국이 자신의 외교적 틀에 따라 두 나라 사이의 관계를 규정하고 진화시킨 일도 바로 이런 전술에 따른 것이다.

다섯째, 공산주의자들은 늘 협상을 지연시키는 전술을 쓴다. 일단 협상이 시작되면, 그들은 이내 협상의 진전을 막는다. 그들은 그런 지연이 상대의 입장을 약화시킨다고 믿는다.

서방 국가들이 일반적으로 협상에서 성과를 얻으려 애쓰며 휴전과 같은 일에선 인도적 고려 때문에 특히 협상을 서두른다는 사실을 인명과 인권을 가볍게 여기는 공산주의자들은 철저히 이용한다.

여섯째, 공산주의자들은 의제와 관련이 없는 사항들을 협상에 도입해서 그것들을 협상에서의 패로 쓴다.

일곱째, 공산주의자들은 늘 진실을 부정하거나 왜곡한다. 특히 부분적 진실을 전체적 진실로 만드는 데 능하다. 아울러, 끊임없이 '사건'을 만들어서, 상대의 입장을 약화시키려 애쓴다.

여덟째, 공산주의자들은 끊임없이 되풀이되는 주장과 선전으로 상대를 지치게 만드는 전술을 어김없이 쓴다. 이런 전술은 장기적으로는 상당한 효과를 얻는다.

아홉째, 상대가 조그만 양보를 하면, 공산주의자들은 상호적으로

little freedom to make their own decisions, and their individual characters and abilities are of little importance.

Fourth, communists pursue agenda that will advance their most fundamental objectives. Through such biased agenda, they either achieve their objectives directly, or benefit from the process of straightening out such bias. China's tactic of defining and evolving its relations with Korea according to its own diplomatic framework ever since the two countries established relations is based upon the logic of this tactic.

Fifth, communists constantly employ the tactic of postponing negotiations. Once the negotiations are underway, they immediately obstruct the proceedings. They do this in the belief that delays will weaken the opposition's position. Communists, who have absolutely no respect for human lives or rights, thoroughly disabuse the fact that Western powers usually try hard to reach an agreement quickly, especially when it comes to matters such as armistice out of their humanitarian concern.

Sixth, communists introduce matters unrelated to the issue at hand and use them as bargaining chips in negotiations.

Seventh, communists always deny or distort the truth. They are particularly adept at twisting a partial truth into a whole truth. Also, they make efforts to incite "incidents" in order to weaken the opponent's position.

Eighth, communists employ the tactic of wearing out the opponent through constantly repeating the same demands and propaganda. This tactic is highly effect in the long run.

Ninth, if their opponent makes any concessions, to any degree,

양보하는 것이 아니라 오히려 더 많은 양보를 요구한다. 공산주의자들은 양보했다는 사실 자체가 바로 상대의 약함을 뜻한다고 믿는다. 그래서 더욱 공격적이 된다.

열째, 공산주의자들은 자신들을 제약하는 합의사항을 되도록 지키지 않겠다는 생각으로 협상에 나온다. 그래서 합의사항의 범위를 되도록 줄이고, 그런 합의사상의 이행에 대한 감시와 조사를 허술하게 만들려 애쓴다. 휴전협상에서 공산주의자들은 무력 증강을 감시할 항공정찰을 끝까지 반대했다.

열한째, 자신들을 제약하는 조건에 어쩔 수 없이 합의하게 되면, 공산주의자들은 뒤에 그것의 이행을 실질적으로 무력하게 만들 수 있는 조항을 넣는다. 예컨대, 이행을 감시하는 단체가 만장일치를 통해 의사를 결정하도록 해서, 자신을 지지하는 구성원의 방해로 감시단이 제대로 기능하지 못하도록 한다.

마지막으로, 그런 모든 전술이 실패해서 합의사항을 이행해야 할 처지가 되면, 공산주의자들은 합의사항을 재해석해서 이행을 피하려 한다. 그들이 실제로 이행하는 것은 상대에게 이행을 강요할 힘이 있을 때뿐이다.

비록 반세기 이전에 있었던 협상이지만, 휴전협상은 공산주의자들이 협상에서 추구하는 목표와 그 목표를 이루기 위해 이용하는 수단들을 잘 보여준다. 물론 앞으로 나올 우리와 중국 사이의 교섭은 1950년대의 휴전회담과 성격이 많이 다르다. 그래도 공산주의자들이 본질적으로 바뀐 것은 아니고 그들이 협상에 나서는 태도가 달

communists do not reciprocate, but demand even more concessions. They believe that concessions are proof of the opponent's weakness and grow even more aggressive.

Tenth, communists enter into negotiations with an intention to violate regulations that impose restrictions upon them as much as possible. They strive to limit the range of agreements and endeavor to make enforcement of observation and investigation as meaningless and weak as possible. At the armistice negotiations, the communists adamantly refused to allow aerial inspections meant to ensure that disarmament was taking place.

Eleventh, if the communists are forced into an agreement against their will, they insert clauses that prevent its effective implementation. For example, they make sure that the organization responsible for inspecting the implementation of the agreement is to make decisions with unanimity, thus ensuring pro-communist members can derail any effective activity.

Twelfth, if all these tactics fail and they are forced to implement the agreed conditions, they simply reinterpret the agreement to avoid the implementation. The only time they actually implement their obligations is when their opponent has the power to force them to.

Although it was a negotiation that took place half a century ago, the armistice talks clearly illustrate the objectives communists pursue and the methods they employ in negotiations. Future dealings between Korea and China, of course, will be quite different from that of the 1950s in character. Yet communists are essentially the same and their attitude in negotiations remains largely unchanged. The Chinese Communist Party has not changed much either. We must

라진 것도 아니다. 중국 공산당 정권도 그리 크게 달라지지 않았다. 그들이 여전히 공산주의를 추구한다는 사실을 우리는 깊이 새겨야 한다.

remember that they still strive to practice communism.

제11장 중국의 한국에 대한 인식

여기서 우리는 중국 사람들의 한국에 대한 인식을 살펴야한다. 중국 사람들이 한국에 대해 품은 생각과 감정을 알아야, 우리는 그들을 움직이는 심리적 힘들을 보다 잘 이해할 수 있고 보다 현명하게 중국과 교섭할 수 있다.

베이징 올림픽에서 중국 사람들이 한국에 보인 비우호적 태도는 이 점을 새삼 일깨워주었다. 한국과 중국 사이의 경기에선 말할 것도 없고, 한국이 펼친 경기마다 중국 사람들은 상대를 응원했다. 걱정스럽게도, 이런 현상은 경기장에서만 나온 것이 아니다. 두 나라 사이의 교류가 활발해지면서, 한국에 대한 혐오와 비난은 중국 사회의 전반적 현상이 되었다.

이런 현상은 물론 여러 원인들에서 나왔다. 직접적 원인은 한국이 중국의 문화적 유산을 가로채려 한다는 인식이다. 그런 인식은 2005년에 유네스코 세계무형유산으로 등재된 '강릉 단오제'가 중국

Chapter 11

How China Perceives Korea

A discussion on the Chinese perception of Korea is in order here. Only when Koreans have basic knowledge of the views and feelings Chinese people harbor towards Korea, they can fully understand the psychological forces that move Chinese people and rationally conduct diplomacy with China.

This fact was brought to light during the Beijing Olympics, when Chinese onlookers demonstrated unfriendly attitudes towards Korean participants. Chinese crowds cheered on Chinese players during matches between Chinese and Korean players, needless to say, but during matches between Korea and other countries, Chinese spectators went on to side with whoever Korea's opponent was. Worryingly, this behavior is not confined to the arena. As the interaction between the two countries increased, aversion and criticism of Korea became a widespread social phenomenon in China.

This phenomenon has arisen for many reasons. The immediate

의 '단오절'과 같다는 오해에서 비롯했고, 여러 문화적 유산들에 대한 논쟁이 이어지면서 널리 퍼졌다. 근자엔 인터넷에 터무니없는 얘기들까지 나돌아 부정적 인식이 더욱 깊어졌다.

자체로는 사소한 그런 일들이 폭발력을 지닌 것은 문화적 유산이 중국의 민족주의적 열정의 원천이기 때문이다. 근대에 중국의 처지가 비참했으므로, 중국 사람들의 정체성과 자존심은 긴 역사와 훌륭한 문화적 유산을 바탕으로 삼는다. 그런 태도는 자연스럽게 동양의 다른 나라들에 대한 폄하로 이어진다.

이 점을 가늠하는 데는 중국 사람들이 일본을 보는 눈길을 살피는 것이 도움이 된다. 중국 인권운동가 웨이징성(魏京生) 은 영국 역사가 이언 부루머(Ian Buruma)에게 "동양은 중국이다. 일본은 그저 부속물에 지나지 않는다(The Orient is China. Japan is just an appendage)"고 말했다. 이런 발언은 중국 지식인들의 평균적 인식을 대변한다. 비록 중국 문명의 혜택을 누리고 중국 문자를 쓰지만, 일본은 결코 중국과 같을 수 없다고 그들은 주장한다. 중국에 복속한 적이 없고 한때는 중국보다 훨씬 우월한 지위를 누렸으며 아직도 사회 발전에서 훨씬 앞선 강대국 일본에 대한 인식이 이렇다면, 중국 지식인들의 한반도와 한국에 대한 인식은 어떠하겠는가?

게다가 지리적·역사적 조건들이 그러하므로, 중국은 한반도에 대해 크든 작든 '역사적 권리(historical entitlement)'가 있다고 여긴다. 고대에 고조선이 한에 멸망한 뒤 그 땅은 한의 영토가 되었다. 그 뒤 역대 왕국들은 대개 중국의 지배적 왕조들에게 칭신(稱臣)하고 조공

one was the perception prevalent among the Chinese that Korea usurped China's historical heritage. Such a perception stemmed from the initial misconception that the Korean 'Gangreung Tano Festival', which was designated as a UNESCO World Intangible Heritage of Humanity in 2005, was the same as the Chinese 'Tano Festival'. Debates upon several other cultural heritages followed the argument, and through these disputes, this perception spread. Recently, with unfounded extreme claims floating around the Internet, this negative perception has deepened.

These trivial issues have explosive effect due to the fact that China's cultural heritage has been the most important source of the Chinese sense of nationalistic pride. The Chinese, having suffered extensively during its early days of modern history, draw their identity and pride from the long history and highly developed culture they inherited. Such attitude naturally leads to a condescending view of other Asian countries.

The Chinese view of Japan exemplifies this attitude. Wei Jingsheng, an eminent Chinese human rights activist, said to Ian Buruma, a British historian, "The Orient is China. Japan is just an appendage." This pompous statement reflects the general view Chinese intellectuals hold. They claim that, although Japan did benefit from Chinese culture and use similar letters for writing, Japan and China cannot be considered on the same footing. If China views Japan, which has never been conquered by China, had once held an international stature much superior than its own, and is still much more socially developed than itself, in this manner, what would Chinese intellectuals think of Korea and the Korean Peninsula?

Also, China considers that they have a 'historical entitlement'

했다. 고려 중기 원에 패한 뒤, 원이 중국을 지배한 시기에 고려는 원의 영토의 한 부분이 되었다. 이런 역사적 정황이 민족주의 감정이 한껏 높아진 중국 사람들의 인식에 영향을 미치지 않으리라고 여길 수는 없다. 우리 자신이 천 몇백 년 전에 우리 역사에서 떨어져나간 만주를 아직도 '발해의 고토'로 여기지 않는가?

불행하게도, 역사적 정황은 중국 사람들의 민족주의적 열정을 한국에 대한 반감으로 바꾼다. 위대한 문명의 후계자인 중국은 동양에서 줄곧 지배적 위치를 누려왔다. 중화(中華)라는 말이 가리키듯, 중국은 늘 자신이 세계의 중심이라고 여겨왔다. 외족에 정복되면, 정복 왕조를 자신의 역사에 편입해서 중심적 지위를 지켰다. 19세기에 유럽 문명과 마주치면서, 그런 세계관은 무참히 무너졌다.

1842년 아편전쟁에서 패한 뒤 홍콩을 영국에 넘긴 뒤부터 1945년 일본이 제2차 세계대전에서 패해 중국에서 물러날 때까지, 중국은 서양의 강국들과 서양 문명을 먼저 받아들인 일본에 시달리면서 갖가지 굴욕을 맛보았다. 스스로 '백년국치(百年國恥)'라 부르는 이 경험은 중국이 바깥세상과 교섭하는 태도를 근본적으로 규정했다. 지금 중국이 보이는 거센 민족주의는 그런 역사적 치욕을 씻어내려는 열망의 분출이다.

'백년국치'는 일본이 물러난 1945년에 공식적으로 끝났다. 그러나 일본에 이긴 나라는 미국이지 중국이 아니었다. 게다가 당시 중국을 대표한 것은 장제스의 국민당 정권이었다. 중국 공산당 정권이 내세울 만한 일은 한국전쟁에서 미국과 싸운 일이다. 그래서 공산당 정

to the Korean Peninsula, due to geographic and historical circumstances. In ancient times, Ancient Chosun, the first Korean dynasty, was conquered by the Han Empire of China and was annexed. Subsequent dynasties usually acknowledged the supremacy of the Chinese dynasty and paid tribute. After Goryeo, the Korean dynasty in the Middle Ages, was defeated by the Yuan dynasty, it too was annexed for a time. Such historical facts undoubtedly affected the minds of the Chinese people so full of nationalistic passion. Koreans themselves deem Manchuria, which was lost to Korea more than a thousand years ago, as 'the lost territory of Balhae(the last Korean dynasty that ruled Manchuria)', do they not?

Unfortunately, such historical circumstances now transform the nationalist passions of the Chinese into animosity towards Korea. As the heir to a highly developed culture, China has long enjoyed a position of power in Asia. 'Zhonghua', the Chinese name for China, carries the literal meaning, "central and prosperous". As the name reveals, China has always considered itself to be the center of the world. By incorporating the alien conquerors into its own history whenever the ruling dynasty was defeated, China had maintained its central position. However, its encounter with European civilization in the 19th century shattered this self-centered view of the world.

From 1842, when it conceded Hong Kong to Britain in the aftermath of the defeat in the Opium War, till 1945, when Japan withdrew from China at the conclusion of the Second World War, China suffered at the hands of Western colonial powers and Japan, which had successfully adopted the Western civilization early on. This experience, named by China itself as the "Century of Humiliation" fundamentally shaped the attitude China adopts when

권은 중국이 한국전쟁에서 미국에 '승리'한 것을 '백년국치'의 실질적 끝으로 여긴다. 가장 강력한 나라를 공격하고도 휴전으로 끝냄으로써 중국은 실제로 강대국의 반열에 올라섰다. 휴전 바로 뒤에 마오쩌둥 자신이 "3년이 지난 뒤 우리는 항미원조(抗美援朝) 전쟁에서 큰 승리를 거두었다"고 자랑스럽게 선언했다.

> 한국전쟁에 관한 근년의 중국 저술들은 중국을 '자비로운 승리자'로 그린다. 그 전쟁의 중국 이름인 '항미원조' 전쟁은 승리와 자비를 담았다. 많은 중국 사람들에게 한국전쟁은 '백년국치'의 끝과 '신중국'의 탄생을 가리킨다. 오늘날 한국전 쟁에서의 '승리'는 이처럼 많은 중국 민족주의자들의 자존에서 중심적이다. —피터 헤이스 그리스(Peter Hays Gries), 《중국의 신민족주의: 자부심, 정치, 그리고 외교(*China's New Nationalism: Pride, Politics, and Diplomacy*)》

그런 자부심에 비기면, 한국전쟁에서 중국이 치른 엄청난 비용은—15만 명이 넘는 전사자들, 20만 명이 넘는 부상자들, 그리고 엄청난 전비는—그리 큰 희생이 아니었다고 중국은 여긴다.

문제는 자신이 한국전쟁에서 '이겼다'고 주장하는 중국에게 한국은 성가신 존재라는 사실이다. 중국이 '항미원조 전쟁'에서 이겼다면, 중국의 지원을 받은 북한이 한반도의 주인이 되었어야 논리적이다. 전쟁의 당사자로 인정하지도 않았던 자본주의 한국은 발전하고 공산주의 북한은 더할 나위 없이 비참해진 상황이 중국으로선 당연히 곤혹스럽다.

dealing with the world at large. The fierce nationalism China displays nowadays is a product of the desire to wash away its humiliating history.

The "Century of Humiliation" officially ended with the withdrawal of the Japanese army in 1945. However, it was the US who had won against Japan, not China. Moreover, it was the Chinese Nationalist Party, the mortal enemy of the Chinese Communist Party, who represented China at the time. What the Communist Party offers as its achievement is its fight against the US during the Korean War. The Communist Party views its "victory" against the US in that war as the true end of the "Century of Humiliation". Having successfully negotiated a truce despite having attacked the most powerful nation in the world, China joined the ranks of the great powers. On the signing of the armistice treaty, Mao Zedong himself proudly declared that "after 3 years of fighting, we have achieved a great victory in the 'War to Resist America and Aid Korea'".

> Recent Chinese writings about the Korean War portray China as a "beneficent victor." The Chinese name for the war, "Resist America and Aid Korea", encapsulates victory and beneficence. To many Chinese, Korea marks the end of the "Century of Humiliation" and the birth of "New China." "Victory" in Korea is thus central to the self-esteem of many Chinese nationalists today.
>
> - from *China's New Nationalism: Pride, Politics, and Diplomacy*
>
> by Peter Hays Gries

China considers the huge price it paid during the Korean War – over 150,000 dead, 200,000 wounded, and massive war expenditures

역사적 치욕을 씻어내려는 중국 사람들의 열망을 고려해야, 우리는 중국 사람들의 행태를 이해할 수 있다. 특히, 줄곧 북한을 감싸온 중국의 태도를 이해할 수 있다. 우리와 중국 사이의 관계에 튼실한 바탕을 마련해주려면, 우리 정부는 중국 사람들의 이런 심리적 지형을 고려해서 정책을 세워야 한다.

반면에, 한국 사람들의 중국에 대한 인식은 비현실적으로 우호적이고 낙관적이다. 일본과 미국에 대한 반감이 워낙 거세다는 사정이 있긴 하지만, 그런 비현실적 인식은 건전하다 할 수 없다.

우리에게 특히 교훈적인 것은 조선조 말기의 경험이다. 조선이 청(淸)의 속국이 된 것은 조선 중기 인조(仁祖) 때였지만, 양차의 호란(胡亂) 바로 뒤의 시기를 빼놓고는 청이 직접 조선의 내정에 간섭하지는 않았다. 서양 세력이 동아시아에 들어오고, 조선에 대한 청의 지배적 위치가 위협을 받자, 청은 조선에 군대를 진주시키고 조선의 내정에 직접 간섭하기 시작했다. 그런 간섭은 조선의 운명에 결정적 영향을 미쳤다.

> 이것[갑신정변 뒤 청군과 일본군 사이의 충동에서 일본군이 패퇴한 일]은 일본이 중국에게 당한 첫번째의 큰 역전이었고, 조선이 고를 태도에 관한 물음은 뚜렷이 해결되었다. 조선은 이 뒤로 완전히 중국의 손안에 들어갔고 꼭 10년 뒤 1894년에 일본이 그 판정을 뒤집을 때까지 그런 상태에 머물도록 되었다. 이 10년의 기간은 많은 얘기들이 없이 지

– insignificant when compared to the value of the pride it derives from the outcome of the Korean War.

The problem is that to Chinese people proud of their "victory" over their enemies during the Korean War, the existence of Korea is embarrassing. If China had indeed won the "Resist America and Aid Korea War" it logically follows that the North Korea China had supported should the owner of the Korean Peninsula. The fact that the capitalistic South Korea it had not even recognized as a belligerent in the war developed into an economic powerhouse while the communist North Korea fell into poverty and oppression is certainly embarrassing for China.

We can fully understand the acts of the Chinese people only when we take into account their nationalistic passions. This is particularly helpful in understanding China's motives for protecting North Korea. In order to build a firm foundation for the relationship between Korea and China, the Korean government must consider the Chinese people's psychological topography when formulating policies.

On the other hand, the Koreans' perception of China is unrealistically friendly and optimistic. Even when the fierce antipathy against Japan and America is taken into account, such unrealistic perception is far from healthy.

The lesson particularly appropriate for Koreans now is the bitter experience in the last years of Chosun dynasty. Although it was during the reign of King Injo in the middle of the Chosun dynasty that Korea was subjected to the rule of Qing dynasty, except in the years following the initial two invasions Qing did not intervene in the internal affairs of Korea. As the Western powers arrived in the

나칠수 있을 터이다. 이 기간에 조선의 독립에 대한 중국의 계속적 침탈과 조선의 구제 불능의 굴종이 있었고, 이런 사정은 조선의 가장 좋은 친구들의 호의를 거의 다 없애는 지경까지 이르게 되었다. —호머 헐버트(Homer B. Hulbert), 《조선의 사라짐(*The Passing of Korea*)》

조선에 주둔한 청군의 횡포와 전횡은 상식과 외교적 관행의 수준을 훌쩍 넘었다. 특히, 조선이 청국의 속국임을 확인하는 조치들을 강요했다.

이날 '우편보지신문(郵便報知新聞)'에 한청통상조약이 게재되었다. 그 대의는 달리 적기로 하거니와 대체로 우리 군주와 북양대신(北洋大臣)[리훙창(李鴻章)]이 동등하다고 하며 전혀 속번(屬藩)으로 말하였다. 마음이 상함을 이기기 어렵다. —윤치호, 《국역 윤치호 일기》, 송병기 옮김, 1883년 1월 6일조.

사정이 그러했으므로, 개항 직후, 특히 1882년의 임오군란 이후에 조선 지식인들은 청의 압제를 두려워하고 미워했다. "아아 슬프다. 조선의 현상이여. 남의 노예 노릇 하는 것보다 더 심한 처지에 있으면서도, 어찌 떨쳐 일어나려 하지 않는가"하고 개탄한 윤치호는 전형적이었다. 조선 지식인들은 당연히 청의 압제에서 벗어날 길을 모색했다. 이를 위해 그들은일본의 협력을 얻으려 했고 '친일파'라 불리게 되었다.

East Asia and its dominant position in Korea was threatened, Qing stationed an army in Korea and began to intervene in the internal affairs of Korea. Such intervention critically influenced the destiny of Korea.

> This was the first great reverse that Japan suffered at the hands of the Chinese, and the question was definitely settled as to the attitude that Korea should take. She was henceforth completely in China's hands, and was destined to remain there until Japan reversed the verdict in 1894, just ten years later.
>
> These ten years may be passed over without much comment. They witnessed a continual encroachment by China upon Korea's independence, and a hopeless acquiescence on the part of the latter, which came near to alienating the good-will of her best friends.
>
> - from *The Passing of Korea by* Homer B. Hulbert

The violence and tyranny of the Qing army stationed in Korea far surpassed the common sense and diplomatic practices. In particular, they forced on the Korean government various measures that ascertained Korea's status as the subject nation of Qing.

> This day on the Post Report News was published the Korea-Qing Trade Agreement. I will write down the major items later, but it said that our King and the North Sea Minister [Li Hongzhang] were equal in status and regarded our country as Qing's subject nation. I can't console my wounded heart.
>
> - from *Diary of T. H. Yun,* the entry of January 6, 1883 -

다만 후쿠자와(福澤) 선생을 뵙게 되었다. 선생이 말하기를, "귀국의 일은 지금부터 큰일을 할 만하게 되었다. 치하한다"고 하였다. 그 뜻을 물었더니, 선생이 말하기를, "귀국과 미국과의 조약이 이미 상원의 비준을 얻어 결정을 보게 되었다. 그리고 미국 공사가 지나 정부에 대하여 말하기를, '귀국이 우리를 소개하여 조선과 조약을 맺기는 이와 같이 하고, 귀국과 조선이 결약하기는 저와 같이 하였으니, 어찌 공평하지 않음이 이와 같이 심한 것인가. 그렇다고 하면 우리나라도 조약을 개정하여 귀국과 같게 할 것이다'하므로 '청국 정부는 지금 크게 몰리게 되었고 리훙창은 진실로 꼼짝을 못하게 되었다'고하였다. —윤치호, 같은 책, 1883년 1월 13일조.

윤치호의 고뇌를 새기면, 한 세기 넘게 지나도 한반도의 지정학적 상황은 그리 바뀌지 않았다는 것을 새삼 깨닫게 된다. 물론 교훈은 그렇게 바뀌지 않는 요소들에서 얻어야 한다.

Such being the case, since the opening of the harbors to the Western powers, and immediately after the Imo Military Revolt in 1882 in particular, Korean intellectuals feared and hated the oppression of Qing. Representative was T. H. Yun, who lamented, "Oh, alas, the parlous state of Korea! How can't you indignantly stand up, even in a state more shameful than being a slave?" Naturally, Korean intellectuals searched for a way to escape from the oppression of Qing. To achieve this aim, they hoped to get the cooperation of Japan, for which they came to be called 'Pro-Japanese faction'.

> I only managed to see Master Fukuzawa. He said to me, "Now your country is set to achieve great things. I congratulate you." I asked him what he meant. He explained, "The treaty between your nation and America has already been ratified by the American Senate and will soon be enacted. And the American minister said to the Chinese government, 'Your nation introduced us to Korea and induced us to enter into a treaty; then your nation entered into a treaty so unjust to Korea; how can you be so unfair? If this is the normal situation, then our country will revise the treaty with Korea so that ours will be the same with yours.' So the Qing government was cornered into a difficult position and Li Hongzhang is in a bind."
>
> \- ibid, the entry of January 13, 1883 -

When one reflect on the agony of T. H. Yun, the leading intellectual of 19th century Korea, one comes to realize that even after more than a century the geopolitical situation of the Korean Peninsula has little changed. Lessons, of course, should be drawn from such unchanging factors.

제12장 도덕적 문제

한국이 맞은 중국 문제는 본질적으로 새로운 환경에 대한 적응의 문제다. 한국은 처음부터 미국이 제공한 우호적 환경에서 자랐다. 미국은 자신이 점령한 한반도 남부에 자유민주주의 국가를 세우고 생존을 보장했을 뿐 아니라 가난한 나라가 자본과 기술을 얻고 상품들을 팔 수 있는 환경을 제공했다. 너무 익숙해서 당연한 것으로 여겨지지만, 그런 우호적 환경은 한국의 빠른 사회발전을 가능하게 한 근본적 요소였다. 이것은 물론 한국만이 아니라 제2차 세계대전 뒤 경제발전에 성공한 서독, 일본, 이탈리아, 다른 아시아 국가들에도 해당되는 얘기다. '미국 중심의 평화'는 빈말이 아니었다.

다른 나라들이 발전해서 미국의 힘이 상대적으로 약해지면서, 한국의 환경은 근본적으로 바뀌었다. 이전보다 훨씬 덜 우호적인 새 환경에서 가장 두드러진 특질은 빠르게 초강대국으로 자라난 중국이다. 중국은 공산당 정권이 압제적으로 다스리고 사회발전 정도가 초

Chapter 12

Moral Dimension

The China question faced by Korea is essentially a question of how to adapt to a new environment. The Republic of Korea, from its beginning, grew up in a favorable environment provided by the US. After occupying the southern part of the Korean Peninsula in the aftermath of the Second World War, the US not only had a liberal democratic government established and made guarantee for its survival but also provided for the newly established state an environment in which it could find capital, technology and market for its goods. Although taken for granted by now, such a favorable environment was a fundamental element that made Korea's fast social development possible. Surely the story applies not only to South Korea but also to several other economies that successfully developed after the Second World War, such as West Germany, Japan, Italy, and a few other Asian countries. 'Pax Americana' was not an empty slogan.

As the development of many countries reduced the relative power

강대국의 지위에 걸맞지 않을 만큼 낮은 나라다. 그런 초강대국의 갑작스러운 출현에 적응하는 일은 당연히 어렵다.

한국이 고를 수 있는 합리적 방안들은 모두 강대한 이웃 중국에 대한 적응적 묵종에 속할 터이다. 두 나라 사이의 비대칭이 점점 커지므로, 다른 방안이 나올 여지는 없다. 비록 비우호적인 환경에 대한 적응이라 적응의 일반적 모습과는 상당히 다르지만, 적응적 묵종도 당연히 환경에 대한 합리적 적응으로 다루어져야 한다.

적응은 본질적 중요성을 지닌다. 진화생물학자 조지 윌리엄스(George C. Williams)의 말대로, "진화는, 그것이 포함했을 모든 일반적 추세들과 함께, 적응 유지의 부산물이었다(Evolution, with whatever general trends it may have entailed, was a by-product of the maintenance of adaptation)." 실재하는 것은 적응이며, 진화는 적응에서 나온 현상일 따름이다.

따라서 우리가 환경의 두드러진 요소인 중국의 존재에 적응하는 것은 우리 사회를 다듬어내는 중요한 힘이 될 것이다. 적응적 묵종은 그저 우리와 중국 사이의 관계라는 외부적 모습만이 아니라 우리 사회의 본질에도 영향을 미칠 것이다. 당연히 그것은 도덕적 함의를 지닌다. 어떤 뜻에선 그런 도덕적 함의가 가장 본질적이다.

그 점에서 지금 우리의 도덕적 태도는 걱정스럽다. 중국의 흥기가 자신의 운명에 결정적 영향을 미치리라는 것을 모두 잘 아는 사회에서 그것에 대한 진지한 성찰이 드물다는 사실은 분명히 시사적이다. 핀란드의 경험은 선명히 보여준다, 시민들로 하여금 현실을 외면하

of America, Korea's environment has fundamentally transformed. The most visible aspect of Korea's new environment, which is far less favorable than before, is the prominence of China that has grown into a superpower in a short period of time. China is a country coercively ruled by the Communist Party and with a low level of social development, unbecoming of its status as a superpower. Naturally, adapting to the sudden emergence of such superpower is a difficult task.

All logical options available to Korea would belong to the category of adaptive acquiescence to its powerful neighbor, China. Considering that the asymmetry between Korean and China would only increase, there is little room for other alternatives. Adaptive acquiescence, being the kind of adaptation to adverse environments, takes appearance quite different from that of adaptation in general. Nonetheless, adaptive acquiescence should also be treated as a rational adaptation to environments.

Adaptation is a matter of essential importance. As the evolutionary biologist George C. Williams wrote, "Evolution, with whatever general trends it may have entailed, was a by-product of the maintenance of adaptation." What exists is adaptation. Evolution is merely a phenomenon emerging from adaptation.

Therefore, Korea's adaptation to the existence of China, a prominent feature of its environment, will be of much importance in shaping the Korean society. Adaptive acquiescence will affect not only the outlook of the bilateral relationship between Korea and China, but also the essence of the Korean society. Necessarily, there are moral implications. In a certain sense, such moral implications

고 위선에 매달리도록 해서 도덕적 타락을 부르는 것이 '핀란드화'의 본질적 해악임을. 외면과 위선은 당장엔 편리한 선택이다. 그러나 개인이든 사회든 그런 선택에 바탕을 두고 앞날을 설계할 수는 없다. 압도적으로 큰 나라와의 교섭에서 작은 나라가 고를 수 있는 선택의 폭은 아주 좁지만, 도덕적 태도만은 스스로 고를 수 있다. 핀란드 사람들이 줄곧 감추려 애썼던 것이 위선과 자기 검열의 모습을 한 도덕적 타락이었다는 사실은 우리에게 중요한 교훈을 내놓는다. 적응적 묵종은 긴 비탈이다. 한 걸음이라도 묵종의 골짜기로 덜 내려가려는 노력은 그래서 긴요하다. 그런 노력이 우리의 도덕적 타락을 막아줄 것이다.

한 사회의 운명을 결정하는 궁극적 요소는 도덕적 태도다. 생각해 보면, 도덕적 태도 자체가 운명의 본질적 부분이다.

are the essential dimension.

In this regard, the moral attitude recently shown by Koreans is worrying. The fact that there is little serious reflection on the rise of China in a society where all know only too well that it will have a decisive impact on their destiny tells a lot. Finland's experience vividly demonstrates that the profound evil of Finlandization lies in its effect on citizen to disregard reality and cling to hypocrisy, thereby causing moral corruption. Ostracism and pretense might serve as choices of momentary convenience. Neither an individual nor a society cannot, however, design its future based on such choices. Although options are quite limited for a small country negotiating vis-à-vis an overwhelmingly powerful country, it can freely choose its own moral attitude. The fact that what the Finnish people have always tried to hide was none other than their own moral corruption in the form of hypocrisy and self-censorship, provides a valuable lesson. Adaptive acquiescence is a lengthy downslope. Efforts to take even one less step down the valley of acquiescence are therefore crucial. Such efforts will save us from our moral corruption.

The ultimate element that decides the destiny of a society is its moral attitude. Come to think of it, the moral attitude in itself is an integral part of any destinies.

참고 문헌 Bibliography

김준엽 (1963) : 《중국최근세사》, 사상계사

(1973) : 《중국공산당사》, 문명사

박경귀 (2014) : 《감추고 싶은 중국의 비밀 35가지》, 가나북스

손세일 (2015) : 《이승만과 김구》, 조선뉴스프레스

윤치호 (2001) : 《국역 윤치호 일기》, 송병기 역, 연세대학교출판부

이춘근 (2016) : 《미중 패권 경쟁과 한국의 전략》, 김앤김북스

장성민 (2016) : 《중국의 밀어내기 미국의 버티기》, 퓨리탄출판사

정하명 외 (1987) : 《한국전쟁사》, 육군사관학교

하영선 편 (2008) : 《동아시아 공동체: 신화와 현실》, 동아시아연구원

한상일(2008) : 《지식인의 오만과 편견: '세카이(世界)'와 한반도》, 기파랑

傅樂成 (1961) : 《中國通史》, 신승하 역, 우종사 (1981)

兒島 襄(1984) : 《朝鮮戰爭》, 文藝春秋

Acemoglu, Daron and Johnson, Simon and Robinson, James A. (2001): 'The Colonial Origins of Comparative Development: An Empirical Investigation', American Economic Review 91, 2001

Acemoglu, Daron and Robinson, James A. (2012): *Why Nations Fail: The Origins of Power, Prosperity, and Poverty,* Crown Publishers

Appleman, Roy E. (1961): *South to the Naktong, North to the Yalu, Office of the Chief* of Military History, Department of the Army

Barzel, Yoram (1997): *Economic Analysis of Property Rights*, Cambridge Universiy Press

Beinhocker, Eric D. (2006): *The Origin of Wealth,* Harvard University Press

Benda, Julien (1928): *The Treason of the Intellectuals (La Trahison des Clercs,* translated from French by Richard Aldington), W. W. Norton & Company (1969)

Blanchard, Olivier (2011): *Macroeconomics(5th ed.),* Pearson

Brittan, Samuel (1988): *A Restatement of Economic Liberalism,* Macmillan (2005)

Brzezinski, Zbigniew (2012): *Strategic Vision: America and the Crisis of Global Power,* Basic Books

Buruma, Ian (2003): *Inventing Japan 1853-1964,* The Modern Library

Chen, Jian (1994): *China's Road to the Korean War: The Making of the Sino-American Confrontation,* Columbia University Press

Coyle, Diane (2007): *The Soulful Science: What Economists Really Do and Why It Matters,* Princeton University Press

Daalder, Hans (1974): 'Imperialism', *International encyclopedia of the Social Sciences,* The Macmillan Company & The Free Press

Davis, Morton D. (1970): *Game Theory: A Nontechnical Introduction,* Basic Books, Inc.

De Soto, Hernando (1993): 'The missing ingredient', ("The Economist", September 11, 1993; Special Supplement 'The Next 150 Years: The future surveyed')

Diamond, Jared (1997): *Guns, Germs, and Steel,* Norton & Company

Dull, Paul S. (1978): *A Battle History of the Imperial Japanese Navy* (1941-1945), Naval Institute Press

Easterly, William and Levine, Ross (2002): 'Tropic, Germs, and Crops: How Endowments Influence Economic Development' (NBER Working Paper No. 9106, August 2002, JEL No. O1, N1, F43)

Ebrey, Patricia Buckley (1996): *The Cambridge Illustrated History of China, Cambridge* University Press

Ferguson, Niall (2004): *Colossus: The Price of America's Empire,* The Penguin Press

Friedman, Benjamin M. (2005): *The Moral Consequences of Economic Growth,* Alfred K. Knopf

Friedman, Milton (1962, 1982): *Capitalism and Freedom, The University of Chicago* Press (1982) (1972): *Bright Promises, Dismal Performance: An Economist's Protest,* THD, Inc.

Gerschenkron, Alexander (1962): *Economic Backwardness in Historical Perspective,* The Belknap Press of Harvard University Press

Gibbon, Edward (1776-1788): *The History of the Decline and Fall of Roman Empire,* Penguin Classics (1995)

Gladwell, Malcolm (2000): *The Tipping Point: How Little Things Can Make a Big Difference, Little,* Brown and Company

Goldstein, Donald M. and Dillon, Katherine (1993): *The Pearl Harbor Papers: Inside the Japanese Plans,* Brassey's

Gordon, Andrew (2003): *A Modern History of Japan from Tokukawa Times to the Present,* Oxford

Gries, Peter Hays (2004): *China's New Nationalism: Pride, Politics, and Diplomacy,* University of California Press

Grossman, Gregory (1967): *Economic Systems,* Prentice-Hall Inc.

Halberstam, David (2007): *The Coldest Winter: America and the Korean War,* Hyperion

Haslam, Jonathan (2015): *Near and Distant Neighbors: A New History of Soviet Intelligence,* Farrar, Straus and Giroux

Hayek, Friedrich A. von (1944): *The Road to Serfdom,* Routledge

(1948): *Individualism and Economic Order,* The University of Chicago Press

(1960): *The Constitution of Liberty,* The University of Chicago Press

(1982): *Law, Legislation and Liberty,* Routledge & Kegan Paul

(1988): *The Fatal Conceit: The Errors of Socialism,* The University of Chicago Press

Haynes, John Earl and Klehr, Harvey (1999): *Venona: Decoding Soviet Espionage in America,* Yale University Press

Heinl, Jr, Robert Debs (1968): *Victory at High Tide: The Inchon-Seoul Campaign,* The Nautical & Aviation Publishing Company of America (1979)

Hermes, Walter G. (1965): *Truce Tent and Fighting Front, University* Press of the Pacific (2005)

Huang, Yasheng (2008): *Capitalism with Chinese Characteristics: Entrepreneurship and the State,* Cambridge University Press

Hulbert, Homer B. (1906): *The Passing of Korea,* Doubleday, Page and Company, reprinted by Yonsei University Press (1969)

Jacques, Martin (2009): *When China Rules the World: The End of the Western World and the Birth of a New Global Order,* The Penguin Press

Joy, C. Turner (1955): *How Communists Negotiate,* The Macmillan Company

Kaletsky, Anatole (2010): *Capitalism 4.0: The Birth of a New Economy in the Aftermath of Crisis,* Public Affaris

Keegan, John (1989): *The Second World War,* Penguin Books

Kennedy, Paul (1987): *The Rise and Fall of the Great Powers: Economic Change and Military Conflict from 1500 to 2000,* Vintage Books (1989)

Kissinger, Henry (2011): *On China,* Penguin Press

Kuznets, Simon (1971): *Economic Growth of Nations: Total Output and Production Structure,* The Belknap Press of Harvard University Press

Langley, Michael (1979): *Inchon Landing: MacArthur's Last Triumph,* Times Books

Laqueur, Walter (1980): *The Political Psychology of Appeasement: Finlandization and Other Unpopular Essays,* Transaction Books

Lee, Choon-Kun (2016): 'Dealing with the PLA Navy in the Yellow(West) Sea: Cooperation or

Competiton?', 2016 KIMS-CAN Conference, November 2, 2016, Washington DC
Levi, Werner (1969): 'Imperialism', *Encyclopaedia Britannica,* Encyclopaedia Britannica, Inc.
Lew, Young-Ick (2008): *Early Korean Encounters with the United States and Japan,* The Royal Asiatic Society, Korean Branch
Lo, Andrew W. (2012): *Reading about the Financial Crisis: A 21-Book Review,* A draft prepared for the Journal of Economic Literature
Loasby, Brian (1999): *Knowledge, Institutions and Evolution in Economics,* Routledge
Lomasky, Loren E. (1987): *Persons, Rights, and the Moral Community,* Oxford University Press
Lord, Walter (1957): *Day of Infamy,* Henry Holt and Company
Lovell, Julia (2011): *The Opium War,* Picador
MacArthur, Douglas (1964): *Reminiscences,* Fawcett Publications, Inc. (1965)
McGregor, Richard (2011): *The Party: The Secret World of China's Communist Rulers,* Harper Perennial (2012)
McMillan, John (2002): *Reinventing the Bazaar: A Natural History of Markets,* W. W. Norton & Company
Maddox, Bronwen(2008): *In Defense of America,* Little, Brown and Company
Maude, George (1976): *The Finnish Dilemma: Neutrality in the Shadow of Power,* Oxford University Press
Mead, William Richard (1969): 'Finland', Encyclopaedia Britannica
Mises, Ludwig von (1927): Liberalism, translated by Ralph Raico, The Foundation for Economic Education, Inc. (1985)
Morris, Ian (2010): *Why the West Rules – For Now: The Patterns of History, and What They Reveal about the Future,* Farrar, Straus and Giroux
Mouritzen, Hans (1988): *Finlandization: Towards a General Theory of Adaptive Politics,* Avery
Naughton, Barry (2007): *The Chinese Economy: Transitions and Growth,* The MIT Press
Needham, Joseph (1969): *The Grand Titration: Science and Society in East and West,* George Allen & Unwin Ltd
Nye, Jr. Joseph S. (2011): *The Future of Power,* Public Affairs
Olson, Mancur (1982): *The Rise and Decline of Nations: Economic Growth, Stagflation, and Social Rigidities,* Yale University Press
(2000): *Power and Prosperity: Outgrowing Communist and Capitalist Dictatorships,* Basic Books
Pan, Philip P. (2008): *Out of Mao's Shadow: The Struggle for the Soul of a New China,* Simon and Schuster

Paxton, Robert O. (2004): *The Anatomy of Fascism,* Alfred A. Knopf

Peattie, Mark R.(1989): 'The Japanese Colonial Empire, 1895-1945', *The Cambridge History of Japan , vol 6, ch 5*

Pettis, Michael (2013): *The Great Rebalancing: Trade, Conflict, and the Perilous Road Ahead for the World Economy,* Princeton University Press

Pipes, Richard (1999): *Property and Freedom, Vintage Books*

(2003): *Vixi,* Yale University Press

Piao, Jianyi (2005): 'China's Policy towards the ROK: An All-Round Cooperative Partnership', Center for the Korean Peninsula Issues Studies, Institute of Asia- Pacific Studies, Chinese Academy of Social Sciences, http://iaps.cass.cn

Popper, Karl R. (1945): *The Open Society and Its Enemies,* Routledge & Kegan Paul

(1957): *The Poverty of Historicism,* Rutledge & Kegan Paul

Prange, Gordon W. (1981): *At Dawn We Slept: The Untold Story of Pearly Harbor,* Penguin Books

Rhee, Syngman (1941): *Japan Inside Out: The Challenge of Today,* Fleming H. Revell Company

Ridley, Matt (1996): *The Origins of Virtue: Human Instincts and the Evolution of Cooperation,* Penguin Books

(2010): The Rational Optimist: How Prosperity Evolves, Harper Collins

Ridgway, Matthew Bunker (1967): *The Korean War,* Da Capo Press (1986)

Rosenberg, Nathan and Birdzell Jr, L. E. (1986): *How the West Grew Rich: The Economic Transformation of the Industrial World,* Basic Books, Inc.

Russ, Martin (1999): Breakout: *The Chosin Reservoir Campaign, Korea 1950,* Penguin Books

Samuelson, Paul A. and Nordhaus, William D. (1948, 2001): *Economics,* McGraw-Hill

Schelling, Thomas C. (1960): *The Strategy of Conflict,* Harvard University

Schumpeter, Joseph A. (1942, 1947, 1950): *Capitalism, Socialism, and Democracy,* Harper & Row (1975)

(1954): *History of Economic Analysis*, Oxford University Press

Shu, Guang Zhang (1995): *Mao's Military Romanticism: China and the Korean War,* 1950 – 1953, University Press of Kansas

Slim, William (1956): *Defeat into Victory: Battling Japan in Burma and India, 1942-1945,* Cooper Square Press (2000)

Snyder, Timothy (2015): *Black Earth: The Holocaust as History and Warning,* The Bodley Head

Storry, Richard (1960): *A History of Modern Japan,* Penguin Books

Tullock, Gordon (1987): *Autocracy,* Springer

Westad, Odd Arne (2003): *Decisive Encounters: The Chinese Civil War, 1946 – 1950,* Stanford University Press

Wetzler, Peter (1998): *Hirohito and War: Imperial Tradition and Military Decision Making in Prewar Japan,* University of Hawaii Press

Williams, George C. (1966): *Adaptation and Natural Selection: A Critique of Some Current Evolutionary Thought,* Princeton University Press

Wright, Robert (1994): *The Moral Animal,* Vintage Books (1995)

(2000): *Non-zero: The Logic of Human Destiny,* Vintage Books

Yamamuro Shinichi(2006): *Manchuria under Japanese Dominion,* translated from Japanese by Joshua A. Fogel, University of Pennsylvania Press

Zakaria, Fareed (2008): *The Post-American World,* W. W. Norton & Company

색인

INDEX

Under the Shadow of China
- Possible Finlandization of the Korean Peninsula
Korean-English Parallel Edition

복거일
1946년 충남 아산 출생. 장편 소설 《비명을 찾아서》, 《역사 속의 나그네》와 사회평론집 《현실과 지향》을 포함한 50여권의 저술이 있음. 최근에 《대한민국 보수가 지켜야 할 가치》를 펴냈음.

Geoil Bok studied economics and business administration at the Seoul National University. After working for several firms, he chose the career of a literary man with the publication of novel *In Search of an Epitaph* in 1987. He wrote fifty-odd books, including fourteen novels and two collections of poems.

박윤빈
연세대학교 UIC 정치외교학과 4학년 재학생이다.

Yoonbeen Park, is in 4th grade, department of science and diplomacy, school of UIC, Yonsei University.

한반도에 드리운 중국의 그림자
한영문 병렬판

초판 1쇄 인쇄 2017년 2월 22일
초판 1쇄 발행 2017년 3월 1일

지은이 | 복거일
옮긴이 | 박윤빈

펴낸곳 | 북앤피플
대 표 | 김진술
펴낸이 | 김혜숙
디자인 | 박원섭
마케팅 | 이종률

등 록 | 제2016-000006호(2012. 4. 13)
주 소 | 서울시 송파구 삼학사로 14길 21
전 화 | 82-2-2277-0220
팩 스 | 82-2-2277-0280
이메일 | jujucc@naver.com

ISBN 978-89-97871-28-5 03300